Ausgabe 2021

PÄSSE ATLAS

250 Pässe und Panoramastraßen

4. Auflage
Januar 2021

Editorial

Die Erstauflage vom Pässe Atlas von BikerBetten war bereits nach wenigen Monaten ausverkauft. Nun haltet Ihr die bereits vierte Auflage 2021 in euren Händen: mit noch mehr Pässen, aktualisierten Daten und vielen neuen Fotos. Statt wie zu Anfang 163 stellen wir im neuen Pässe Atlas nun insgesamt 250 Pässe und Panoramastraßen ausführlich vor – schließlich gehören sie für viele Motorrad-Reisende zu den beliebtesten Zielen und sind fester Bestandteil unzähliger Touren.

Allein in den Alpen gibt es – je nach Zählweise – rund 2000 Straßen, die eine wie auch immer geartete Verbindung von Orten oder Tälern darstellen, oder einfach ein atemberaubender Endpunkt einer nicht minder genialen Strecke sind. Sie werden dabei nicht immer als Pass beschrieben, denn das ist eigentlich nur der zentrale Oberbegriff für die tiefste, wegbare Stelle, die über einen Bergkamm führt. Die eigentliche Unterscheidung wird geografisch mit den Begriffen Sattel oder Scharte beschrieben.
Ein Sattel ist ein Übergang, der in einer sanft geschwungenen Umgebung, die zu den Seiten nochmals deutlich ansteigen kann, liegt. Die umgebende Landschaft erscheint eher weitläufig. Im Gegensatz dazu die Scharte: Sie stellt einen besonders schroffen Geländeeinschnitt dar, der oft auch nur wenige Meter breit sein kann.
Die Abgrenzung zwischen den Übergangsformen sind fließend. Andere Länder, andere Bedeutung. Nur ihre Geschichte ist immer gleich: Über die Jahrhunderte haben sich die Menschen stets einen möglichst einfachen Weg über die Berge gesucht – vor allem zum Warentransport. Und erst in den letzten rund 200 Jahren, mit dem Beginn größerer Mobilität, wurden aus schmalen Pfaden breitere Wege und schließlich Straßen.
Unterschiede gibt es natürlich auch in der Bedeutung der Bergpässe. Manche sind überlebenswichtig, andere nur noch von touristischem Wert.

Dieses Buch wäre nicht möglich gewesen ohne die Mitarbeit von Eberhard Nowatzki, der auf seiner Webseite alpenpass.com hunderte Pässe beschreibt. Er ist im wahrsten positiven Wortsinne ein Pässeverrückter und hat uns Fotos zur Verfügung gestellt sowie bei der Einschätzung zum Schwierigkeitsgrad unterstützt.

Dafür herzlichen Dank.

Inhaltsverzeichnis

SCHWIERIGKEIT

Die Einschätzung der Pässe nach Schwierigkeitsgrad ist farblich gekennzeichnet: blau = leicht, rot = mittel, schwarz = schwer. Es gibt Abstufungen, sichtbar in den Kreisen mit den Passnummern, die auch zur Orientierung auf den Übersichtskarten dienen.

SACKGASSEN | STICHSTRASSEN

Ein entsprechendes Symbol vor dem Passnamen weist darauf hin, das es sich um eine Sackgasse/Stichstraße handelt.

MAUT

Ein entsprechendes Symbol vor dem Passnamen weist darauf hin, wenn für die Nutzung der Strecke eine Mautgebühr fällig wird. Die jeweilige Höhe der Maut ist zusätzlich in den technischen Passdaten angegeben.

SCHOTTER

Es gibt eine Menge schöner Strecken, deren Zustand als „nicht befestigt" beschrieben wird. Manchmal ist es ein leicht zu fahrender Feldweg, es kann aber auch eine extrem schwierige Geröllpiste sein. Diese Strecken sind entsprechend gekennzeichnet. Gerade hier ist auch mit Vermurungen und/oder Steinschlag zu rechnen. Auf nassem Untergrund ist zusätzlich höchste Vorsicht geboten.

WINTERSPERREN

Manche Pässe sind mit einer dauerhaften Wintersperre belegt, über deren Mindestdauer wir entsprechende Angaben machen (z.B. 11-4, November bis April). Darüber hinaus gelten auf vielen Pässen aber auch witterungsbedingte Sperren. Die findet man tagesaktuell auf alpenpaesse.de im Internet.

HÖHENANGABEN

Höhenangaben von Alpenpässen können sich durchaus unterscheiden. Abweichungen zwischen Kartenangaben und den von uns aufgeführten Werten resultieren aus unserer Entscheidung, wo vorliegend, den echten GPS-Wert zur Höhe zu nennen.

NEUE PÄSSE

Wir planen, dieses Buch jährlich zu aktualisieren – und zu erweitern. Dazu nehmen wir gerne Anregungen von euch, den Leser/innen, entgegen. Wenn ihr also weitere Pässe in einer zukünftigen Ausgabe finden möchten, sendet eure Vorschläge an info@bikerbetten.de.

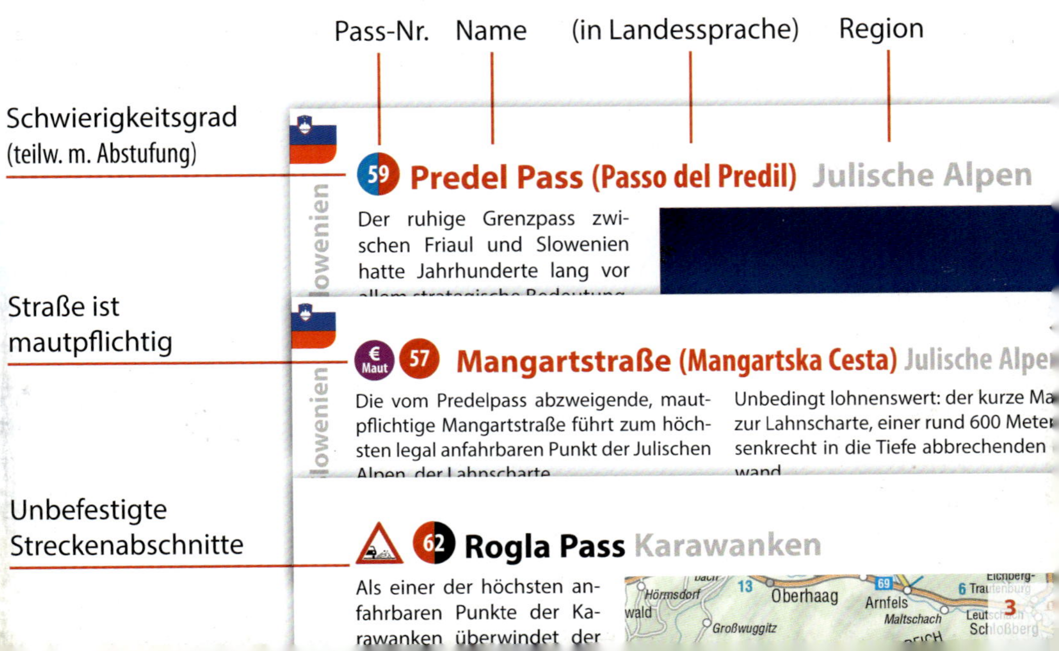

PÄSSE NACH LÄNDERN

DEUTSCHLAND

ÖSTERREICH

SLOWENIEN

ITALIEN

SCHWEIZ

FRANKREICH

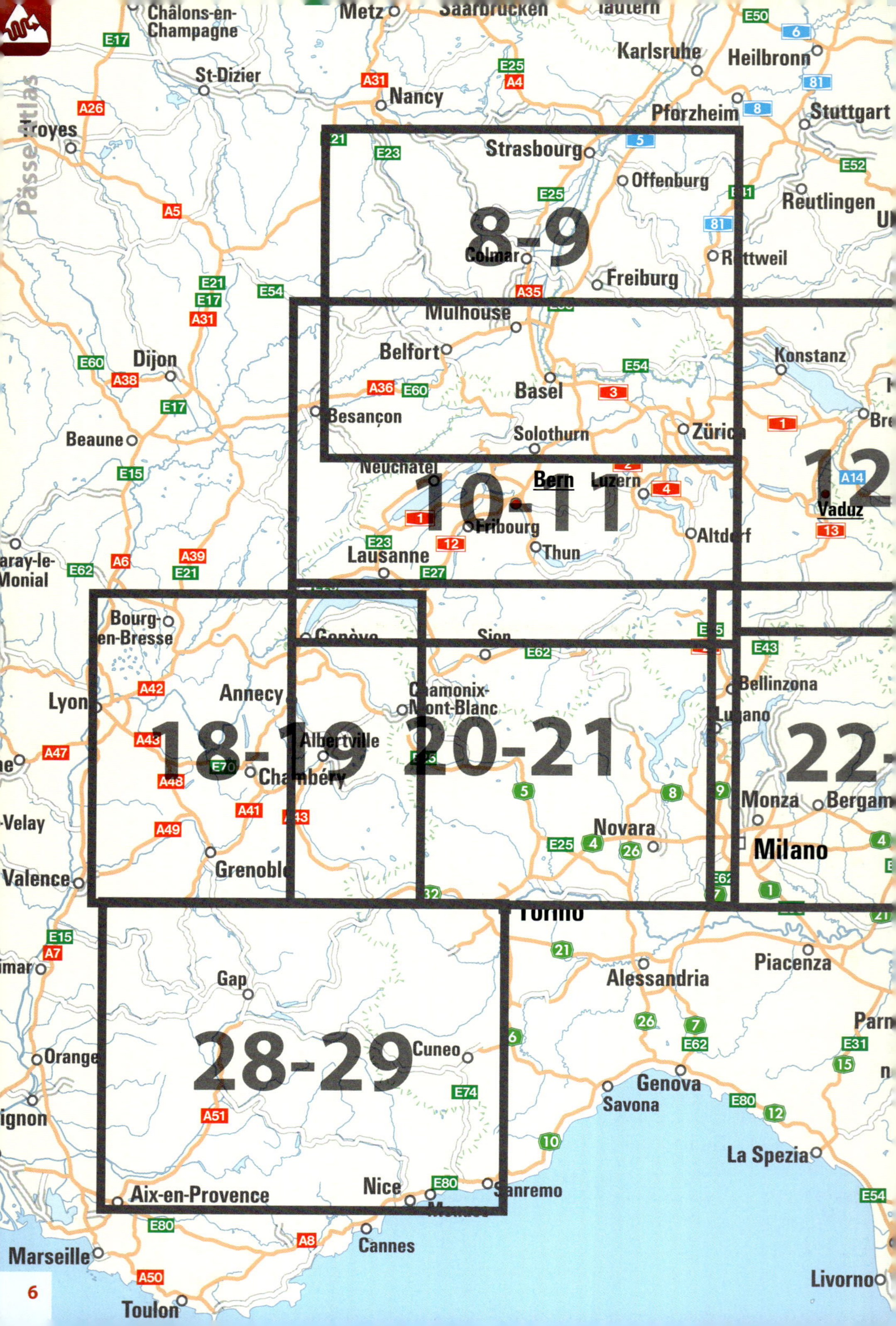
Châlons-en-Champagne
Metz
Karlsruhe
Heilbronn
St-Dizier
Nancy
Pforzheim
Stuttgart
Troyes
Strasbourg
Offenburg
Reutlingen
8-9
Colmar
Rottweil
Freiburg
Mulhouse
Belfort
Dijon
Basel
Konstanz
Besançon
Beaune
Solothurn
Zürich
Neuchâtel
Bern
Luzern
12
Vaduz
10-11
Fribourg
Altdorf
Lausanne
Thun
Bourg-en-Bresse
Sion
Genève
Bellinzona
Annecy
Lyon
Chamonix-Mont-Blanc
Lugano
18-19
Albertville
20-21
22
Chambéry
Monza
Novara
Milano
Grenoble
Valence
Torino
Piacenza
Alessandria
Gap
28-29
Orange
Cuneo
Genova
Savona
La Spezia
Aix-en-Provence
Nice
Sanremo
Monaco
Marseille
Cannes
Livorno
Toulon

BLATTSCHNITT DER ÜBERSICHTSKARTEN

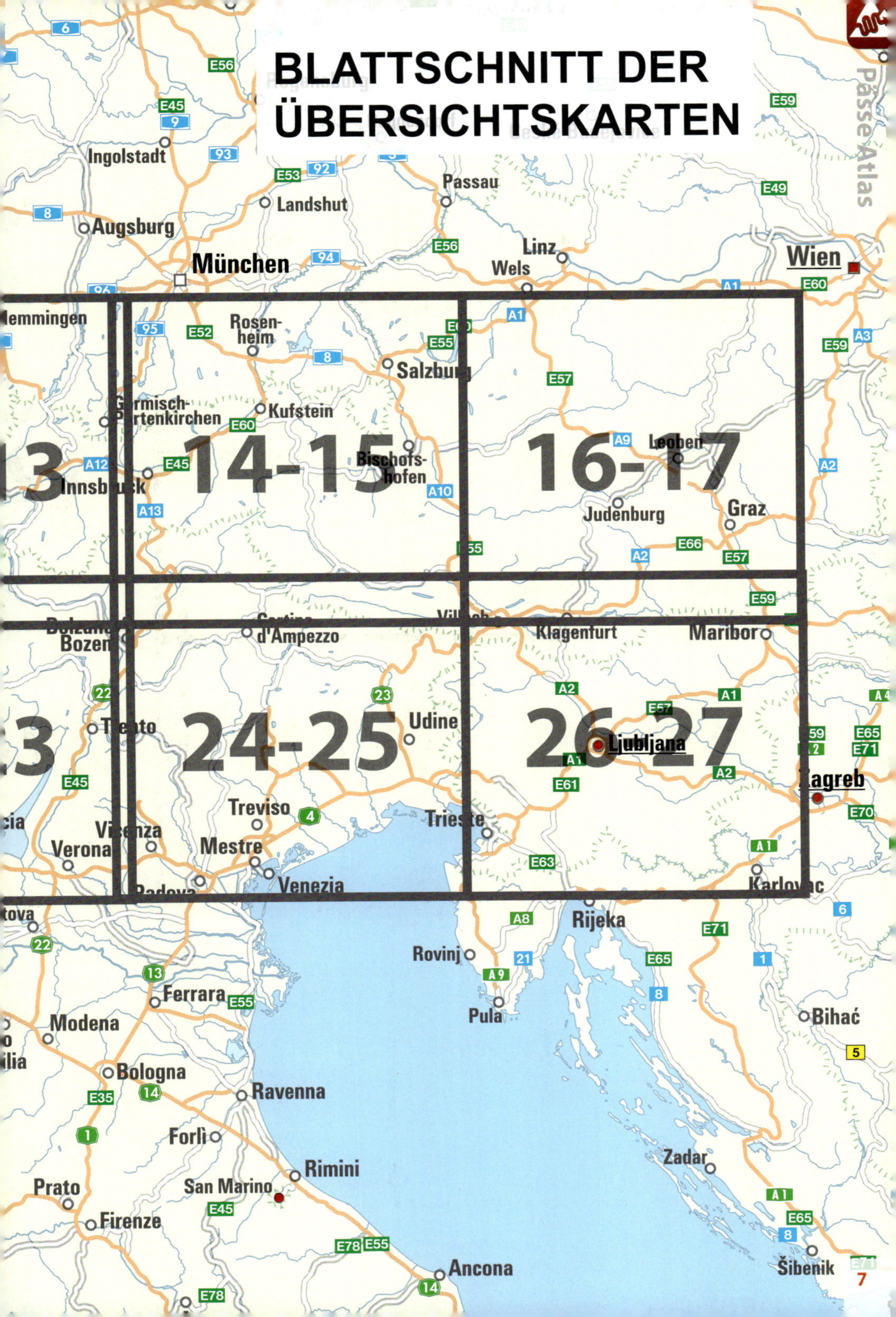

DEUTSCHLAND

Anschluss S. 10

Anschluss S. 8

SCHWEIZ

Anschluss S. 20

Anschluss S. 9

DEUTSCHLAND

ÖSTERREICH

ITALIEN

SCHWEIZ

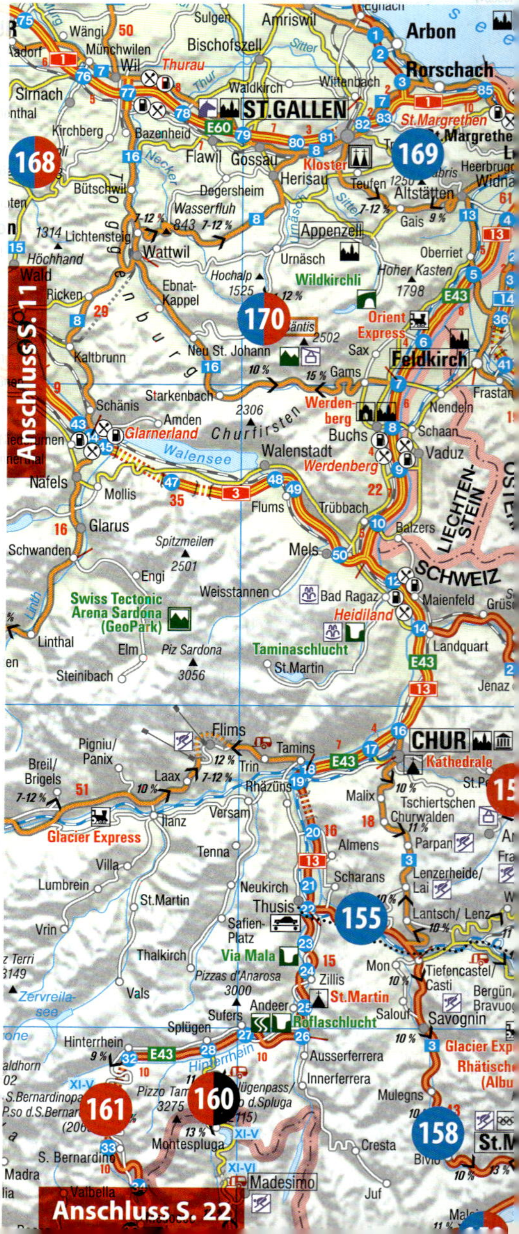

Anschluss S. 14
Anschluss S. 23

DEUTSCHLAND

ÖSTERREICH

ITALIEN

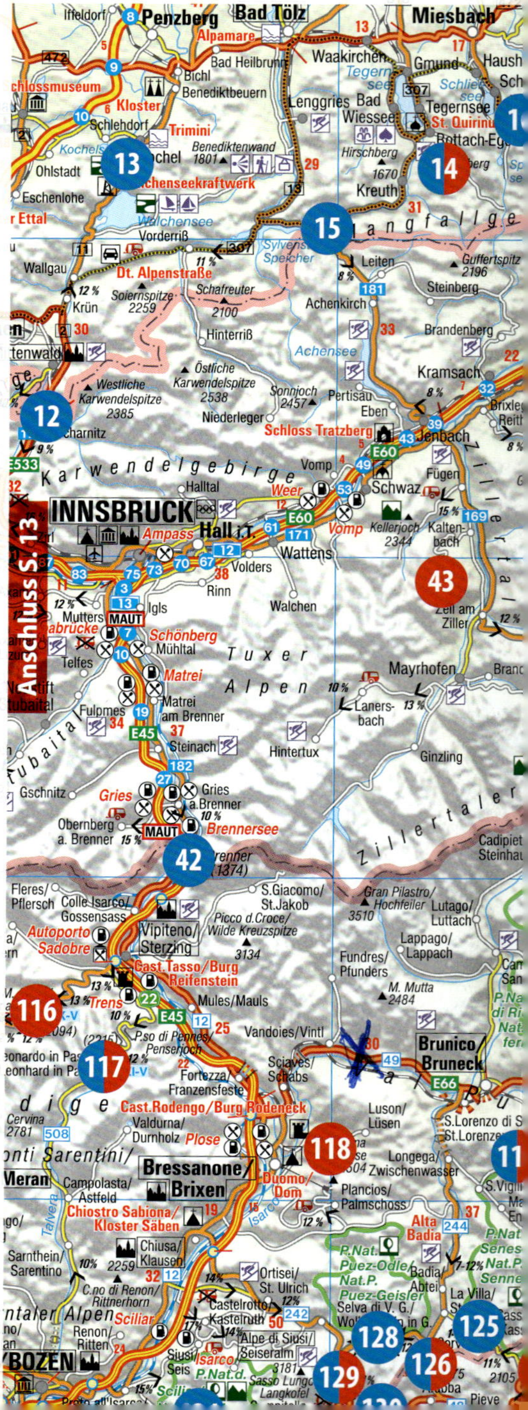

SALZBURG
Bad Reichenhall
Berchtesgaden
Hallein
Kufstein
Kitzbühel
Saalfelden a.Steinernen Meer
Zell am See
Bischofshofen
Werfen
St.Johann i.Pongau
Radstadt
Bad Hofgastein
Bad Gastein
Mittersill
Matrei in Osttirol
Heiligenblut
Lienz
Spittal a.d.Drau
Hermagor
Cortina
Großglockner Hochalpenstraße
Nationalpark Hohe Tauern
Krimmler Fälle
Liechtensteinklamm
Eisriesenwelt
Kreuzeckgruppe
Lienzer Dolomiten
Karnische Alpen
ÖSTERREICH
ITALIA
Anschluss S. 16
Anschluss S. 25
18
7
19
44
45
46
47
48
49
50
51
52
53
54
94
95
96
97
98
99
100
101
102
103
104
105
106
120
121
122

ÖSTERREICH

Anschluss S. 15

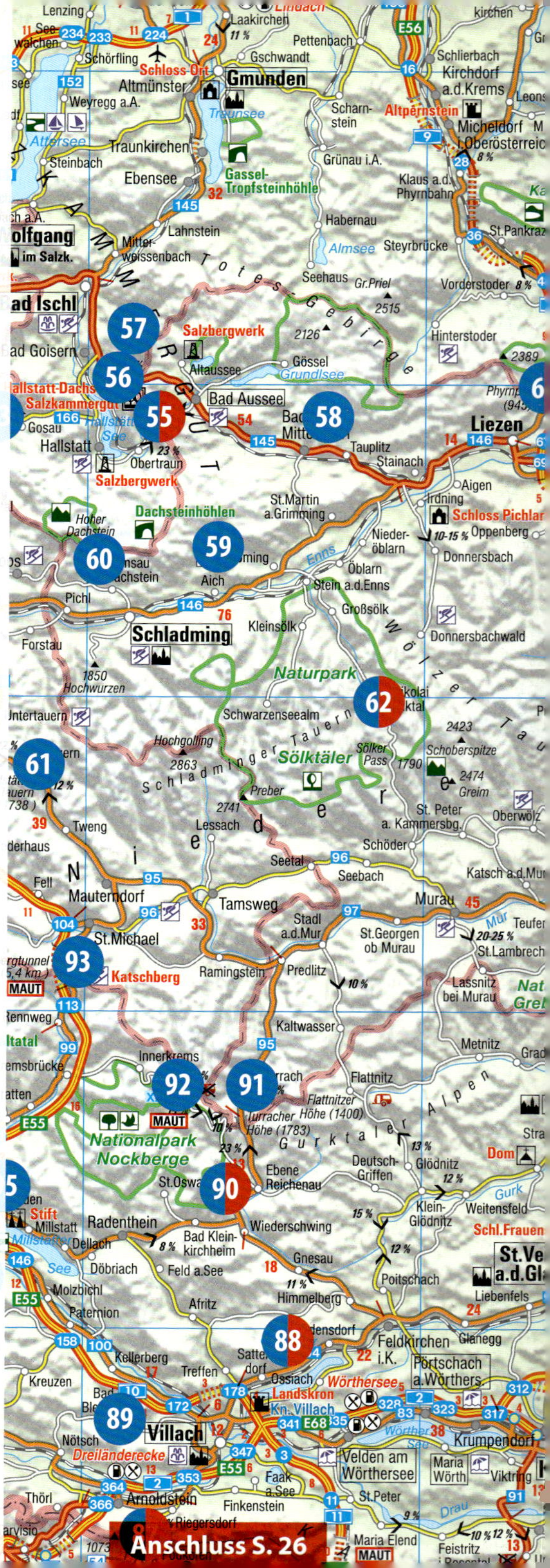

Anschluss S. 27

ITALIEN

SCHWEIZ

FRANKREICH

Anschluss S. 28

Anschluss S. 10
Anschluss S. 20
Anschluss S. 29
GENÈVE
Annemasse
Thonon-les-Bains
Montreux
Monthey
Oyonnax
Bellegarde-s.-Valserine
St-Julien-en-Genevois
Cluses
Bonneville
La Roche-s.-Foron
ANNECY
Rumilly
Aix-les-Bains
CHAMBÉRY
GRENOBLE
Albertville
Conflans
Moûtiers
Bourg-St-Maurice
Chamonix-Mont-Blanc
St.Gervais-les-Bains
Megève
Sallanches
Modane
St-Jean-de-Maurienne
Susa
Montmélian
Vizille
le Bourg-d'Oisans
Valloire
Val-Thorens
Val d'Isère
Tignes
Courchevel
Méribel
Samoëns
SUISSE
FRANCE
ITALIA
Parc National de la Vanoise
Massif de la Chartreuse
Chaîne de Belledonne
Massif des Écrins
Massif du Mont Blanc
Lac du Bourget
Lac d'Annecy
Mont Blanc 4809
Monte Bianco
Tunnel du Mont Blanc
Tunnel du Fréjus
Route des Grandes Alpes
Route Napoléon
Château de Miolans
Musée de Grenoble
Abbaye de Hautecombe
Gorges du Fier
Gorges du Pont du Diable
Défilé de l'Écluse
Barrage d'Emosson
Barrage de Roselend
Barrage du Mont Cenis
Cathédrale
Village médiéval
Aiguille du Midi 3842
Mer de Glace
Col du Galibier
Col du Lautaret (2058)
Col de la Croix-Fry (1486)
Col des Aravis
Col du Petit St-Bernard (2188 m)
Col du Mont Cenis (2083)
Col de l'Iseran (2764)
Château du Touvet
Cascade de Confolens
211
212
213
214
215
216
217
218
219
220
221
222
223
224
150
197
198

Anschluss S. 10

Anschluss S. 29

ITALIEN

SCHWEIZ

FRANKREICH

ITALIEN

SCHWEIZ

Anschluss S. 13

Anschluss S. 24

Anschluss S. 14

Anschluss S. 23

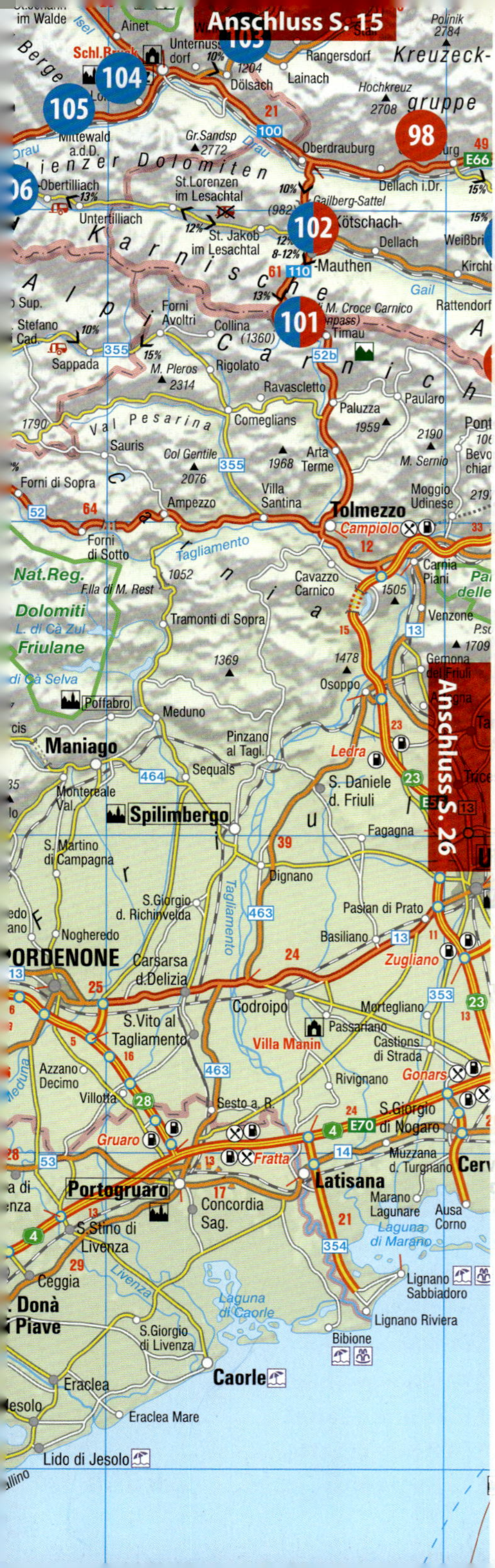

ÖSTERREICH

ITALIEN

ÖSTERREICH

SLOWENIEN

Anschluss S. 17

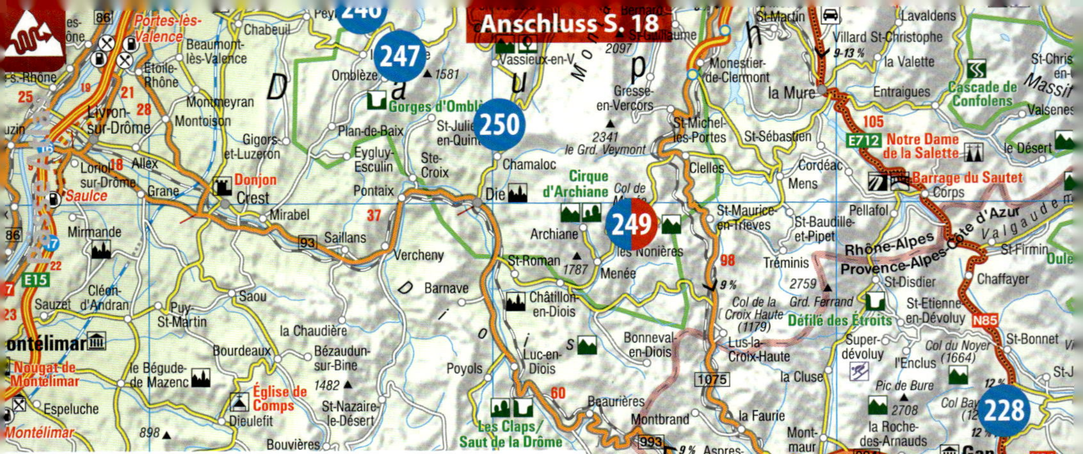

ITALIEN

FRANKREICH

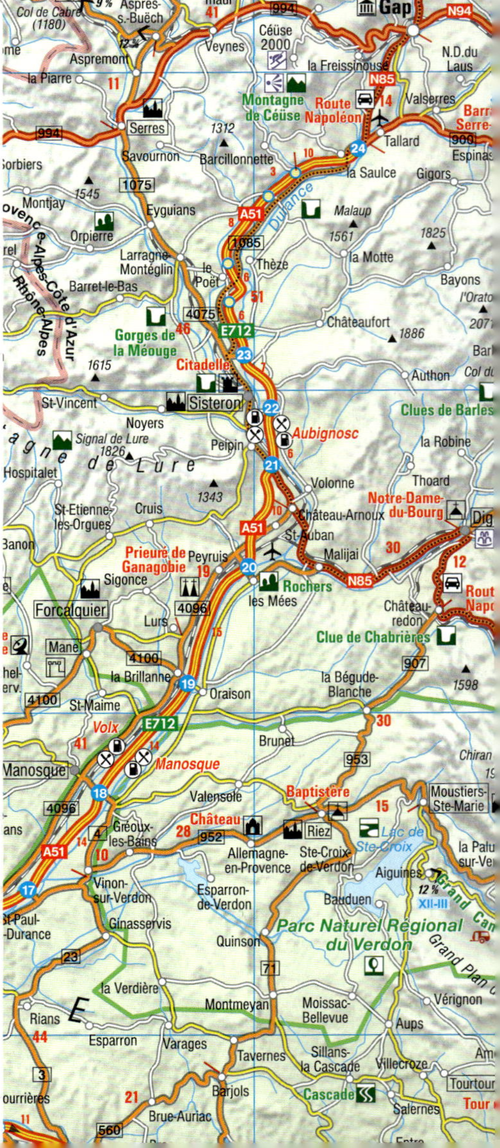

Briançon
Parc National des Écrins
Glacier Blanc
Glacier Noir
Vallouise
Cervières
Clavière
Cesana Torinese
Sestrière
Oulx
Sauze d'Oulx
Parco Nat. d.Gran Bosco di Salbertrand
Parco Regionale Orsiera-Rocciavrè
Sacra di San Michele
Avigliana
Giaveno
Rivoli
Torino
Palazzo Madama
Palazzina di Caccia di Stupinigi
Orbassano
Nichelino
Candiolo
Pragelato
Val Chisone
Parco Nat. Val Troncea
Perosa Argentina
Pinerolo
Musei
Torre Pellice
Bobbio Pellice
Val Pellice
Bricherasio
Cavour
Carignano
Racconigi
Villafranca Piemonte
Barge
Abb.di Staffarda
Parco Fluviale del Po
Saluzzo
Castello
Savigliano
Fossano
Busca
Dronero
Cuneo
Castello di Manta
Borgo S. Dalmazzo
Mondovì
Château-Queyras
Abriès
Aiguilles
Fort
Vieux Village
du Queyras
St-Véran
M. Viso
Valle Po
Crissolo
Sampeyre
Valle Varaita
Valle Maira
Acceglio
Pratorotondo
Rocca la Meja
Guillestre
Mont-Dauphin
Fortifications
Route des Grandes Alpes
Embrun
Cathédrale
Abbaye de Boscodon
Barcelonnette
Fort Vauban
Col de Larche
Pont du Châtelet
St-Paul-s-Ubaye
Jausiers
Colle d. Maddalena
Argentera
Vinadio
Forte
Valle Stura
Parc National du Mercantour
Parco delle Alpi Marittime
Terme di Valdieri
Limone Piemonte
Tunnel de Tende
Tende
Col de Tende
Isola 2000
Isola
St-Étienne-de-Tinée
Auron
Vallée de la Tinée
Valberg
St-Sauveur-s.-T.
Col St-Martin
St-Martin-Vésubie
Le Boréon
Vallée des Merveilles
St-Dalmas-de-Tende
Fontan
Saorge
Gorges de Saorge
Breil-sur-Roya
Col de Brouis
Sospel
Ventimiglia
Bordighera
Sanremo
Menton
Monaco
Beausoleil
Les Corniches
Villefranche-sur-Mer
Nice
Cagnes-s.-Mer
Vence
Grasse
St-Paul
Fondation Maeght
Observatoire de Calern
Gorges du Cians
Gorges de Daluis
Guillaumes
Entrevaux
Puget-Théniers
Annot
Train de Pignes
Castellane
Route Napoléon
Clue de St-Auban
Gorges de la Vésubie
Lantosque
Roquebillière
Col de Turini
Lucéram
L'Escarène
Allos
Lac d'Allos
Colmars
Fort de Savoie
Col d'Allos
Pra-Loup
Super-Sauze
Les Thuiles
Le Lauzet-Ubaye
Lac de Castillon
St-André-les-Alpes
Souterroscope de la Baume Obscure
Gourdon
Col de Vence
Carros
Le Broc
Bagni di Vinadio
Pianche
Demonte
Valdieri
Entracque
Roaschia
Chiusa di Pesio
Certosa di Pesio
Peveragno
Boves
Villanova Mondovì
Artesina
Viozene
Upega
Monesi
Triora
Apricale
Dolceacqua
Taggia
Pigna
29

Pässe und Panoramastraßen in DEUTSCHLAND

Schauinsland – hier ist der Name Programm

1 Schwarzwald Hochstraße Schwarzwald

HOTEL TIPP

16357

Hotel Teuchelwald

Unser schönes Hotel Teuchelwald ist ein idealer Ausgangspunkt für Ausflüge nach Freiburg, auf die Schwäbische Alb, ins Neckar-, Murg- und Kinzigtal sowie in die Rheinebene. Lassen Sie bei uns nach einem erlebnisreichen Tag die Seele baumeln und genießen Sie das ganz besondere Flair unseres Hauses. Ihre Bikes können bei uns trocken untergestellt werden.

Schömberger Straße 9, 72250 Freudenstadt
Fon 07441 / 5320, Fax 07441/532-135
www.hotel-teuchelwald.de

GPS: N 48°27´20"
E 8°24´21"

Die Schwarzwaldhochstraße ist nicht nur die bekannteste Höhenstraße des Schwarzwaldes, sondern auch eine der ältesten Ferienstraßen Deutschlands. Erbaut wurde sie schon Ende der 1920er Jahren, um den Verkehr für Touristen zu erschließen. Sie verläuft auf 65 Kilometern zwischen Baden-Baden und Freudenstadt. Die Straße ist perfekt und breit ausgebaut, was ihr den Beinamen „Black Forest Highway" einbrachte – allerdings mit sehr vielen schönen Kurven. Da es sich nicht um eine Passstraße handelt, gibt es naturgemäß auch keine Passhöhe. Hoch hinauf geht es trotzdem: bis auf 1044 Höhenmeter – und zwar am sehenswerten Mummelsee. Grundsätzlich können die Panoramaausblicke von den Höhen überzeugen: Man schaut hinab ins liebliche Rheintal und bis zu den nahen Vogesen. Zu verdanken hat man dies Orkan Lothar, der im Dezember 1999 in dieser Region mit über 200 Stundenkilometern wütete und dabei mehrere hunderttausend Festmeter Nadelholz wie Streichhölzer abknickte.

Kommen wir zum Fahrvergnügen, das sich insgesamt leider in Grenzen hält: Schon seit längerer Zeit gelten vor allem an den Ausfallstrecken Tempolimits von 70, stellenweise auch 50 Stundenkilometern. Hinzu kommen Überholverbote. Die Polizei ist stets präsent, vor allem an den Wochenenden. Dies geschieht allerdings nicht aus bösen Willen, sondern zum Schutz, da nach wie vor nirgends in Deutschland so viele Motorradfahrer – vor allem aufgrund überhöhter Geschwindigkeit – verunglücken.

INFOS ZUM PASS

Scheitelhöhe: 1044 m **Länge:** 65 km
max. Steigung: 12 % **Wintersperre:** keine
Basisorte: Baden-Baden – Freudenstadt
Kombinationsmöglichkeiten:
Alexanderschanze

2 Alexanderschanze Schwarzwald

Zuflucht ist nicht nur der Name des Ortes bei Bad Peterstal-Griesbach, der rund 15 Kilometer westlich von Freudenstadt an einem Abzweig der Schwarzwaldhochstraße liegt, sondern auch der Name einer sich dort schon seit 1841 befindlichen Einkehrstation für Ausflügler. Zunächst war es ein Berggasthaus, später eine Jugendherberge. Mittlerweile beherbergt es ein schickes Hotel, das die langjährige Tradition zu bewahren versucht. Es befindet sich auf einer Höhe von 965 Metern. Hier verlief früher einmal die Landesgrenze zwischen Baden und Württemberg. Die erkennt man bis heute an der unterschiedlichen Beschilderung: Landesstraße 92 auf badischen Seite und Landesstraße 402 auf dem württembergischen Teil. Außerdem ist Zuflucht der perfekte Ausgangsort, um auf die nur fünf Meter höhere Passhöhe der Alexanderschanze zu gelangen.

Der Pass wird von Einheimischen als schnelle Verbindung zwischen der Rheinebene bei Straßburg und dem Neckartal geschätzt. Experten vermuten, dass eine erste Straße hier bereits von den Römern angelegt wurde. Dies ist heute nicht mehr zu erkennen, dafür kann man die Überreste der Festungsanlage Alexanderschanze bestaunen. Die Straße präsentiert sich bis zur Passhöhe kurven- und abwechslungsreich. Lediglich der letzte Abschnitt bis nach Kniebis ist reichlich entschärft angelegt worden.

INFOS ZUM PASS

Scheitelhöhe: 970 m **Länge:** 14 km
max. Steigung: 18 % **Wintersperre:** bei Bedarf
Basisorte: Zuflucht – Kniebis
Kombinationsmöglichkeiten:
Schwarzwald Hochstraße

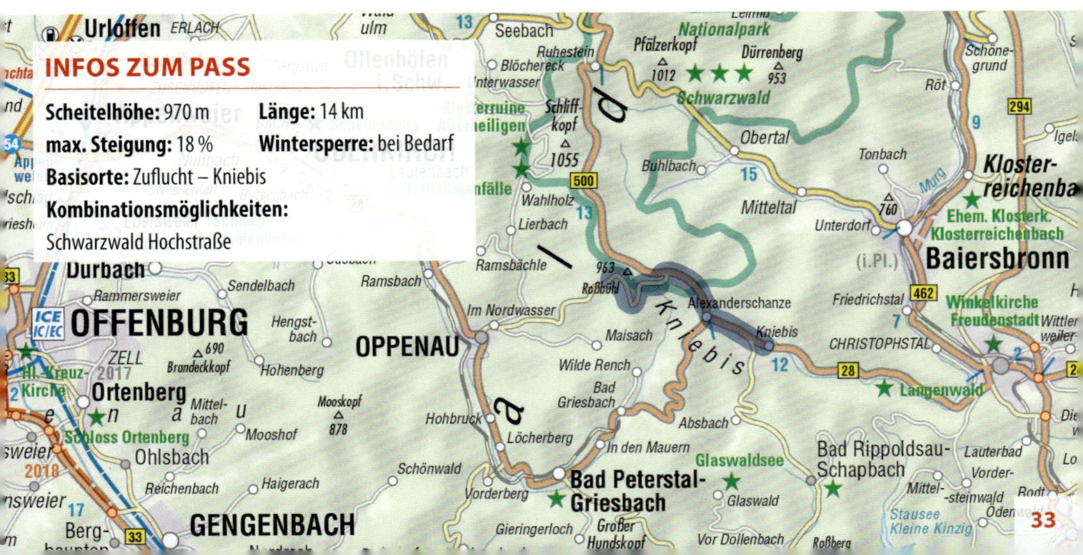

3 Löcherbergwasen Schwarzwald

Zwischen Löcherberg im Renchtal und Zell am Harmersbach verläuft eine 16 Kilometer lange kurvenreiche Bergstraße, die eine West-Ost-Querung durch den mittleren Schwarzwald darstellt. Über den Löscherberg, der das Renchtal vom Hamersbachtal trennt, führt sie in schönen Schwüngen zur Passhöhe auf 656 Metern hinauf. Diese heißt Löcherbergwasen. Der Name bezieht sich auf den zur Gemeinde Oppenau gehörenden Weiler Löcherberg im Renchtal.

Die Straße ist in einem guten Zustand. Sie ist durchgängig asphaltiert und stellenweise zweispurig ausgebaut. Der Löcherberg ist nicht nur bei Wanderern überaus beliebt, auch viele Gleitschirmflieger sind bei gutem Wetter in der Luft zu bestaunen. Im Imbiss auf der Passhöhe kann man sich mit Kleinigkeiten stärken. In Zell am Harmersbach angekommen, lohnt sich ein Bummel durch die historische Altstadt. Eines ihrer Wahrzeichen ist der mittelalterliche Storchenturm. Er ist der einzig verbliebene Teil der ehemaligen Stadtbefestigung und beherbergt heute ein sehenswertes Heimatmuseum.

INFOS ZUM PASS

Scheitelhöhe: 656 m **Länge:** 16 km
max. Steigung: 12 % **Wintersperre:** b.B.
Basisorte: Löcherberg im Renchtal – Zell am Harmersbach
Kombinationsmöglichkeiten: Kandel

4 **Kandel** Schwarzwald

INFOS ZUM PASS

Scheitelhöhe: 1241 m
Länge: 25 km
max. Steigung: 15 %
Wintersperre: keine
Basisorte: Sankt Peter – Waldkirch
Kombinationsmöglichkeiten: Feldberg, Schauinsland, Löcherbergwasen

Der 1241 Meter hohe Kandel ist der Hausberg des Städtchens Waldkirch und gleichzeitig eine der höchsten Erhebungen des Südschwarzwaldes. Eingeschlossen wird er im Westen vom Elztal, im Norden vom Simonswälder Tal und im Süden vom Glottertal. Durch diese exponierte Lage wirkt er im Vergleich zu benachbarten Bergen vergleichbarer Höhe sehr viel eindrucksvoller.

Dementsprechend viel befahren ist die Kandelpassstraße denn auch – und zwar ganzjährig, da der Berg im Winter mit einem eigenen Skigebiet Touristen anlockt. Im Sommer gehört er dann dem fahrenden Volk: Neben Motorradfahrern zieht er auch Radler magisch an, sodass vor allem in den Kehren umsichtig gefahren werden sollte.

Der Parkplatz am Gipfel hat sich im Laufe der vergangenen Jahre zu einem beliebten Bikertreffpunkt gemausert. Von dort aus sollte man neben den Benzingesprächen vor allem die unverbaute Aussicht auf den Kaiserstuhl, die Freiburger Bucht sowie die Vogesen genießen.

5 Schauinsland Schwarzwald

INFOS ZUM PASS

Scheitelhöhe: 1284 m **Länge:** 24 km
max. Steigung: 12 % **Wintersperre:** keine
Basisorte: Freiburg – Passhöhe Notschrei
Kombinationsmöglichkeiten: Feldberg, Schwarzwaldhochstraße, Kandel, Belchen

Nur rund zehn Kilometer südöstlich der Stadtmitte von Freiburg im Breisgau befindet sich der 1284 Meter hohe Gipfel des Schauinsland. Für Motorradfahrer ist die auf und über ihn hinweg führende Landesstraße 124 – besser bekannt als Schauinslandstraße – ein echtes Highlight. Allerdings nicht an Feiertagen und Wochenenden zwischen dem 1. April und 1. November, denn zu diesen Zeiten ist die Strecke bereits seit 1984 für motorisierte Zweiräder gesperrt.

Legendär ist das zwischen 1923 und 1984 dort auf einem Teilstück durchgeführte ADAC-Schauinsland-Rennen. Dabei handelte es sich um ein Bergrennen, das auf einer rund zwölf Kilometer langen und äußerst serpentinenreiche Strecke zwischen Horben über die Holzschlägermatte bis zur Bergstation der Schauinslandbahn ausgetragen wurde. Seit dem Jahr 2000 können sich Oldtimerfahrer auf einem verkürzten Abschnitt wieder gegeneinander messen.

Wer keine sportlichen Ambitionen hat, sollte dem auf der Passhöhe gelegenen Museumsbergwerk, das von der jahrhundertealten Bergwerkstradition dieser Region zu berichten weiß, einen Besuch abstatten. Alternativ kann man auch einfach nur die Aussicht auf das Rheintal genießen.

6 Feldberg Schwarzwald

Wenngleich unter Motorradfahrern nicht ganz so bekannt, ist der Feldbergpass doch der zweithöchste Straßenpass Deutschlands. Die Passhöhe am Zeiger misst 1232 Meter. Eröffnet wurde die Straße bereits 1885. Im Laufe der Jahre wurde sie allerdings erheblich verbreitert und stetig modernisiert. Die heutige B 317 kann zwar mit einigen schönen Kehren und einer durchaus kurvenreichen nordöstlichen Rampe dienen, insgesamt ist sie fahrerisch allerdings für Motorradfahrer nur wenig anspruchsvoll. Der Fahrspaß wird zudem durch den besonders in den Sommermonaten immensen Verkehr getrübt.

INFOS ZUM PASS

Scheitelhöhe: 1232 m **Länge:** 28 km
max. Steigung: 10 % **Wintersperre:** keine
Basisorte: Todtnau – Titisee-Neustadt
Kombinationsmöglichkeiten:
Kandel, Schauinsland, Belchen

7 Belchen Schwarzwald

Der 1414 Meter hohe Belchen, die vierthöchste Erhebung im Schwarzwald, kann die schönsten Aussichtsgipfel dieser Region vorweisen. Der Panoramaberg erhebt sich über das Wiesen- und Münstertal und weist ein markantes, von der Oberrheinebene her nahezu symmetrisches Profil mit einer baumfreien Bergkuppe auf. Den Namen Belchen (keltisch: der Strahlende) tragen auch weitere Erhöhungen der benachbarten Mittelgebirge, darunter zwei besonders bei Schneebedeckung auffällige Berge in Sichtweite; sie bilden zusammen mit dem Schwarzwälder Belchen das sogenannte Belchendreieck: im Westen auf der französischen Seite der Oberrheinebene in den Vogesen der Elsässer Belchen oder Ballon d'Alsace, im Süden auf der Südseite des Hochrheins der Schweizer Belchen, die Belchenflue. In Sichtweite liegen außerdem in den Vogesen der Große und der Kleine Belchen, Grand bzw. Petit Ballon, die zusammen mit den oben genannten Belchen zum sogenannten Belchen-System gehören.

Auf dem Belchen im Schwarzwald kommt man allerdings motorisiert nicht mehr hinauf. Dabei hat es früher hier tatsächlich einmal eine Straße gegeben. Sie wurde 1904 eingeweiht und war seinerzeit die am höchsten hinaufführende öffentliche Straße der deutschen Mittelgebirge. 2001 wurde allerdings eine Seilbahn gebaut. Seit ihrer Eröffnung ist der obere Straßenabschnitt für den privaten Verkehr gesperrt. Eine schöne Panoramastraße gibt es im Umfeld des Belchen aber nach wie vor. Sie führt von Utzenfeld über die Talstation in Aitern bis nach Münstertal in einem Nordwestschwung um den Berg herum.

Die Strecke hat es dabei durchaus in sich: Unzählige Kurven wollen auf fast allen der 26 Kilometer gemeistert werden. Hinzu kommen einige erstaunlich herausfordernde Kehren.

INFOS ZUM PASS

Scheitelhöhe: 1414 m **Länge:** 23 km
max. Steigung: 10 % **Wintersperre:** bei Bedarf
Basisorte: Utzenfeld – Münstertal
Kombinationsmöglichkeiten:
Schauinsland, Feldberg, Kandel

8 Riedbergpass Allgäu

INFOS ZUM PASS

Scheitelhöhe: 1407 m **Länge:** 14 km
max. Steigung: 16 % **Wintersperre:** keine
Basisorte: Fischen im Allgäu – Hittisau (A)
Kombinationsmöglichkeiten: Pfänder (A), Furkaj.(A), Faschina (A), Hochtannberg (A), Oberjoch, Gaichtp. (A)

Der höchstgelegene innerdeutsche Straßenpass schummelt ein wenig, wenn es um seine exakte Höhe geht.

Einem Schild an der Passhöhe sind 1420 Meter zu entnehmen, real sind es aber „nur" 1407 Meter. Die Westrampe von Balderschwang lässt mit ihrer Streckenführung flüssiges Fahren zu, die Ostrampe hingegen weiß mit mehr Kurvengetümmel zu überzeugen. Bis zu 16 Prozent Steigung tun ein Übriges, um eine Überfahrt lohnenswert erscheinen zu lassen.

Als Besonderheit stellt die Strecke auch die kürzeste Verbindung der österreichischen Exklave Kleinwalsertal zu ihrer Bezirks- und Landeshauptstadt Bregenz dar und, wird daher ganzjährig befahrbar gehalten.

HOTEL TIPP

11309

Pension Forelle

Genießt unbeschwerte Urlaubstage in unserer traditionellen Familienpension. Wir bemühen uns persönlich um „unsere" Gäste und freuen uns darauf, euch bei uns in der Forelle begrüßen zu dürfen. Die familiäre Atmosphäre ist vom ersten Moment an zu spüren und nur wenige unserer Gäste kommen nur einmal zu uns. Am Abend, nach einem erlebnisreichen Tag, erwartet euch in unserer gemütlichen Gaststube ein vorzügliches und reichhaltiges Menü.

Am Goldbach 35 • 87538 Obermaiselstein
Telefon 0 83 26 / 208
www.ferienpension-forelle.de

GPS: N 47°26´32"
E 10°14´51"

9 Oberjochpass Allgäu

Von Schattwald kommend, verläuft die Strecke dermaßen unspektakulär, dass man den unscheinbaren Scheitel glatt verpassen kann. Viel mehr Freude macht die Westrampe von Bad Hindelang aus zum Oberjoch hinauf. Die Trassierung ist ganz hohe Baukunst, die Kurven ein Zuckerschlecken. Leider herrscht morgens, zu Feierabend und an Wochenenden zu viel Verkehr, um diese recht anspruchsvolle Strecke wirklich genießen zu können. In 2011 wurde die Straße vollständig neu asphaltiert und die Leitplanken vorbildlich mit Unterfahrschutz versehen.

Tipp: Der Aussichtspunkt in Oberjoch, der auch der Einstieg ins Hindelanger „Bergabenteuer" ist, zu dessen Höhepunkt ein Drahtseilakt über der Schlucht gehört.

INFOS ZUM PASS

Scheitelhöhe: 1178 m
Länge: 17 km
max. Steigung: 9 %
Wintersperre: keine
Basisorte: Bad Hindelang – Schattwald (A)
Kombinationsmöglichkeiten: Gaichtp. (A), Ammersattel, Fernp. (A), Hahntenj. (A), Riedbergp., Ettaler Bergstraße

10 Ammersattel Oberbayern

Ettal ist Ausgangspunkt für die Anfahrt zum Ammersattel. Der im 19. Jahrhundert unter König Maximilian II. von Bayern erbaute und 1852 eingeweihte Weg, führt zunächst am Schloss Linderhof vorbei, das einen ersten Stopp sicher lohnt.

Dann geht es in sanften Schwüngen über die Grenze nach Tirol hinein. Der Scheitel liegt nämlich bereits auf österreichischer Seite.

Vom Sattel führt die Straße dann sechs Kilometer weiter an den Plansee und folgt seinem Nordufer bis ans westliche Ende. Der Sattel stellt eine wenig befahrene und dazu landschaftlich reizvolle Alternative zum Grenzübergang Griesen bei Garmisch dar.

INFOS ZUM PASS

Scheitelhöhe: 1082 m
Länge: 37,6 km
max. Steigung: 12 %
Wintersperre: keine
Basisorte: Ettal - Reutte (A)
Kombinationsmöglichkeiten: Gaichtp. (A), Oberjoch, Fernp. (A), Hahntenj. (A), Scharnitzp., Kesselberg, Ettaler Bergstraße

11 Ettaler Bergstraße Oberbayern

INFOS ZUM PASS

Scheitelhöhe: 869 m
Länge: 14 km
max. Steigung: 5 %
Wintersperre: keine
Basisorte: Oberammergau – Oberau
Kombinationsmöglichkeiten: Gaichtp. (A), Oberjoch, Hahntenj. (A), Scharnitzp., Kesselberg

Gleich mehrere Straßen wurden im Verlauf der vergangenen Jahrhunderte über den Ettaler Sattel im heutigen Landkreis Garmisch-Partenkirchen erbaut. Die älteste entstand vermutlich schon rund um das Jahr 1300.

Sie existiert als solche heute nicht mehr, denn der Verkehrsverlauf wurde nicht nur stetig modernisiert, sondern aus strategischen Gründen auch mehrfach verlegt. Die heute zu befahrende Passstraße hat allerdings auch schon mehr als 100 Jahre auf dem Buckel. Trotzdem macht das Befahren der mitunter engen und durchaus kurvenreichen Strecke durchaus Spaß, obwohl sie fahrerisch kaum Herausforderungen zu bieten hat.

12 Scharnitzpass Oberbayern

Die Strecke zum Scharnitzpass schmiegt sich eng an den Verlauf des an dieser Stelle engen Isartales an. Die Passhöhe ist zugleich der Grenzübergang nach Österreich wie auch die geographische Trennung von Wetterstein- und Karwendelgebirge.

Schon zu Römerzeiten war Scharnitz als Wach- und Raststation entlang des Saumpfads bekannt. Noch größere strategische Bedeutung erhielt der gut zu sichernde Übergang unter Claudia de Medici, die als Erzherzogin von Österreich 1633 die nach ihr benannte Befestigungsanlage „Porta Claudia" errichten ließ. Bis zu sechs Meter hohe Reste des Wehrs sind heute noch zu besichtigen.

INFOS ZUM PASS

Scheitelhöhe: 955 m
Länge: 16 km
max. Steigung: 16 %
Wintersperre: keine
Basisorte: Mittenwald - Seefeld (A)
Kombinationsmöglichkeiten: Kesselberg, Achenpass, Scharnitzp., Fernpass (A), Ammersattel, Ettaler Bergstraße

13 Kesselberg Oberbayern

Am Wochenende und an Feiertagen gilt in Richtung Walchensee eine Sperrung für Motorräder, ansonsten gibt es eine durchgehende Geschwindigkeitsbegrenzung auf 60 km/h sowie ein Überholverbot auf der gesamten Passstrecke.

INFOS ZUM PASS

Scheitelhöhe: 858 m **Länge:** 9 km
max. Steigung: 9 % **Wintersperre:** keine
Basisorte: Kochel am See – Walchensee
Kombinationsmöglichkeiten: Ettaler Bergstraße, Achenpass, Scharnitzp., Fernpass (A), Ammersattel

Wallberg-Panoramastraße Oberbayern

€ Maut 14

Die Wallberg-Panoramastraße gehört zu den schönsten Bergstraßen in Süddeutschland. Mit Steigungen bis zu zwölf Prozent führt sie zunächst an romantische Bergwälder und wuchtigen Felswänden vorbei bis sie am Wallbergmoos auf 1117 Metern ihren Höhepunkt erreicht. Die Straße ist zwar nur knapp vier Kilometer lang, kann jedoch mit ihrer Panoramaaussicht auf das darunter liegende Tegernseer Tal punkten. Die Befahrung der Privatstraße ist mautpflichtig (4,00 € / Stand 2019). Um die Pflege der Wallberg Panoramastraße kümmert sich der Verkehrsverein Rottach-Egern.

Die Maut dient dem Erhalt dieser Strecke, die in den 1930er Jahren unter mühevollen Bedingungen angelegt wurde. Sprengungen und Erdaushub waren nötig, um den massiven Grundausbau mit Brücken und Durchlässen aus Naturstein zu errichten. Die Gebühr ist direkt an der Wallbergbahn-Talstation an dem Kassenautomaten zu entrichten. Direkt nach dem Bezahlen öffnet sich die Schranke und der Fahrspaß kann beginnen.

Oben am Wallbergmoos angekommen, kann das Motorrad auf dem kostenlosen Parkplatz abgestellt werden, um die Aussicht – bei gutem Wetter bis zur Zugspitze – in Ruhe zu genießen. Wer mag, kann auch einen kleinen Spaziergang einlegen oder sich im Berggasthaus Wallbergmoos Alm stärken, bevor es auf gleichem Wege wieder zurück ins Tal geht. Die Wallberg-Panoramastraße ist im Winter gesperrt.

INFOS ZUM PASS

Scheitelhöhe: 1117 m **Länge:** 4 km
max. Steigung: 12 % **Wintersperre:** bei Bedarf
Basisorte: Wallbergbahn-Talstation – Wallbergmoos Alm
Kombinationsmöglichkeiten: Kesselberg, Achenpass

Lochen
Schnaitt
Sachsenkam
Rothenrain
Kirchbichl
Schaftlach
Krottenthal
Einhaus
MIESBACH
Bernloh
Wall
Frauenried
Parsberg
Grub
Au bei Bad Aibling
Nikalsreuth
Sonnenreuth
Ellbach
Waakirchen
Wörnsmühl
Deisenried
JENBACH
Greiling
Hauserdörfl
Festenbach
Hof
Hundham
Reichers-beuern
Riedern
Dürnbach
Agathařied
Hausham
St. Ägidius
Finsterwald
Ostin
Dürnbach
Gaißbach
Marien-stein
Kaltenbrunn
Gmund a. Tegernsee
Schliersee
Elbach
Sauersberg
Mühle
Tegernsee
Wallfahrtsk. Birkenstein
Grundner
Kuranlage
Monte Mare Tegernsee
Breiten-bach
Fischbachau
Lehen
TEGERNSEE
Monte Mare Schliersee
Birkenstein
Steinbach
Spielbank Bad Wiessee
Ruine Hohenwaldeck
Grundnern
Schl. Tegernsee
Fischhausen
Hammer
Arzbach
Rain
Bad Wiessee
Neuhaus
Aurach
Rottach-Egern
M. Wasmeier Bauernhof- & Wintersportmus.
Josefsthal
Steinbach
WEISSACH
Geitau
Schlegldorf
Buch
St. Jakob
HAGRAIN
Enter-rottach
Brecherspitz
1684
Spitzingsattel 1128
Aiplspitz 1759
Lenggries
OBERACH
Wallberg
1722
Hohenburg
Hirschberg 1607
Scharling
Spitzingsee
Mühlbach
Brunnbichl
Sutten
Rotwand 1884
Wegscheid
Seekarkreuz 1601
Kreuth
Sillberg
Fleck
Riedlern
Risserkogel 1826
Langeck
Winkel
Roßstein 1638
Mangfallgeb
Letten
Bayerwald
Wildbad Kreuth
Valepp
Jachen
Alpen
Petern
Isar
Weißach
Achenpass 941
Glashütte
Schinder 1808
Hinteres Sonnwendjoch 1986
Blau-berge 1787
Halserspitze 1862
DEUTSCHLAND
ÖSTERREICH
Sylvenstein-stausee
Tegernseer Berge
Schlierseer

15 Achenpass Oberbayern

INFOS ZUM PASS

Scheitelhöhe: 941 m **Länge:** 24 km
max. Steigung: 12 % **Wintersperre:** keine
Basisorte: Kreuth - Achenkirch (A)
Kombinationsmöglichkeiten: Spitzingsattel, Ursprungpass, Kesselberg, Scharnitzpass, Sudelfeld

Die meisten Motorradfahrer nutzen den Achenpass, im Grenzgebiet zwischen Oberbayern und Tirol gelegen, vor allem als Transitstrecke. Dabei ist der Fahrspaß gar nicht mal zu unterschätzen: Die gut 24 Kilometer sind hervorragend ausgebaut und bieten Steigungen von bis zu 12 Prozent. Hinzu kommen die landschaftlichen Eindrücke und vor allem das tolle Panorama, das man von der Passhöhe aus bewundern kann. In den Sommermonaten kann er allerdings oft von mit Wohnwagen befahren sein.

16 Spitzingsattel Oberbayern

Von Schliersee aus liegt der Spitzingsattel ein wenig oberhalb des Spitzingsees, eingebettet in eine ruhige Landschaft und abseits sonstiger Verkehrsströme.

Ist der See umrundet, geht es leider nicht mehr weiter, die Spitzingstraße ist eine Sackgasse. Eine videoüberwachte Schranke lässt eine Weiterfahrt durch das Tal der Weißen Valepp nach Rottach am Tegernsee leider nicht zu. Dafür lockt die Einkehr in manch uriger Hütte.

Oder es geht zurück an den Schliersee, wo sich die Tour bei einem Besuch mit Besichtigung und Tasting (aber besser ohne Motorrad!) in der ortsansässigen bayerischen Malt Whisky Destillerie Slyrs (47.70236°, 11.88507°) veredeln lässt.

Infos: www.slyrs.de

INFOS ZUM PASS

Scheitelhöhe: 1127 m	**Länge:** 10 km
max. Steigung: 13 %	**Wintersperre:** keine

Basisorte: Schliersee – Spitzingsee

Kombinationsmöglichkeiten: Achenpass, Kesselberg, Ursprungpass, Pass Thurn (A), Gerlospass (A), Sudelfeld

17 Ursprungpass Oberbayern

INFOS ZUM PASS

Scheitelhöhe: 849 m   **Länge:** 11 km
max. Steigung: 13 %   **Wintersperre:** keine
Basisorte: Bayrischzell - Landl (A)
Kombinationsmöglichkeiten: Spitzingsattel, Achenpass, Pass Thurn, Gerlospass, Sudelfeld

Bei dem Ursprungpass handelt es sich um einen kleinen, verkehrstechnisch eher unbedeutenden Grenzpass. Er verbindet Deutschland und Österreich miteinander. Von Norden her startet die gut elf Kilometer lange Straße in Bayrischzell und erstreckt sich über die 836 Meter hohe Passhöhe bis nach Landl in Tirol. Damit verbindet er das bayerische Ursprungtal mit dem Tiroler Thirseetal. Vor allem die Südrampe hinunter nach Österreich hat einige Kurven zu bieten. Nördlich der Passhöhe kann man für eine Pause in der Bäckeralm einkehren.

18 Sudelfeldpass Oberbayern

Als Teil der B 307 und der Deutschen Alpenstraße verbindet der Sudelfeldpass die Talorte Bayrischzell und Oberaudorf. Die eigentliche Passhöhe ist so unspektakulär, dass man sie glatt übersehen würde, wäre da nicht die angebrachte Hinweistafel: „Passhöhe Sudelfeld 1123 m ü. NN". Grundsätzlich präsentiert sich die Straße nur wenig spektakulär. Sie ist insgesamt sehr gut ausgebaut, bietet einen durchweg homo-genen Belag mit optimalen Grip und durchgehender Randabsicherung.

Nur auf der Westrampe befinden sich neun sehr breit angelegte Kehren. Fast durchgängig herrscht ein Tempolimit von 50 bzw. 60 km/h, das man den Heizern der Motorradgemeinde und unzähligen Unfällen zu verdanken hat. Wenn diese nicht auf der Straße unterwegs sind, ist dieser Pass eine optimale Übungsstrecke für Anfänger und Wiedereinsteiger.

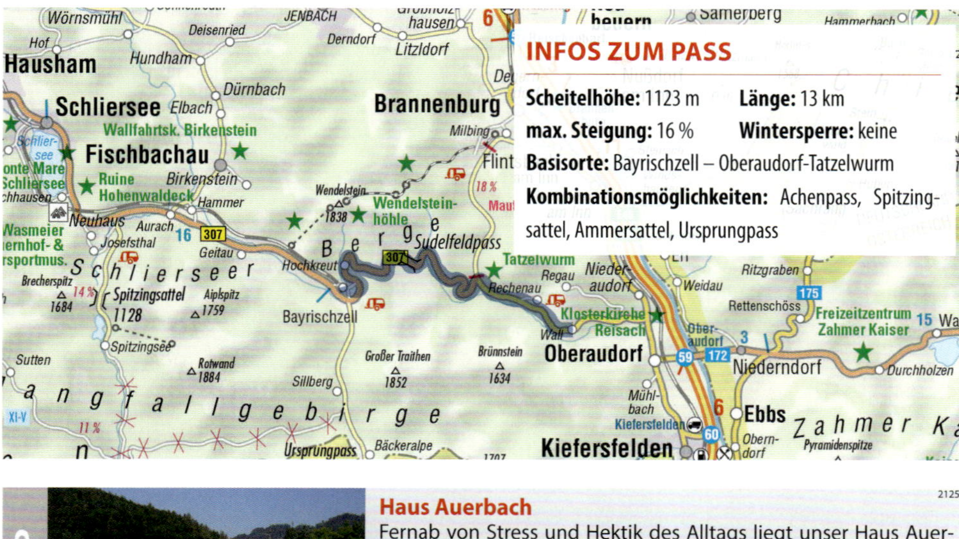

INFOS ZUM PASS

Scheitelhöhe: 1123 m **Länge:** 13 km
max. Steigung: 16 % **Wintersperre:** keine
Basisorte: Bayrischzell – Oberaudorf-Tatzelwurm
Kombinationsmöglichkeiten: Achenpass, Spitzingsattel, Ammersattel, Ursprungpass

€ Maut 19 Rossfeld Panoramastraße Oberbayern

Was in den 1930er Jahren als Abschluss der Deutschen Alpenstraße geplant und begonnen wurde, fand erst einige Zeit nach dem Krieg zur Vollendung. Seither weiß die Ringstraße am Rossfeld vor allem Motorradfahrer mit ihrem Mix aus extremen Steigungen und traumhaften Fernblicken an der höchsten durchgehenden Straße Deutschlands immer wieder zu begeistern. Auf der Privatstraße wird eine Maut ab 4,50 € erhoben.

Es gibt zwei Zufahrten mit Mautstellen, bei Oberau und hinter dem Obersalzberg. Der Kammabschnitt liegt übrigens auf österreichischem Gebiet. Es bedurfte eines Staatsvertrags, um die Nutzungsrechte zu regeln.

INFOS ZUM PASS

Scheitelhöhe: 1560 m **Länge:** 16 km
max. Steigung: 13 % **Wintersperre:** keine
Basisorte: Bercht. Obersalzberg - Bercht. Oberau
Kombinationsmöglichkeiten: Pass Lueg (A), Pass Gschütt (A), Postalm (A), Dientner Sattel (A), Filzensattel (A)

Berchtesgaden 8 km
Oberau 1 km
Roßfeld
Panoramastraße

Großgmain
St. Nikolaus
Bayerisch Gmain
Hochthron
1852
160
159
Salzach
bei Hallein
Krispl
E55
Schönau
Oberalm
Adnet
Untersberg
Schellenberger Eishöhle
305
9
Schloss Haunsperg
16 Hallein
Marktschellenberg
Götschen
Winkl
Vorderettenberg
Unterstein
HALLEIN
Almbachklamm
Oberstein
ÖSTERREICH
DEUTSCHLAND
GAMP
Bad Vigaun
20
Hintergern
Oberau
Hellweng
Unterau
Salzwelten Salzburg
12
Maria Gern
Kuchl
Stanggaß
SalzZeitReise
319
22
Jadorf
Untersalzberg
Resten
Toter Mann
1391
Strub
Weißenbach
Kuchl
IC/EC
Obersalzberg
Strubau
Schwarzeck
Engedey
Oberschönau
Berchtesgaden
Gasteig
Au
20
Kehlstein
1885
Hoher Göll
2522
Gollinger Wasserfall
Schönau a. Königssee
Schwöb
IC/EC
Golling
28
Freieck
Königssee
2308
Bobbahn Königssee
Jenner
1874
Golling-West
Golling-Ost
Kleiner Watzmann
National-

Pässe und Panoramastraßen in ÖSTERREICH

Die Großglockner Hochalpenstraße beim Fuscher Törl

20 Pfänder Vorarlberg

Der 1064 Meter hohe Pfänder ist der Hausberg von Bregenz in Vorarlberg. Man genießt auf ihm traumhafte Ausblicke auf die Allgäuer Alpen und den Bodensee.
Ganz zum Gipfel hinauf kommt man allerdings nur per Pedes oder mit der Pfänderbahn. Letztere benötigt von der Talstation in Bregenz aus lediglich sechs Minuten bis ans Ziel (Preis für die Hin- und Rückfahrt: 13,60 € pro Person. Stand Dezember 2019). Ein Erlebnis für Motorradfahrer ist die Pfänderstraße, die den Berg zumindest teilweise umrundet. Startpunkt ist die Gemeinde Lochau am Bodensee. Von dort geht es erst nach Süden und später dann in Richtung Osten bis nach Moos.

Die Straße ist vor allem in den Sommermonaten stark befahren. Deshalb – und aufgrund von Frostschäden – wurde sie 2016 aufwendig saniert und präsentiert sich nunmehr im besten Zustand.

INFOS ZUM PASS

Scheitelhöhe: 1064 m **Länge:** 9 km
max. Steigung: 13 % **Wintersperre:** keine
Basisorte: Lochau – Hinteregg
Kombinationsmöglichkeiten: Riedbergpass (D), Hochtannbergpass, Faschinajoch, Losenpass

21 Losenpass Vorarlberg

Der Losenpass liegt am Bördele, einem Naherholungsgebiet zwischen Dornbirn im Vorarlberger Rheintal und Schwarzenberg im Bregenzer Wald. Häufig werden die Begriffe Losenpass und Bödele bezüglich der Passstraße daher auch synonym verwendet. Die Passhöhe befindet sich auf einer Höhe von 1139 Metern.

Der Bau der Straße ist dem Textilunternehmer Otto Hämmerle zu verdanken. Ab 1900 begann er mit der touristischen Entwicklung des Gebietes, in dem er zunächst eine Sennerei ins Leben rief und später Hütten zu Ferienhäusern ausbaute. Er stiftete außerdem eine Kapelle und ließ den Bödelesee künstlich anlegen. Vor allem aber finanzierte er in den Jahren 1907 und 1908 die gut 15 Kilometer lange Straße von Dornbirn hinauf.

Seit einigen Jahren gibt es direkt an der Passhöhe wieder ein Hotel – das Bödele Alpenhotel. Dies wurde ab Mitte der 1980er Jahre bis 2006 vom Weltcupsieger Marc Girardelli und seiner Familie betrieben.

Der Losenpass ist einer der nord-westlichsten Pässe in Österreich und nicht weit vom Bodensee entfernt. Die Ostrampe ist von Schwarzenberg aus bestens ausgebaut und schön kurvenreich. Die Westrampe präsentiert sich dagegen etwas geradliniger, ist aber dennoch ein fahrerischer Genuss.

INFOS ZUM PASS

Scheitelhöhe: 1139 m **Länge:** 15 km
max. Steigung: 14 % **Wintersperre:** b.B.
Basisorte: Schwarzenberg – Dornbirn
Kombinationsmöglichkeiten:
Pfänder, Faschinajoch, Furkajoch, Riedbergpass (D)

22 Faschinajoch Vorarlberg

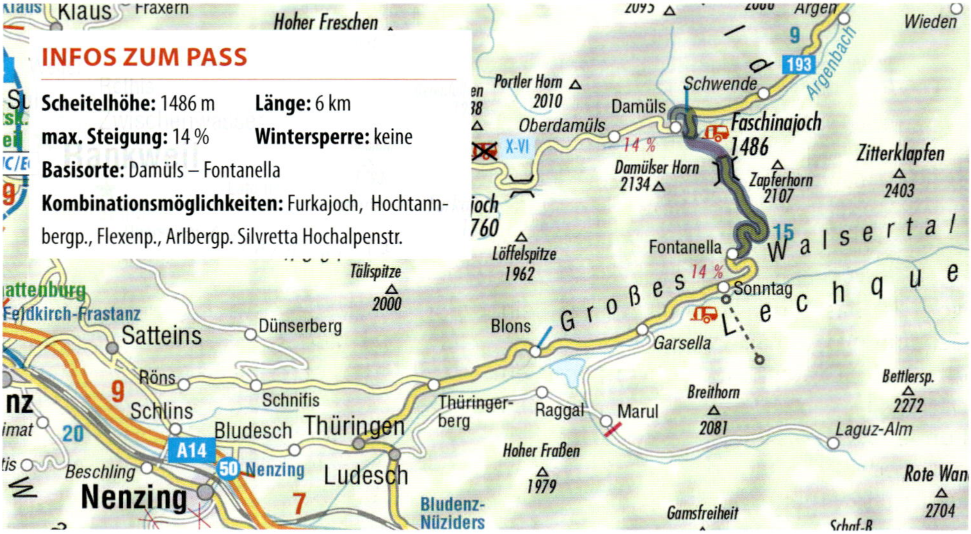

INFOS ZUM PASS

Scheitelhöhe: 1486 m **Länge:** 6 km
max. Steigung: 14 % **Wintersperre:** keine
Basisorte: Damüls – Fontanella
Kombinationsmöglichkeiten: Furkajoch, Hochtannbergp., Flexenp., Arlbergp. Silvretta Hochalpenstr.

Die knapp sieben Kilometer lange Straße über das Faschina-joch verbindet die Täler Bregenzer Ach und Tal der Lutz im österreichischen Bundesland Vorarlberg miteinander. Die Fahrt ist nicht nur landschaftlich ein Traum. Spektakulär wird sie, da die Fahrbahn fast durchgängig unter – vor Lawinen schützenden – Galerien verläuft. Die Straße ist allerdings bestens ausgebaut und bietet keine sonderlichen fahrerischen Herausforderungen, sodass sie auch für Anfänger bestens geeignet ist.

23 Furkajoch Vorarlberg

Noch ist das Furkajoch so etwas wie ein Geheimtipp unter Motorradfahrern. Die gut 23 Kilometer lange Straße zwischen Damüls und Laterns im österreichischen Bundesland Vorarlberg hatte lange Zeit nur Bedeutung für die Einheimischen. Dementsprechend schlicht war sie angelegt. Stellenweise war nicht einmal Asphalt verbaut worden. Dies änderte sich allerdings vor einigen Jahren. Nunmehr zeigt sich die Straße zwar immer noch schmal – besonders auf der Westrampe kommen stellenweise keine zwei Pkw hier aneinander vorbei. Mit dem Motorrad bietet das aber Fahrfreude pur. Das Furkajoch sollte übrigens nicht mit dem fast namengleichen Furkpass verwechselt werden, denn dieser befindet sich in der Schweiz.

INFOS ZUM PASS

Scheitelhöhe: 1760 m **Länge:** 23 km
max. Steigung: 14 % **Wintersperre:** 11-5
Basisorte: Damüls – Laterns
Kombinationsmöglichkeiten: Faschinajoch, Hochtannbergp., Flexenp., Arlbergp. Silvretta Hochalpenstr.

24 Flexenpass Vorarlberg

INFOS ZUM PASS

Scheitelhöhe: 1773 m | **Länge:** 8 km

max. Steigung: 10 % | **Wintersperre:** keine

Basisorte: Zürs – Stuben

Kombinationsmöglichkeiten: Hochtannbergpass, Faschinajoch, Furkajoch, Silvretta, Arlbergpass, Zeinisjoch

Der Weg über dieses Gebirge im österreichischen Bundesland Vorarlberg musste es ursprünglich einmal ganz schön in sich gehabt haben: Schon im Mittelalter wurde er genutzt – und historischen Aufzeichnungen zufolge soll er einige grandiose Kehren geboten haben. Die Straße, die wir heute kennen, stammt aus dem Ende des 19. Jahrhunderts und ist fahrerisch leider nicht mehr ganz so spektakulär. Von Stuben aus lohnt sich die Kombination mit einem weiteren Alpenpass, denn die Straße zweigt von dort aus nach nicht mal drei Kilometern auf die Westrampe des Arlbergpasses ab.

25 Hochtannbergpass Vorarlberg

Seit 2007 präsentiert sich diese Passstraße im österreichischen Bundesland Vorarlberg im modernisierten Zustand. Der Grund ist allerdings ein trauriger, denn rund um die Passhöhe gab es fünf Jahre zuvor einen Bergrutsch, der die Straße in Mitleidenschaft zog. Daraufhin musste saniert und ausgebaut werden. Auch die alte Westrampe im Abschnitt Schröcken-Nesslegg ist leider nicht mehr so, wie sie ursprünglich einmal geplant war: Die engen Kehren wichen einer neu trassierten Strecke mit Straßentunneln. Das Fahrvergnügen für Motorradfahrer hält sich dadurch in Grenzen.

INFOS ZUM PASS

Scheitelhöhe: 1676 m **Länge:** 11 km

max. Steigung: 14 % **Wintersperre:** keine

Basisorte: Schröcken – Warth

Kombinationsmöglichkeiten: Flexenpass, Faschinajoch, Furkajoch, Silvretta, Arlbergpass, Zeinisjoch

HOTEL TIPP

26 Arlbergpass Vorarlberg/Tirol

Die österreichischen Bundesländer Vorarlberg und Nordtirol sind schon seit einigen Jahren auch mit dem Arlbergtunnel miteinander verbunden. Doch nicht nur aufgrund der dort fälligen Straßenmaut, ist die deutlich schönere Alternative die Fahrt über den Arlbergpass. Die Straße ist auf beiden Seiten gut ausgebaut. Fahrspaß bietet vor allem die Westseite mit ihren schönen Kehren. Die Region ist ein beliebtes Wintersportgebiet, daher ist die Passstraße im Normalfall auch ganzjährig befahrbar. Eröffnet wurde sie schon 1787. Damals unter der Bezeichnung „Josephinische Straße".

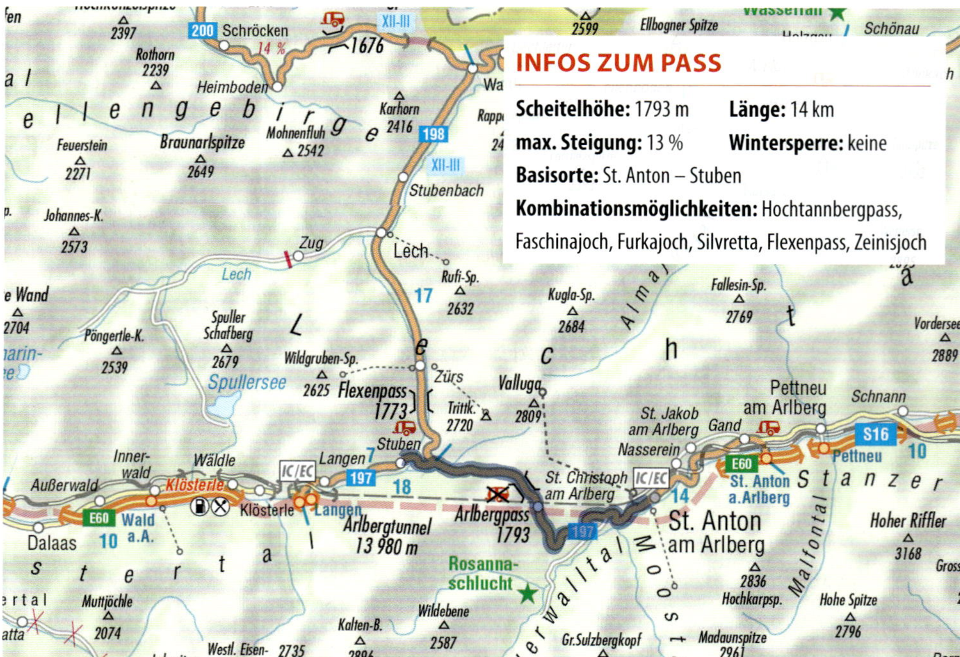

INFOS ZUM PASS

Scheitelhöhe: 1793 m **Länge:** 14 km
max. Steigung: 13 % **Wintersperre:** keine
Basisorte: St. Anton – Stuben
Kombinationsmöglichkeiten: Hochtannbergpass, Faschinajoch, Furkajoch, Silvretta, Flexenpass, Zeinisjoch

HOTEL TIPP

13857

APRÈS POST HOTEL****

Der Sommer in Stuben am Arlberg hat einiges zu bieten: Das gilt besonders für Motorradfreunde, denn hier trifft man sich zu sensationellen Touren. Für die echten Kenner gibt es kaum etwas Besseres, als jeden Tag neue Alpenpässe zu genießen. Auf Motorradfahrer sind wir bestens eingestellt. Die Stammgäste schätzen neben der familiären, gemütlichen Atmosphäre vor allem die Tiefgarage für Motorräder und einen Trockenraum.

Stuben 17 • A-6762 Stuben am Arlberg
Telefon +43 (0) 5582 / 761
www.aprespost.at

GPS: N 47°8'21"
E 10°9'29"

27 Zeinisjoch Tirol

Bei der Tourenplanung muss unbedingt beachtet werden, dass die 1842 Meter hohe Passhöhe des Zeinisjochs mittlerweile nur von Osten aus anfahrbar ist – und zwar von Galtür aus. Diese Regelung gilt seit 2007. Bis dato war auch die schmale Straße der Westrampe noch für alle offiziell passierbar. Doch dafür war die Straße kostenpflichtig. Seit dem Wegfall der Mautgebühren ist diese nur den Anwohnern (bzw. mit Sondergenehmigung) gestattet. Fahrspaß bietet die gut acht Kilometer lange Strecke aber dennoch. Die Straße präsentiert sich herrlich kurvenreich und in gutem Zustand. Während der Fahrt genießt man tolle Ausblicke auf die Berge von Vorarlberg und Tirol – das Joch befindet sich genau auf der Grenze. Übrigens endet die Straße nicht direkt auf der Passhöhe, sondern erst knapp einen Kilometer weiter am Stausee Kops, der einen Pausenstopp durchaus wert ist.

INFOS ZUM PASS

Scheitelhöhe: 1842 m **Länge:** 8 km
max. Steigung: 13 % **Wintersperre:** keine
Basisort: Galtür – Zeinisjoch (Sackgasse)
Kombinationsmöglichkeiten:
Silvretta Hochalpenstraße

€ Maut 28 Silvretta Hochalpenstraße Vorarlberg/Tirol

Diese Straße ist ein Kunstprodukt, entstanden für den Werksverkehr zum am Scheitel liegenden Silvretta Stausee des Vorarlberger Kraftwerksbetreibers Illwerke AG. Doch schnell mauserte sich die Strecke selbst zu einer Touristenattraktion und wurde so zur mautpflichtigen Silvretta Hochalpenstraße.
Die Passhöhe liegt sogar über dem eigentlichen Scheitelpunkt, der vom Stausee eingenommen wird. Auf der Westrampe überwindet die Straße mit 25 Kehren auf nur drei Kilometern Luftlinie, aber asphaltierten neun Kilometern, 700 Höhenmeter. Die Ostrampe hingegen verläuft recht geradlinig und einfach befahrbar bis nach Galtür hinab.
Maut: PKW: € 15,– | Motorrad: € 12,–
Es gilt ein Nachtfahrverbot.

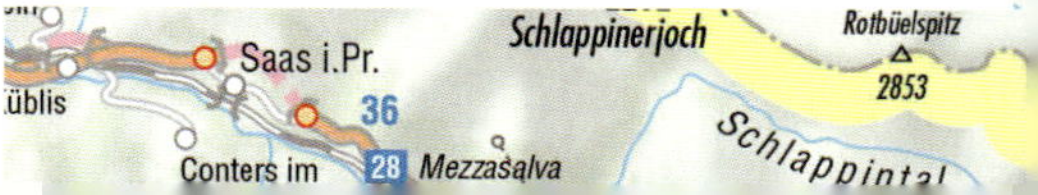

INFOS ZUM PASS

Scheitelhöhe: 2036 m **Länge:** 27 km
max. Steigung: 14 % **Wintersperre:** 11-5
Basisorte: Galtür - Partenen
Kombinationsmöglichkeiten: Arlbergpass, Faschinajoch, Zeinisjoch, Flexenpass, Flüelapass (CH)

29 Gaichtpass Tirol

INFOS ZUM PASS

Scheitelhöhe: 1082 m
Länge: 16 km
max. Steigung: 7 %
Wintersperre: keine
Basisorte: Tannheim - Weißenbach
Kombinationsmöglichkeiten: Oberjoch (D), Ammersattel (D), Fernpass, Hahntennjoch

Bereits seit Jahrhunderten wird der Gaichtpass von Menschen überquert, der Übergang wurde schon von den Römern und im Mittelalter als wichtiger Handelsweg für den Transport von Wein und Salz genutz. Die erste moderne Trasse entstand zu Beginn des 20. Jahrhunderts, erweitert wurde sie im Jahre 1957. Heute präsentiert sie sich mit dem Namen Tannheimer Straße B 199 als bestens ausgebaut und verbindet auf 16 Kilometern das Tannheimer Tal mit Weißenbach am Lech.

Die ursprüngliche Talpassstraße befand sich in früheren Zeiten etwa 150 Meter tiefer in der Talsohle. Auf diese alte Straße kann man von der Gemstalbrücke aus einen Blick werfen. Sie darf heute nicht mehr befahren werden.

30 Fernpass Tirol

Nahe der deutschen Grenze (die Zugspitze ist keine 14 Kilometer entfernt), führt die B 179 über den Fernpass. Er befindet sich zwischen den Lechtaler Alpen im Westen und dem Mieminger Gebirge im Osten. Die Route soll schon in vorrömischer Zeit bei Händlern beliebt gewesen sein. Die heutige Straße ist bestens ausgebaut, damit allerdings auch ziemlich langweilig. Da sie üblicherweise auch sehr stark befahren ist – der Pass gehört zu den meistbefahrenen Alpenpässe in den Ostalpen – ist sie bei Motorradfahrern nicht die erste Wahl.

INFOS ZUM PASS

Scheitelhöhe: 1210 m **Länge:** 20 km
max. Steigung: 8 % **Wintersperre:** keine
Basisorte: Lermoos - Nassereith
Kombinationsmöglichkeiten: Hahntennjoch, Silzer Sattel, Ammersattel, Scharnitz, Kühtai, Pillerhöhe

31 Hahntennjoch Tirol

Auf 34 kurvenreichen Kilometern verbindet die teilweise enge Straße das Obere Inntal mit dem Tiroler Lechtal. Eine besondere Herausforderung sind die Steigungen mit bis zu 15 Prozent an der Ostrampe von Imst zur Passhöhe.

Neben einer Wintersperre ist auf dieser Strecke besonders nach Unwettern mit Behinderungen, etwa durch Murenabgänge, zu rechnen. Ein automatisches Warnsystem schaltet die Ampeln an den Zufahrten dann auf Rot. An sonnigen Wochenenden herrscht oft Hochbetrieb, wobei Motorradfahrer häufig auf ambitionierte Radler treffen. An Wochentagen hingegen ist das Hahntennjoch zumeist ein Hochgenuss.

INFOS ZUM PASS

Scheitelhöhe: 1894 m
Länge: 34 km
max. Steigung: 15 %
Wintersperre: 11-4
Basisorte: Elmen - Imst
Kombinationsmöglichkeiten: Silzer Sattel, Fernpass, Pillerhöhe, Kaunertaler Gletscher, Flexenpass, Hochtannbergpass

Gaichtpass
1082
Engpass
946
Heiterwang
Weißenbach
Thaneller
2241
Rotlech
Forchach
Berwang
Rinnen
Mittergrotzenspitze
2193
Saldeiner Spitze
2036
Lech
Roter Stein
2366
Brand
Hochvogel
2592
Roßkarspitze
2292
Stanzach
Namloser Tal
Knittelkarspitze
2376
Gallbergspitze
2391
Vorder-
hornbach
Stützbach
Hinterhornbach
Klimmspitze
2464
Elmer Kreuzspitze
2480
Namlos
Seelakopf
2368
Loreakopf
2471
Urbeleskarspitze
2632
Elmen
Rüdigerspitze
2382
Kreuzkarspitze
2587
Bretterspitze
2608
Habichegg
Namloser Wetterspitze
2553
Heiterwand
2639
Alpleskopf
2258
Häselgehr
Gutschau
Streimbach
Bschlabs
Taschach
Köglen
Elbigenalp
Unter-
grießau
Wannenspitze
2362
Hahntennjoch
1894
Pfafflar
15 %
XI-V
Obtarrenz
Riefen
Gramais
Linserhof
Muttekopf
2774
Grünau
Bach
Greisegg
Imst
Stadt der Brunnen
Tarrenz
Ruitelspitze
2580
Stockach
Madau-Tal
Alperschonbach
Kogelseespitze
2647
Gr. Schlenkerspitze
2827
Ödkarlekopf
2565
IMST
Karrösten
Tajaspitze
2538
Torspitze
2622
Leiterspitze
2750
Parzinnspitze
2613
Bergwerkskopf
2728
Mils
Imst-Au
Imst-Pitztal
Arzl
Mils bei Imst
Imsterberg
Frei-Sp.
2319
Schönwies
Starkenbach
Schönwies
Blons
Ried
Silberspitze
2461
Brennwald
Ober-Le
Vorderseesp.
2889
Rauher K.
2811
Parseiersp.
3036
Zams
Zamserberg
Wenns
Unter-Leins
Lahnbach
Oberinntal
Eisensp.
2859
Stanz
bei Landeck
Matzlewald
Zams
Flirsch
Grins
Jerzens
Lache
Landeck-West
IC/EC
Liebfrauenkirche
Venet
2513
Glanderspitz
1349
Piller
Taschen
Graslehn
Flirsch
Pians
Pians
Strengen
LANDECK
Schloss Landeck
Brunnen
Fließ
Fuchsmoos
Wiesle
Aifenspitze

32 Namlospass Tirol

Die Österreicher lieben Kuriositäten: Da haben sie eine wunderbare Bergstraße gebaut, die gleich über zwei Scheitel führt, finden aber keinen Namen und nennen sie daher „Namlos". Ob sie sich wohl nicht auf einen der Scheitelnamen einigen konnten? Der eine heißt Kelmer Sattel befindet sich auf einer Höhe von 1359 Metern. Der zweite heißt Bergwang und ist immer noch 1342 Meter hoch. Der Pass verbindet beide und führt von Bichlbach an der Fernpass-Straße nach Stanzach im Lechtal.

Die Route durch liebliche Namloser Tal zählt zu den schönsten Strecken Tirols und weist stellenweise Steigungen von 18 Prozent auf. Erfreulicherweise ist die Straße selbst in Ferienzeiten meist nur wenig befahren und präsentiert sich in qualitativ bestem Zustand. Man genießt wunderbar die schönen Kurvenschwünge und das umgebende Alpenpanorama.

Beim Namloser Tal handelt es sich um ein beschauliches Seitental des Lechtals. Es ist ein beliebtes Ausflugsgebiet für Wanderer und Bergsteiger. Auf einer Höhe von 1225 Metern befindet sich das winzige Dorf Namlos, das die Hundertergrenze bei der Einwohnerzahl noch nicht erreicht hat.

INFOS ZUM PASS

Scheitelhöhe: 1359 m
Länge: 25 km
max. Steigung: 18 %
Wintersperre: bei Bedarf
Basisorte: Bichlbach – Stanzach
Kombinationsmöglichkeiten:
Holzleitensattel, Fernpass, Hahntennjoch, Kühtaisattel

33 Holzleitensattel Tirol

Über den 1186 Meter hohen Holzleitensattel führt eine gut 25 Kilometer lange Passstraße. Sie verbindet die Ortschaften Nassereith und Obsteig und ist als B189 ausgewiesen. Da es sich bei dieser Bundesstraße um eine wichtige Verbindung zwischen dem Fernpass und dem Inntal handelt, ist sie zwar ganzjährig geöffnet, leider aber meist auch stark befahren. Wochentags sind Pendler und am Wochenende Urlauber und Motorradkollegen auf ihr unterwegs. Wer das Glück hat, sie nicht zu Stoßzeiten befahren zu können, genießt schöne Kurven und schöne Ausblicke ins Mieminger Plateau oberhalb des Oberinntals. Die maximale Steigung der Straße beträgt 12 Prozent.

Namensgeber des Sattels ist die Rotte Holzleiten, die sich in der Gemeinde Obsteig und ganz in der Nähe der Passhöhe befindet. Rotte ist der österreichische Ausdruck für eine kleine Wohnsiedlung.

INFOS ZUM PASS

Scheitelhöhe: 1186 m **Länge:** 25 km

max. Steigung: 12 % **Wintersperre:** bei Bedarf

Basisorte: Nassreith – Telfs

Kombinationsmöglichkeiten: Namlospass, Fernpass, Hahntennjoch, Kühtaisattel

34 Silzer Sattel Tirol

INFOS ZUM PASS

Scheitelhöhe: 1690 m **Länge:** 14 km
max. Steigung: 10 % **Wintersperre:** keine
Basisorte: Haiming – Ochsengarten
Kombinationsmöglichkeiten: Kühtaisattel, Hahntennjoch, Fernpass, Piller Höhe

Der Silzer Sattel in Tirol wird von den Anrainern gerne auch liebevoll „Sattele" genannt. Motorradfahrer, die ihn bezwingen möchten, sollten sich von diesem hübschen Kosenamen allerdings nicht täuschen lassen. Die Straße ist mit ihrer Länge von gut 14 Kilometern zwar alles andere als lang, hat es in puncto Herausforderung allerdings in sich. Das liegt vor allem an ihrer Steigung und den Serpentinen, die nichts für Fahranfänger sind.

Der Silzer Sattel verbindet Haiming im Inntal mit dem parallel verlaufenden Nedertal, überwindet mehr als 1000 Höhenmeter und erreicht bei einer Höhe von 1690 seinen höchsten Punkt.

35 Kühtaisattel Tirol

Die Strecke bietet eine verkehrsarme Alternative zum mit Autobahn und Bundesstraße belegten Inntal in Tirol. Im Sommer herrscht hier weitgehend tote Hose, auch das Hoteldorf liegt wie ein Geisterort in der Landschaft. Kaum verwunderlich, ist es doch fast ausschließlich ein Wintersportort. In der einen hübschen Ausblick von ihrer Terrasse bietenden Dortmunder Hütte können aber dennoch Kaffee und selbstgemachter Kuchen genossen werden, was zeitlich gut hinkommt auf der beliebten Kombi des Kühtais mit Timmelsjoch und Jaufenpass. Vorsicht ist vor den immer wieder gerne unvermittelt auf der Westrampe stehenden Kühen angeraten.

INFOS ZUM PASS

Scheitelhöhe: 2020 m

Länge: 42 km

max. Steigung: 16 %

Wintersperre: keine

Basisorte: Kematen - Ötz

Kombinationsmöglichkeiten: Timmelsjoch, Jaufenpass (I), Brenner, Ötztaler Gletscher , Silzer Sattel

36 Reschenpass (Passo di Resia) Tirol/Südtirol

Den Passo di Resia kennt ihr nicht? Aber doch sicher den Reschenpass? Dieser stellt schließlich eine der wichtigsten Nord-Süd-Verbindungen über die Alpen dar.

Als Grenzpass verbindet er das österreichische Oberinntal mit dem italienischen Vinschgau. Die Passhöhe befindet sich vollständig auf italienischem Staatsgebiet, die Grenze etwa einen Kilometer nördlich des Scheitels. Die eigentliche Passstraße beginnt auf österreichischer Seite kurz hinter Pfunds an der Kajetansbrücke. Ab dort ist sie durchgängig hervorragend ausgebaut, damit allerdings auch dementsprechend stark frequentiert. Gleiches gilt für den Basisort auf italienischer Seite: Graun am Reschensee. Das ursprüngliche Dorf lag näher am Talboden, wurde allerdings 1950 im Prinzip komplett geflutet. Nur der Kirchturm der alten Pfarrkirche ragt bis heute aus dem Wasser heraus und ist eines der beliebtesten Fotomotive im ganzen Alpenbereich.

INFOS ZUM PASS

Scheitelhöhe: 1504 m **Länge:** 37 km
max. Steigung: 9 % **Wintersperre:** keine
Basisorte: Pfunds – Mals
Kombinationsmöglichkeiten: Ofenpass (CH), Umbrail (I), Stilfserjoch (I)

37 Piller Höhe Tirol

Die Piller Höhe und vor allem der angrenzende Gacher Blick mit dem Kaunergrat Naturparkhaus bieten eine spektakuläre Aussicht auf das Obere Inntal. Von dort führt ab Fließ eine großartig angelegte Auffahrt auf die Höhe und verbindet sich dort mit der aus Wenns im Pitztal kommenden Piller Straße. Diese führt auf der anderen Seite hinab nach Kauns und weiter ins Kaunertal.

INFOS ZUM PASS

Scheitelhöhe: 1560 m
Länge: 18 km
max. Steigung: 16 %
Wintersperre: keine
Basisorte: Fließ - Wenns
Kombinationsmöglichkeiten: Hahntennjoch, Kühtai, Ötztaler Gletscher, Kaunertaler Gletscher, Flexenpass

38 Norberthöhe Tirol

INFOS ZUM PASS

Scheitelhöhe: 1405 m **Länge:** 8 km
max. Steigung: 15 % **Wintersperre:** bei Bedarf
Basisorte: Nauders – Martina
Kombinationsmöglichkeiten:
Reschenpass, Kaunertaler Gletscher

Die acht Kilometer lange Straße verbindet Nauders in Tirol mit Martina im schweizerischen Unterengadin und ist damit ein Grenzpass. Die Passhöhe befindet sich auf österreichischem Gebiet und in einer Höhe von 1405 Metern. Sie ist über die B185, auch als Martinsbrucker Bundesstraße ausgewiesen, anfahrbar. Diese kann üblicherweise – außer bei Lawinengefahr – ganzjährig befahren werden und ist daher auch eine Alternative, sollte die nahegelegene Reschenstraße mit einer Wintersperre belegt sein. An der Passhöhe befindet sich der Gasthof Norberthöhe, der zu einer kulinarischen Pause einlädt.

Wer in Österreich startet, genießt auf der Ostrampe zwar schöne Ausblicke auf das Panorama der Ötztaler Alpen, muss aber zunächst noch auf den Fahrspaß warten. Die ersten Kilometer präsentieren sich fast schnurgerade. Fahrerisch interessant ist erst die Westrampe, die über elf schöne Kehren in die Schweiz ausläuft. Die Grenze verläuft auch erst am Fuße, kurz vor dem Ort Martina.

39 Kaunertaler Gletscherstraße Tirol

Es ist zwar kein Pass, aber immerhin einer der höchsten anfahrbaren Orte Österreichs: der Endpunkt der Kaunertaler Gletscherstraße am Weißseeferner auf 2.750 Metern Höhe. Als Zufahrt zum Skigebiet wird die Strecke sogar ganzjährig offen gehalten. 29 schwungvolle Kehren überwinden satte 1.500 Höhenmeter. Die hochalpine Landschaft ist ihrer Kargheit zum Trotz ein Genuss. Ebenso das Haferl Kaffee an der Frankfurter Hütte nach der Abfahrt mit Blick auf den Gepatsch Stausee.

INFOS ZUM PASS

Scheitelhöhe: 2750 m
Länge: 29 km
max. Steigung: 13 %
Wintersperre: keine
Basisorte: Feichten - Weißseeferner
Kombinationsmöglichkeiten: Piller Höhe, Hahntennjoch, Kühtai, Ötztaler Gletscher

Maut: PKW: € 24,– | Motorrad: € 14,–. Es gibt Sondertarife. Stand: Dezember 2019.

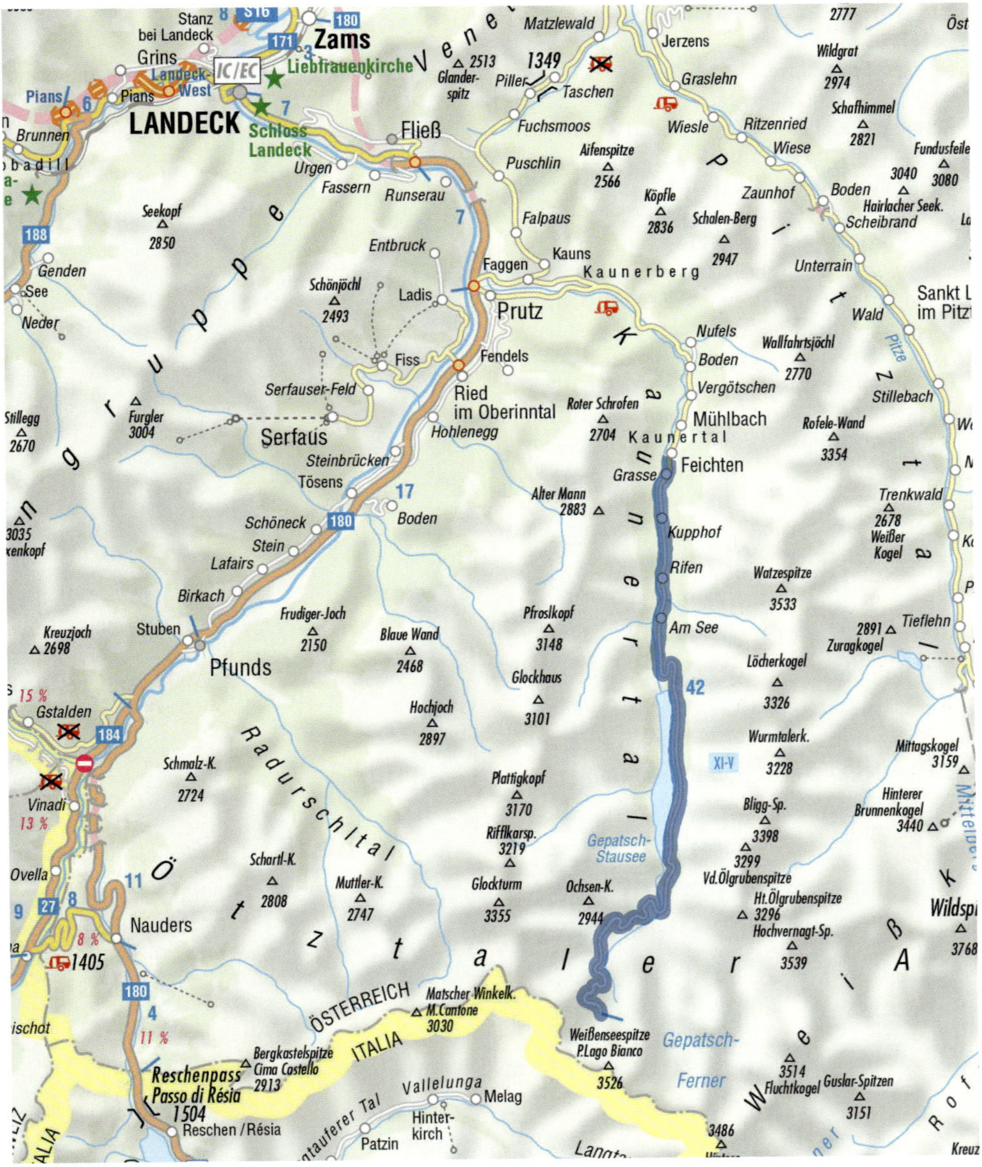

HOTEL TIPP

12341

Hotel-Restaurant Lammwirt***

Saftig grüne Bergwiesen, tolle Kurven, locken zum Motorrad fahren, Wandern, Bergsteigen oder Mountainbiken. Von unserem Standpunkt aus können Sie Tages- bzw. Halbtages Touren, die bekanntesten und schönsten Alpenpässe, Almen-, Gletscherregionen und vieles mehr abfahren. Den körperlichen Geist erholen Sie sich in der Saunalandschaft bei der Finnischen – Sauna, BIO – Sauna, Dampfbad, Infrarotkabine, Duschgrotte & Solarium.

Dorf 30 • A-6474 Jerzens
Tel. 0043 (0) 5414 / 87337 • 6644 / 225775
www.lammwirt.com

GPS: N 47°08´58"
E 10°44´48"

€ Maut 40 Timmelsjoch (Passo del Rombo) Tirol/Südtirol

Seit der Saisoneröffnung 2010 ist das Timmelsjoch zu Recht als „Erlebnisstraße" zu bezeichnen. Mit Passmuseum, Granat, Fernrohr, Schmuggler und Steg sind nun alle fünf Architektur-Skulpturen fertiggestellt.
Während sich die mautpflichtige Seite der 49 Kilometer langen Strecke in Österreich in perfektem, aber fast schon zu gut ausgebautem Zustand zeigt, sind die mautfreien Serpentinen an der italienischen Südrampe eine Herausforderung. Neben der Wintersperre ist die Mautstraße auch im Sommer zwischen 20 und 7 Uhr gesperrt. In Kombination mit Jaufenpass und Kühtai ergibt das Timmelsjoch eine beliebte Motorradrunde.
Redaktionstipp: Besuch des neuen Top Mountain Motorcycle Museum - sehenswert nicht nur für Motorradfahrer.

Maut: Nur auf österreichischer Seite. Einfache Fahrt Pkw € 16,- | Motorrad € 14,- Stand: Dezember 2019.

INFOS ZUM PASS

Scheitelhöhe: 2509 m
Länge: 68 km
max. Steigung: 12 %
Wintersperre: 11-5
Basisorte: Sölden – St. Leonhard im Passeiertal (I)
Kombinationsmöglichkeiten: Jaufenpass (I), Brenner, Kühtai, Ötztaler Gletscher, Reschenpass

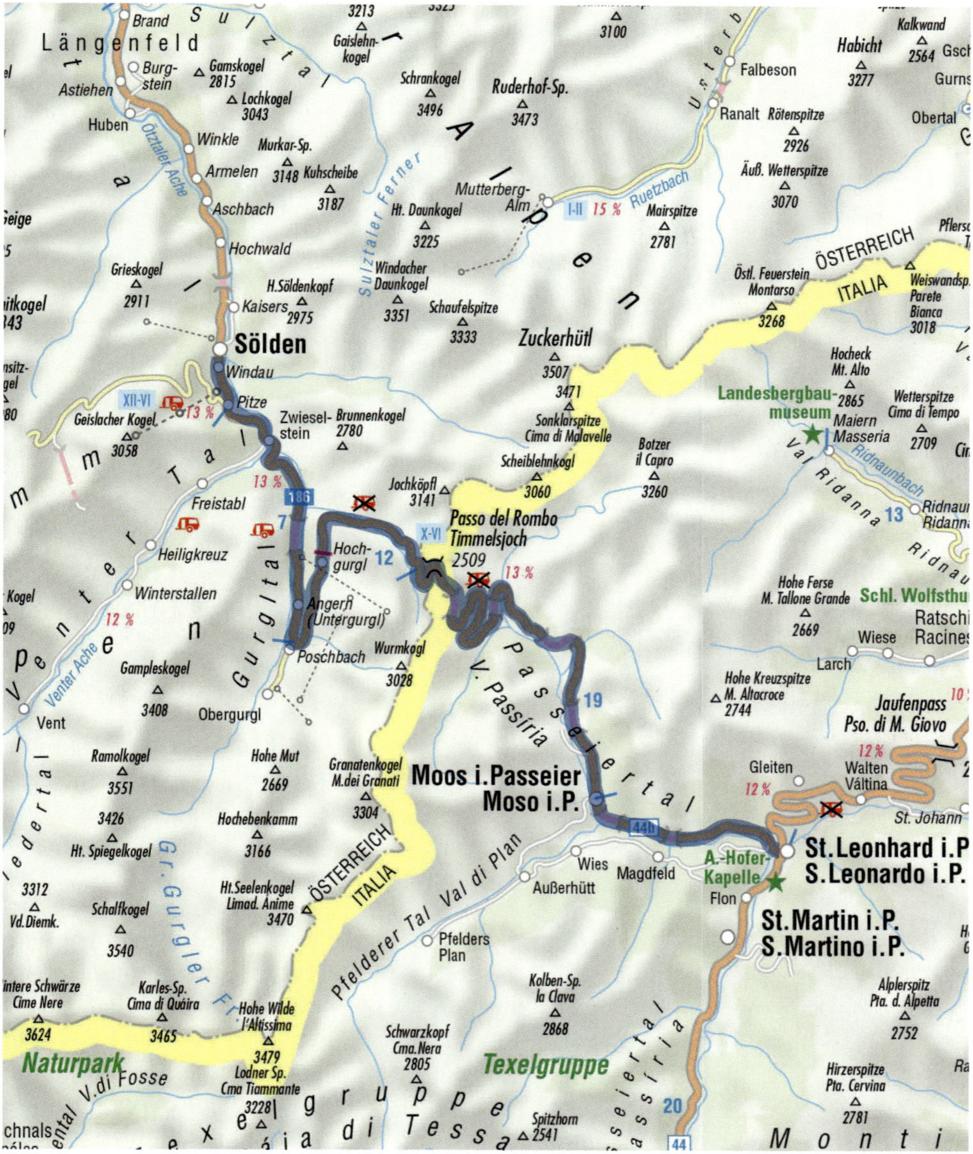
Brand
Längenfeld
Burgstein
Astiehen
Huben
Gamskogel 2815
Lochkogel 3043
Winkle
Murkar-Sp.
Armelen
3148 Kuhscheibe
3187
Aschbach
Ötztaler Ache
Hochwald
Grieskogel 2911
H.Söldenkopf 2975
Kaisers
Sölden
Windau
Pitze
XII-VI
13 %
Geislacher Kogel 3058
Zwieselstein
Brunnenkogel 2780
Freistabl
13 %
186
Heiligkreuz
Winterstallen
12 %
Venter Ache
Vent
Gampleskogel 3408
Gurgltal
Hochgurgl
12
Angern (Untergurgl)
Poschbach
Obergurgl
Ramolkogel 3551
3426
Ht. Spiegelkogel
Hohe Mut 2669
Hochebenkamm 3166
3312
Vd.Diemk.
Schalfkogel 3540
Ht.Seelenkogel Limad. Anime 3470
Karles-Sp. Cima di Quáira 3465
intere Schwärze Cime Nere 3624
Hohe Wilde l'Altissima 3479
Gr. Gurgler Ferner
Naturpark
Lodner Sp. Cma Tiammante 3228
3213
Gaislehn-kogel
Sulztal
Schrankogel 3496
Ruderhof-Sp. 3473
3100
Sulztaler Ferner
Ht. Daunkogel 3225
Mutterberg-Alm
Windacher Daunkogel 3351
Schaufelspitze 3333
Stubaier Alpen
Zuckerhütl 3507
3471
Sonklarspitze Cima di Malavelle
Scheiblehnkogl 3060
Jochköpfl 3141
Passo del Rombo Timmelsjoch 2509
X-VI
13 %
Wurmkogl 3028
Passeiertal
V. Passíria
19
Granatenkogel M.dei Granati 3304
Moos i.Passeier Moso i.P.
ÖSTERREICH ITALIA
Pfelderer Tal Val di Plan
Pfelders Plan
Außerhütt
Wies
Magdfeld
44b
Schwarzkopf Cma.Nera 2805
Texelgruppe
Kolben-Sp. la Clava 2868
Spitzhorn 2541
20
44
Falbeson
Ranalt
Rötenspitze 2926
Äuß. Wetterspitze 3070
I-II 15 % Ruetzbach
Mairspitze 2781
Habicht 3277
Kalkwand 2564
Obertal
Östl. Feuerstein Montarso 3268
ÖSTERREICH ITALIA
Weiswandsp. Parete Bianca 3018
Hocheck Mt. Alto 2865
Landesbergbau-museum
Maiern Masseria
Wetterspitze Cima di Tempo 2709
Botzer il Capro 3260
Val Ridanna
Ridnaunbach
13
Ridnaun Ridanna
Hohe Ferse M. Tallone Grande 2669
Schl. Wolfsthu
Ratschi Racines
Wiese
Larch
Hohe Kreuzspitze M. Altacroce 2744
Jaufenpass Pso. di M. Giovo
Gleiten
Walten Váltina
12 %
St. Johann
St.Leonhard i.P. S.Leonardo i.P.
A.-Hofer-Kapelle
Flon
St.Martin i.P. S.Martino i.P.
Alplerspitz Pta. d. Alpetta 2752
Hirzerspitze Pta. Cervina 2781
Monti

€ Maut 41 Ötztaler Gletscherstraße Tirol

INFOS ZUM PASS

Scheitelhöhe: 2803 m **Länge:** 14 km
max. Steigung: 13 % **Wintersperre:** 11-4
Basisorte: Sölden - Rettenbachferner
Kombinationsmöglichkeiten: Timmelsjoch, Jaufenpass (I), Brenner, Kühtai

Die Ötztaler Gletscherstraße führt zum Parkplatz am Gletscher Rettenbachferner und beginnt in Sölden. Sie ist mautpflichtig und täglich von 8:30 bis 16:30 Uhr geöffnet. Der Gletscher ist der höchste, über eine befestigte Straße erreichbare Punkt in Österreich. Noch etwas höher geht es bei der Fahrt zum Tiefenbachferner. Diese Verbindung zweigt kurz vor dem Ende der Gletscherstraße ab und führt durch den 1,8 km langen Tunnel in dem dann auch der höchste Punkt, nämlich 2835 Meter, liegt. Der Tunnel ist übrigens Europas höchstgelegener Straßentunnel.

Maut: PKW: € 19,- (4 Pers.) € 23,- (5 Pers.) € 6,- jede weitere | Motorrad: € 6,- (1 Person), € 10,- (2 Personen) Stand Dezember 2019

42 Brennerpass (Passo del Brennero) Tirol/Südtirol

Der Brennerpass ist der tiefste Einschnitt im gesamten Alpenhauptkamm und gleichzeitig der berühmteste Grenzpass in den Ostalpen. Er verbindet das tiroler Steinach mit dem südtiroler Sterzing. Perfekt ausgebaut ist diese Straße die meistbefahrende Verbindung zwischen Österreich und Italien überhaupt (obwohl schon seit einigen Jahrzehnten parallel auch die mautpflichtige Autobahn existiert). Für Motorradfahrer ist diese Passstraße daher nur bedingt zu empfehlen.

Richtige Kehren werden nicht geboten. Dafür erhascht man natürlich tolle landschaftliche Einblicke – und kann die 146,5 Meter hohe Europabrücke (die höchste Brücke Österreichs) – gut beobachten. Wer gerne shoppen geht: Auf der Passhöhe befindet sich im Ort Brenner seit einigen Jahren ein riesiger Outletstore. Deutlich mehr Fahrspaß wird auf der „alten Brennerstraße" B 182 bzw. SS 12 geboten.

INFOS ZUM PASS

Scheitelhöhe: 1375m
Länge: 29 km
max. Steigung: 10 %
Wintersperre: keine
Basisorte: Steinach - Sterzing (I)
Kombinationsmöglichkeiten: Timmelsjoch, Jaufenpass (I), Kühtai, Penserjoch (I), Ötztaler Gletscher

€ Maut 43 Zillertaler Höhenstraße Tirol

Die Zillertaler Höhenstraße in den Tuxer Voralpen ist noch vergleichsweise jung: Erst zu Beginn der 1960er Jahre wurde sie gebaut. Ursprünglich sollte sie den Landwirten die Bewirtschaftung der Almen erleichtern. Daher bestand der originäre Belag damals noch aus Schotter. Inzwischen ist die Straße natürlich mehrfach modernisiert worden und begeistert Motorradfahrer mit ihrer hochwertigen Asphaltdecke.

Westlich des Zillertals gelegen, kann die Panoramastraße gleich von fünf verschiedenen Orten aus angefahren werden: Aschau, Kaltenbach, Ramsau, Ried und Zellberg.

Die durchschnittlich acht Kilometer langen Zufahrtsstraßen sind nach wie vor kostenfrei befahrbar, allerdings muss für die Zentralstrecke eine Maut bezahlt werden. Eine Investition, die sich lohnt.

Maut: PKW: € 8,– | Motorrad: € 5,– (Stand: Dez. 2019)

INFOS ZUM PASS

Scheitelhöhe: 2020 m **Länge:** 21 km
max. Steigung: 14 % **Wintersperre:** 11-5
Basisorte: Aschau, Kaltenbach, Ramsau, Ried, Zellberg
Kombinationsmöglichkeiten:
Gerlospass, Achenpass (D), Pass Thurn, Kitzbüheler Horn

HOTEL TIPP

16416

Hotel zum Pinzger

Mike Kroll ist seit seiner Jugend begeisterter Motorradfahrer, es ist daher nicht verwunderlich, dass sich der Wirt vom Hotel zum Pinzger in Stumm auf motorradfahrende Gäste spezialisiert hat. Zweimal pro Woche werden geführte Touren angeboten, auch bei der Tourplanung gibt es Tipps und Unterstützung. Wenn das Wetter mal einen Strich durch die Rechnung macht, gibt es ausreichend Alternativen in der näheren Umgebung.

Dorf 18 • A-6275 Stumm im Zillertal
Tel. 0043 (0) 5283 2265
www.pinzger.at

GPS: N 47°17´26˝
E 11°53´09˝

€ Maut 44 Gerlospass Tirol/Salzburger Land

Der Gerlospass ist die wahrscheinlich schönste Verbindung zwischen den österreichischen Bundesländern Tirol und Salzburger Land. Er verbindet die Orte Gerlos im Zillertal mit Wald im Pinzgau. Leider ist er nicht nur für Autos und Motorräder, sondern auch für Lkw und Busse zuge-lassen, sodass vor allem in den Ferienmonaten auf der Strecke mit viel Verkehr zu rechnen ist. Auf der Westrampe geht es durch waldreiches Gebiet mit nur wenig Aussicht. Dafür quert man an der Ostrampe die sehenswerten Krimmer Wasserfälle. Die Straße ist auf dieser Seite mautpflichtig. Die Tageskarte für das Motorrad kostet € 6,50 und für das Auto € 9,50 (Stand Dezember 2019). Eine Alternative ist die alte Gerlosstraße, die recht eng und nicht mehr in bestem Zustand ist. Dafür ist die Durchfahrt kostenlos.

INFOS ZUM PASS

Scheitelhöhe: 1507 m **Länge:** 25 km
max. Steigung: 9 % **Wintersperre:** keine
Basisorte: Gerlos - Wald im Pinzgau
Kombinationsmöglichkeiten: Pass Thurn, Zillertaler Höhenstraße, Kitzbüheler Horn

45 Pass Thurn Salzburger Land

INFOS ZUM PASS

Scheitelhöhe: 1274 m **Länge:** 29 km
max. Steigung: 8 % **Wintersperre:** keine
Basisorte: Kitzbühel - Mittersill
Kombinationsmöglichkeiten: Gerlospass, Felbertauern, Zillertaler Höhenstraße, Kitzbüheler Horn

Der Pass Thurn befindet sich in den Kitzbüheler Alpen und verbindet als Teilstück der B 161 die Städte Kitzbühel und Mittersill. Die Strecke gehört zu den Hauptverkehrsverbindungen zwischen Tirol und Salzburger Land und ist dementsprechend stark befahren. Landschaftlich wird einem hier so manches Schmankerl geboten. So hat man stets das grandiose Bergpanorama der Hohen Tauern im Blick. Auch das heutige Schloss Mittersill, dessen Vorgängerburg die Straße ab dem elften Jahrhundert gesichert hat, ist hübsch anzusehen. Rein fahrerisch hat er trainierten Passfahrern allerdings kaum Herausforderungen zu bieten; dafür ist er viel zu modern ausgebaut.

€ Maut 46 Felbertauern Mautstraße Salzburger L./Osttirol

Die Felbertauern Straße ist eine rund 71 Kilometer lange, ganzjährig geöffnete Strecke. Sie führt zwischen Mittersill im Land Salzburg und Lienz in Osttirol durch den Felbertauerntunnel. Von Mittersill bis vor den Tunnel ist es eine Privatstraße in Besitz der Felbertauernstraße AG, für die Maut erhoben wird. Sie wurde 1967 erbaut. In Tirol ist die Stecke mautfrei und führt vom Tunnel über Matrei nach Lienz.

Die Maut beträgt € 11,00/€ 10,00 für Pkw/Motorrad. In Kombination mit der Großglockner Hochalpenstraße wird auch ein Rundfahrtticket angeboten für € 42,50/€ 32,50 Pkw/Motorrad. Stand: Dezember 2019. Infos: www.ftstr.at/tarife

INFOS ZUM PASS

Scheitelhöhe: 1650 m **Länge:** 71 km

max. Steigung: 10 % **Wintersperre:** keine

Basisorte: Mittersill - Lienz

Kombinationsmöglichkeiten: Pass Thurn, Großglockner, Staller Sattel, Kitzbüheler Horn

21135

HOTEL TIPP

Hotel Sonne

Gepflegtes Hotel mit legerer Atmosphäre mitten in der Lienzer Altstadt, wenige Schritte zur Fußgängerzone mit Restaurants, Terrassen-Cafés, Bars und Geschäften. Reichhaltiges Frühstücksbuffet. Hotel-Tiefgarage kostenlos für Motorräder, auch Wifi und Sauna gratis. Dachterrasse mit bezaubernden Ausblick auf die Dolomiten.

Idealer Ausgangspunkt für verschiedene Touren.

Südtiroler Platz 8, 9900 Lienz
Tel: +43 4852 63311
www.hotelsonnelienz.at

GPS: N 46°49′49″
E 12°46′02″

€ Maut 47 Kitzbüheler Horn Panoramastraße Tirol

Mit seiner Höhe von 1996 Metern kratzt das Kitzbühler Horn in den Kitzbüheler Alpen an der magischen Zwitausendergrenze. Es ist ein beliebtes Ziel für Wanderer und Radfahrer, kann in den Sommermonaten aber auch von Motorradfahrern angesteuert werden.

Die Panoramastraße zum Kitzbüheler Horn startet etwa zwei Kilometern nördlich von Kitzbühel und führt auf gut acht Kilometern hinauf zum Alpenhaus am Kitzbüheler Horn. Die Straße ist gut und breit ausgebaut, bietet allerdings Steigungen bis zu 18 Prozent. Da es sich um eine Privatstraße handelt, wird Maut erhoben (Motorradfahrer € 5,– / PKW € 10,– Stand 2019). Die Panoramastraße ist von Mitte Mai bis Anfang November täglich von 09:00 bis 17:00 Uhr geöffnet.

INFOS ZUM PASS

Scheitelhöhe: 1675 m **Länge:** 11 km
max. Steigung: 18 % **Wintersperre:** 11-4
Basisorte: Kitzbühel – Kitzbüheler Horn (Sackgasse)
Kombinationsmöglichkeiten: Pass Thurn, Usprungpass (D), Felbertauern, Filzensattel

48 Kalser Glocknerstraße Osttirol

Die Kalser Glocknerstraße ist einer der jüngsten Hochgebirgsstraßen im ganzen Alpenraum: Erst in den Jahren zwischen 1976 und 1980 wurde sie gebaut, um das Kalser Ködnitztal touristisch erschließen zu können. Von Kals am Großglockner führt sie über eben jenes Ködnitzal und dann auf schönen Serpentinen auf den Parkplatz am Neuen Lucknerhaus direkt am Fuße des Großglockners. Die letzten gut drei Kilometer sind seit einigen Jahren mautpflichtig. Seit dem Sommer 2017 ist dort eine vollautomatische Schrankenanlage installiert. Die Maut (ab 4 €) ist zeitabhängig.

Auf dem Parkplatz lohnt eine Rast aus mehren Gründen: Im Lucknerhaus kann man sich kulinarisch stärken und vor allem einen der wohl schönsten Panoaramausblicke auf den legendären Großglockner – den höchsten Berg Österreichs – genießen.

INFOS ZUM PASS

Scheitelhöhe: 1968 m **Länge:** 30 km
max. Steigung: 15 % **Wintersperre:** 11-4
Basisorte: Kals am Großglockner – Glor-Berg
Kombinationsmöglichkeiten: Großglockner Hochalpenstraße, Felbertauernstraße

€ Maut 49 Großglockner Hochalpenstraße Salzburger L./Kärnten

Gut 48 Kilometer ist die Großglockner Hochalpenstraße lang. Hinzu kommen der 1,7 km lange Abzweig auf die Edelweißspitze und die 9 km lange Stichstraße zur Franz-Josefs-Höhe am Pasterzengletscher. Zusammen ergibt das gut 70 Kilometer Fahrspaß in einer Traumlandschaft rund um Österreichs höchsten Gipfel.

36 Kehren sind an der Hauptstrecke zu meistern, deren höchster Punkt am Hochtortunnel liegt. Sieben Kehren kommen zur Edelweißspitze auf 2571 Metern hinzu. Tipp: den besten Kaiserschmarrn des Landes (muss an der Höhenluft liegen) genießen. Für das Gesamterlebnis Großglockner darf gerne ein ganzer Tag eingeplant werden.

TIPP für Motorradfahrer: Das TOUR4-Ticket, ein Vorzugs-Tourenticket für € 37,–, beinhaltet je ein Tagesticket Großglockner, Gerlos- und Nockalmstraße und berechtigt zum Bezug einer preisreduzierten Karte um EUR 7,50 für die Villacher Alpenstraße.

Maut: Pkw: € 36,- | Motorrad: € 26,- Stand Dez. 2019

Öffnungszeiten: Anfang Mai bis 15 Juni: 06:00–20:00 Uhr, 16. Juni bis 15. September: 05:00–21:30 Uhr, 16. September bis Ende Oktober: 06:00–19:30 Uhr.

INFOS ZUM PASS

Scheitelhöhe: 2506 m **Länge:** 45 km
max. Steigung: 12 % **Wintersperre:** 11-4
Basisorte: Heiligenblut – Fusch
Kombinationsmöglichkeiten: Felbertauern, Dientner Sattel, Pass Thurn, Kalser Glocknerstraße

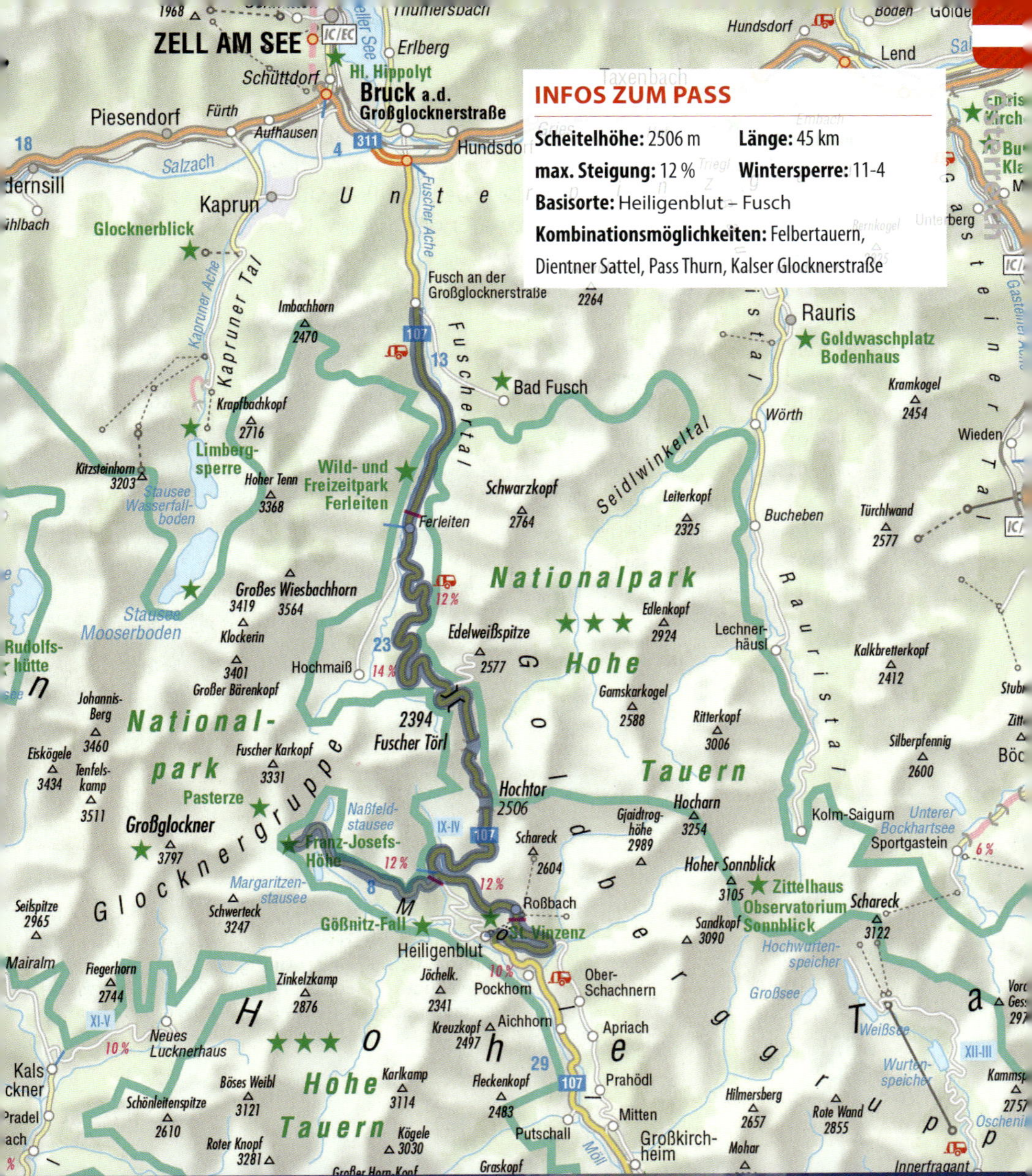

50 Filzensattel Salzburger Land

Der Filzensattel verbindet im österreichischen Bundesland Salzburg die Städte Saalfeld und Dienten. Obgleich sich die Straße mittlerweile nicht mehr im optimalen Zustand befindet und der Asphalt an vielen Stellen arg gelitten hat, ist dieser Weg für Motorradfahrer immer noch ein Genuss. Vor allem, weil sie selbst im Sommer nicht allzu stark befahren wird: Autos, Busse und LKW quälen sich stattdessen über Zell am See. Mit nur einer Kehre und breit ausgebauten Serpentinen eignet sich dieser Sattel trotz mancher steilen Abschnitte auch für Anfänger und Wiedereinsteiger. Bei Nässe sollte man allerdings Vorsicht walten lassen.

INFOS ZUM PASS

Scheitelhöhe: 1291 m **Länge:** 19 km
max. Steigung: 15 % **Wintersperre:** keine
Basisorte: Saalfelden – Dienten
Kombinationsmöglichkeiten: Dientner Sattel, Kitzbüheler Horn, Großglockner, Pass Lueg

51 Dientner Sattel Salzburger Land

INFOS ZUM PASS

Scheitelhöhe: 1357 m **Länge:** 11 km

max. Steigung: 15 % **Wintersperre:** keine

Basisorte: Dienten am Hochk. - Mühlbach am Hochk.

Kombinationsmöglichkeiten: Großglockner, Felbertauern, Pass Thurn, Pass Lueg, Filzensattel

Der Dientner Sattel befindet sich im Salzburger Land und liegt an der Straße Hochkönig B 164, die die Orte Dienten am Hochkönig und Mühlbach am Hochkönig miteinander verbindet. Die Passhöhe ist 1357 Meter hoch. Die Strecke ist gut ausgebaut, bietet Steigungen von bis zu 15 Prozent und Panoramablicke auf das fast 3000 Meter hohe Massiv des Hochkönigs, den höchsten Gebirgsstock der Berchtesgadener Alpen. Es lohnt sich, den Dientner Sattel mit dem Filzensattel zu kombinieren.

52 Pass Lueg Salzburger Land

Da die Scheitelhöhe vom Pass Lueg nur 552 Meter beträgt, wird er auch als Eng- bzw. Talpass bezeichnet. Er befindet sich im Salzburger Land und gehörte im Mittelalter zu einer der wichtigsten Transitrouten im Alpenraum.

Die Bedeutung hat er heutzutage natürlich nicht mehr. Schön zu fahren ist er aber nach wie vor. Ein guter Startpunkt ist das Städtchen Golling, das sich im klemmartigen Durchbruch des Flusses Salzach durch das Hagengebirge im Westen und das Tennengebirge im Osten, befindet. Von hier aus geht es über die Salzachtal Straße (B 159) hinauf.
Mittlerweile verläuft ein Teilstück offiziell durch den Ofenauer Tunnel. Die alte Straße existiert aber noch und darf alternativ auch befahren werden.

INFOS ZUM PASS

Scheitelhöhe: 552 m
Länge: 13 km
max. Steigung: 21 %
Wintersperre: keine
Basisorte: Golling - Werfen
Kombinationsmöglichkeiten: Dientner Sattel, Roßfeld (D), Postalm, Pass Gschütt, Filzensattel

53 Pass Gschütt Oberösterreich

Der Pass Gschütt verläuft zwischen den österreichischen Bundesländern Salzburg und Oberösterreich und verbindet als B166 die Orte Lindenthal und Gosaumühle auf einer Strecke von gut 25 Kilometern. Südlich von ihm geht es in die Skiregion Dachstein-West, wodurch die Passstraße im Normalfall ganzjährig befahrbar ist. In der Nähe des 964 Meter hohen Scheitels kann man sich anhand einer Stele über die Historie dieses Passes informieren, dessen Geschichte bis ins 16. Jahrhundert zurückreicht. Zudem lohnt sich ein Abstecher zu den drei Gosauseen.

INFOS ZUM PASS

Scheitelhöhe: 964 m **Länge:** 25 km
max. Steigung: 17 % **Wintersperre:** keine
Basisorte: Gosaumühle - Lindenthal bei Abtenau
Kombinationsmöglichkeiten: Postalm, Pass Lueg, Dientner Sattel, Radstätter Tauern, Sölkpass

HOTEL TIPP

14203

Salzburger Dolomitenhof

Der Dolomitenhof liegt am Fuße der Bischofsmütze zwischen Salzburger Dolomiten und Tennengebirge am Pass Gschütt. Auf den Motorradfahrer warten gemütliche Zimmer, eine hauseigene Sauna und ein Restaurant mit exzellenter Küche und herrlichem Außenbereich. Eine Woche Halbpension pro Person ab ca. 400 Euro.

Steuer 13 • A-5524 Annaberg
Fon: 0043/6463/8139
www.dolomitenhof.at

GPS: N 47°31´01″
E 13°26´47″

€ Maut 54 Postalm Salzburger Land

Etwa 60 Kilometer südlich der Mozartstadt Salzburg befindet sich die Postalm. Das Areal ist 42 Quadratkilometer groß – und damit das größte Almengebiet in Österreich sowie das zweitgrößte Hochplateau in Europa. Nicht nur zahlreiche Wanderwege sind hier zu finden, sondern auch die 31 Kilometer lange Postalmstraße. Es handelt sich um eine zum größten Teil privat finanzierte Straße, deren Erhaltung kostenintensiv ist.

Die Straße ist sehr gut ausgebaut und bietet zwischen Strobl und Voglau traumhafte Ausblicke auf das Dachsteinmassiv und die Bischofsmütze. Fahrerisch zählt sie zu den absoluten Schmankerln im Salzburger Land.

Die Gebühren sind dafür recht moderat (Motorrad: € 5,00 / PKW € 10,00, Stand November 2019). Wer sie erst am Nachmittag nutzt, spart sogar noch bares Geld. Ab 16:30 Uhr gilt eine 50-Prozent-Ermäßigung. Stand Dezember 2019

INFOS ZUM PASS

Scheitelhöhe: 1304 m **Länge:** 31 km

max. Steigung: 11 % **Wintersperre:** keine

Basisorte: Strobl - Voglau

Kombinationsmöglichkeiten: Pass Gschütt, Pass Lueg, Dientner Sattel, Radstätter Tauern, Sölkpass

55 Koppenpass Oberösterreich

Im Salzkammergut und nicht weit entfernt von der oberösterreichisch-steirischen Grenze wartet der Koppenpass darauf, bezwungen zu werden. Obgleich er mit nicht einmal 700 Meter Höhe ein vergleichsweise niedriger Pass ist, hat er es fahrerisch allerdings durchaus in sich.

Bei der Anfahrt von Westen ab der Gemeinde Obertraun aus muss eine Steigung von bis zu 23 Prozent überwunden werden. Der Grund dafür liegt an den geographischen Gegebenheiten, denn beim Koppenpass handelt es sich um einen so genannten „Talpass". Die Straße verläuft zunächst an der Flanke des Tals entlang und muss daher ordentlich an Höhe gewinnen. Auf der nordöstlichen Seite sind dagegen nahezu keine Höhenunterschiede mehr zu bezwingen: Bad Aussee befindet sich nur gut 30 Meter unterhalb der Passhöhe.

INFOS ZUM PASS

Scheitelhöhe: 690 m **Länge:** 13 km

max. Steigung: 23 % **Wintersperre:** bei Bedarf

Basisorte: Bad Aussee – Obertraun

Kombinationsmöglichkeiten: Pass Gschütt, Pötschenpass, Loser Panoramastraße, Tauplitzalmstraße

56 Pötschenpass Steiermark / Oberösterreich

In den nördlichen Kalkalpen befindet sich der Pötschenpass, der auf einer Strecke von knapp 20 Kilometern die Gemeinden Bad Aussee in der Steiermark und Bad Goisern in Oberösterreich miteinander verbindet.

Wie bei einigen anderen Pässen auch, darf über die genaue Höhe des Passes diskutiert werden: Offiziell wird sie mit 993 Metern angegeben. Auf dem Passschild selbst ist allerdings die Zahl 982 Meter angegeben. Unstrittig ist, dass die Landesgrenze genau auf der Scheitelhöhe verläuft.

Es lohnt sich, den Pötschenpass gleich zwei Mal zu befahren, denn die (Fahr-) Eindrücke sind sehr unterschiedlich. Wer von Osten – also aus der Steiermark – hinauffährt, muss lediglich einen moderaten Anstieg und harmlose Kurven bezwingen. Anders sieht es aus Richtung Oberösterreich aus: Hier geht es in Steigungen bis maximal neun Prozent sowie gleich mehreren Kehren den Gipfel entgegen. Für erfahrene Passritter stellt der Pötschen allerdings keine unüberwindbaren Herausforderungen dar.

Nicht zu verachten ist allerdings der Verkehr. Die Straße ist besonders unter der Woche sehr stark befahren, sodass man ihn besser an einem Wochenende auf den Plan nehmen sollte. Eine Alternative von Montag bis Freitag ist der direkt südlich verlaufende Koppenpass.

INFOS ZUM PASS

Scheitelhöhe: 993 m
Länge: 18 km
max. Steigung: 9 %
Wintersperre: bei Bedarf
Basisorte: Bad Aussee – Bad Goisern
Kombinationsmöglichkeiten: Loser Panoramastraße, Koppenpass, Pass Gschütt, Tauplitzalmstraße

57 Loser Panoramastraße Steiermark

€ Maut

Schon seit 1972 ist der 1837 Meter hohe Loser im Salzkammergut für den motorisierten Verkehr erschlossen. Damals öffnete die private Loser-Panoramastraße, die den Altausee mit dem Endpunkt im sogenannten Augstkamms im Toten Gebirge verbindet.

Die Straße ist knapp 10 Kilometer lang und führt von der Gemeinde Altausee am gleichnamigen See bis zur Loser Alm auf einer Höhe von immerhin 1600 Metern.

INFOS ZUM PASS

Scheitelhöhe: 1632 m **Länge:** 13km
max. Steigung: 9 % **Wintersperre:** 11-4
Basisorte: Altausee – Loser Alm (Sackgasse)
Kombinationsmöglichkeiten: Tauplitzalmstraße, Pötschenhöhe, Koppenpass

Hier kann man sich mit kulinarischen Leckereien stärken. Wer sich ein wenig die Beine vertreten mag, startet von hier aus auf eine kleine Wanderung zum sehenswerten Augstsee, der in nur wenigen Gehminuten zu erreichen ist. Für die Fahrt wird zwar Maut verlangt (Motorräder € 6,– | PKW € 16,– Stand Dezember 2019), dafür ist sie im Normalfall aber auch ganzjährig geöffnet und im besten Zustand.

Maut 58 Tauplitzalmstraße Steiermark

Zwischen dem Salzkammergut und der Steiermark erstreckt sich auf Höhenzügen zwischen 1500 und fast 2000 Metern das Hochplateau der Tauplitzalm, das man von Bad Mitterndorf über eine etwas mehr als zehn Kilometer lange und kurvenreiche Straße auf dem Motorrad erklimmen kann.

Die Tauplitzstraße ist zwar mautpflichtig, lohnt sich aber alleine schon wegen des tollen Panoramas über eines der größten Seenhochplateaus Europas.

Oben angekommen sollte man ein wenig Zeit für Erkundung einplanen, denn gleich sechs glasklare Bergseen mit Trinkwasserqualität befinden sich auf dem Hochplateau der Tauplitzalm umgeben von einer einzigartigen Flora. Wer nicht unter Höhenangst leidet, wird sich in dieser Landschaft mehr als wohlfühlen.

Maut:
Pkw: € 12,– | Motorrad: € 6,–
(Stand Dezember 2019)

INFOS ZUM PASS

Scheitelhöhe: 1586 m
Länge: 10 km
max. Steigung: 9 %
Wintersperre: keine
Basisorte: Bad Mitterndorf-Tauplitzalm
Kombinationsmöglichkeiten: Pötschenhöhe, Koppenpass, Loser, Stoderzinken

59 Stoderzinken Steiermark

Ganz hinauf auf den 2048 Meter hohen Stoderzinken im steirischen Kemetgebirge kommt man mit dem Motorrad zwar nicht, aber viel fehlt nicht. Von Gröbming aus führt die Stoderzinken Alpenstraße hinauf in die Hochgebirgslandschaft. Über sie erreicht man eine Höhe von immerhin noch 1832 Metern. Die Straße ist durchgängig asphaltiert und weist eine maximale Steigung von 10 Prozent aus. Panoramablicke auf das UNESCO-Weltnatur- und Weltkulturerbe Dachstein, zu deren östlichen Ausläufern der Stoderzinken gehört, sind während der Fahrt garantiert. Die spektakuläre Hochgebirgsstraße wurde 1962 geöffnet und wurde Anfang der 2000er Jahre komplett saniert. Seit einigen Jahren muss für die Straße, die zwischenzeitlich kostenfrei befahrbar gewesen ist, wieder Maut gezahlt werden. Bei der Auffahrt öffnet die Schranke zwar automatisch, aber für die Rückfahrt wird ein Ticket aus dem Automaten benötigt. Auto- und Motorradfahrer zahlen gleichermaßen € 13,– (Stand Dezember 2019).

Unser Tipp: Wer am Stoderzinken konsumiert, erhält von dem jeweiligen Betrieb (Berggasthof Steinhaus, Stoderhütten oder Rosemi-Alm) ein ermäßigtes Ticket. Für Autofahrer kostet es dann nur noch € 10,–, für Motorradfahrer sogar nur noch € 5,–.

INFOS ZUM PASS

Scheitelhöhe: 1832 m **Länge:** 14 km
max. Steigung: 10 % **Wintersperre:** bei Bedarf
Basisorte: Gröbming – Stoderzinken (Sackgasse)
Kombinationsmöglichkeiten: Sölkpass, Tauplitzalmstraße, Radstädter Tauern

60 Dachsteinstraße Steiermark

Der Hohe Dachstein ist mit 2995 Meter nicht nur der höchste Gipfel des Dachsteingebirges, sondern gleichzeitig auch der höchste der Steiermark. Die Verbindung von Ramsau am Dachstein mit dem Fuße des Gipfels heißt Dachsteinstraße. Auf knapp zehn Kilometern schlängelt sie sich in schönen Kurven und Kehren bis zur Talstation der Dachsteines Gletscherbahn auf 1700 Metern hinauf. Lohn der Mühe sind die wirklich gewaltigen Ausblicke auf die Südwand des Dachsteinmassivs sowie die umliegenden Almen. Wer die Straße befahren möchte, sollte unbedingt ausreichend Zeit für einen kleinen Exkurs einplanen, um von der Almregion auch hinauf ins ewige Eis zu gelangen. Die Betreiber der Straße haben sich bezüglich der Maut etwas einfallen lassen: Die Befahrung der Straße selbst muss zwar bezahlt werden (Pkw € 14,–, Motorrad 6,– / Stand 2019), der Betrag wird einem bei der Nutzung der Bergstation (Berg- und Talfahrt € 39,– pro Person) allerdings erstattet. Die Fahrt in der Dachstein Panorama-Gondel ist ein Erlebnis für sich, absolut lohnenswert. Unser Tipp: In den Sommermonaten sollte die Gondelfahrt unbedingt vorab reserviert werden (geht auch mit dem Smartphone). Ohne diese muss mit Wartezeiten von – mindestens – zwei Stunden gerechnet werden.

INFOS ZUM PASS

Scheitelhöhe: 1703 m
Länge: 10 km
max. Steigung: ? %
Wintersperre: bei Bedarf
Basisorte: Ramsau – Talstation Dachstein Gletscherbahn (Sackgasse)
Kombinationsmöglichkeiten:
Oberhofalm, Sölkpass, Radstädter Tauern

61 Radstädter Tauern Salzburger Land

Schon die Römer legten eine Straße über den Radstädter Tauernpass an. Heute heißt sie B 99 Katschberg Straße, und verbindet auf einer Strecke von 42 Kilometern die Orte Radstadt im Ennstal und Mauterndorf im Lungau. Von der Südostrampe aus geht es zuerst auf den Twenger Talpass, bevor einen die Straße zur 1739 Meter hohen Scheitelhöhe hinauf bringt. Dort befindet sich der Wintersportort Obertauern mit vielen Hotels.

Dadurch ist die Passstraße im Normalfall auch ganzjährig befahrbar. Richtige Kehren werden hier nicht geboten, dafür sind die Kurven schön zu fahren. Vor allem auf der Nordrampe sind Steigungen von bis zu 15 Prozent eingebaut und der Fahrspaß damit garantiert.

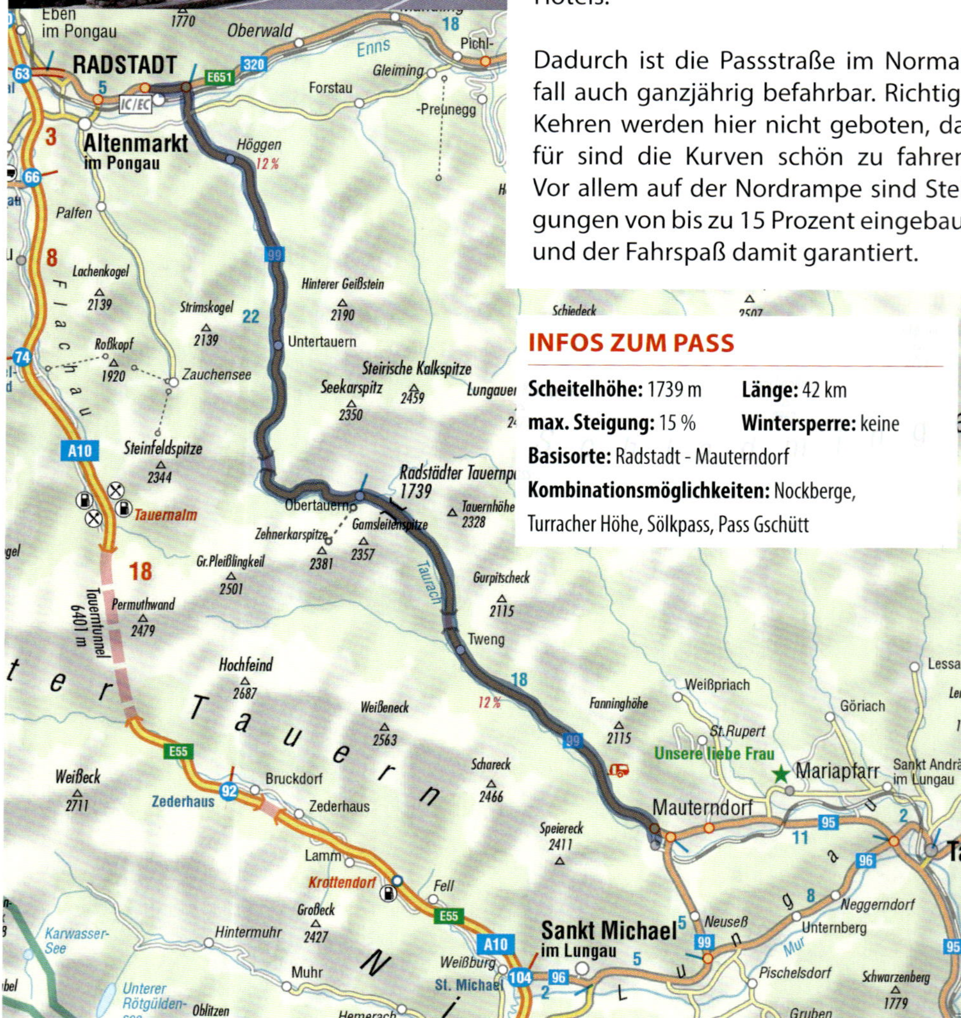

INFOS ZUM PASS

Scheitelhöhe: 1739 m **Länge:** 42 km
max. Steigung: 15 % **Wintersperre:** keine
Basisorte: Radstadt - Mauterndorf
Kombinationsmöglichkeiten: Nockberge, Turracher Höhe, Sölkpass, Pass Gschütt

62 Sölkpass Steiermark

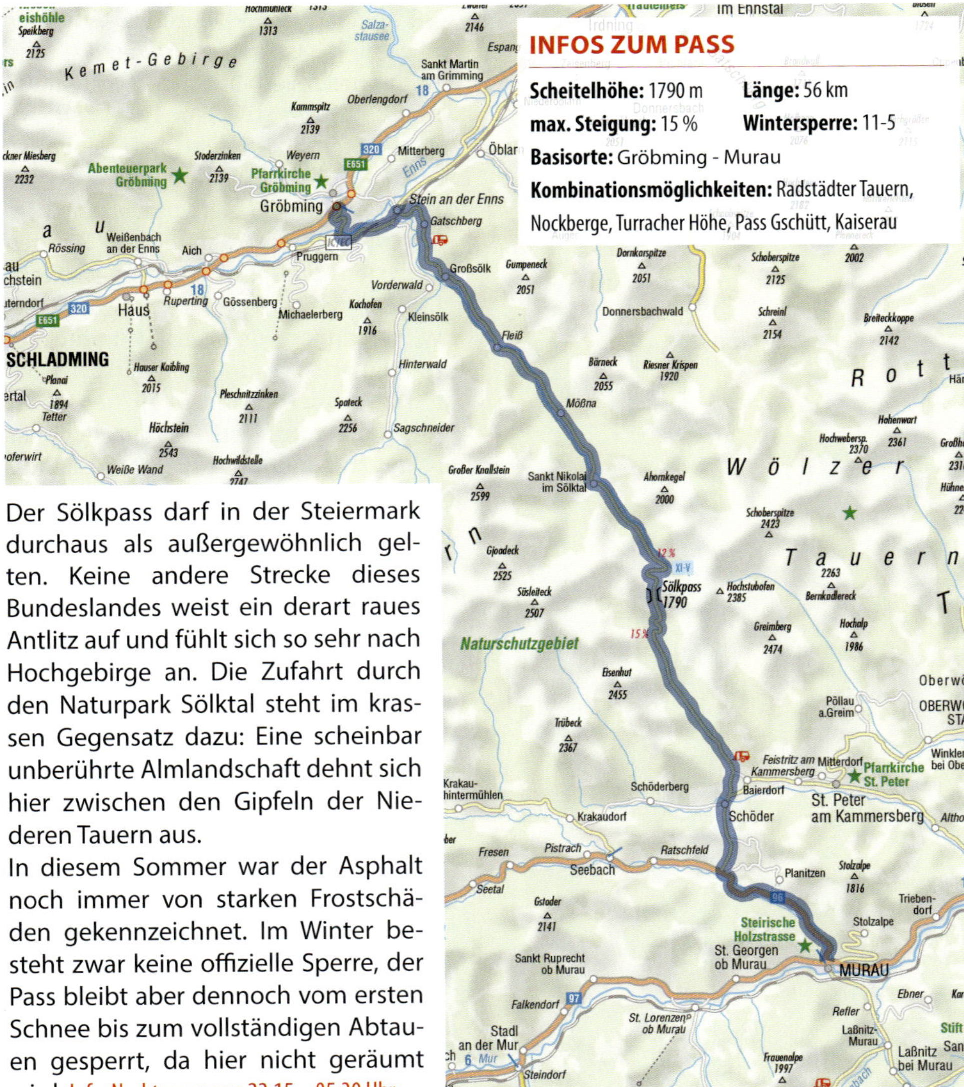

INFOS ZUM PASS

Scheitelhöhe: 1790 m **Länge:** 56 km
max. Steigung: 15 % **Wintersperre:** 11-5
Basisorte: Gröbming - Murau
Kombinationsmöglichkeiten: Radstädter Tauern, Nockberge, Turracher Höhe, Pass Gschütt, Kaiserau

Der Sölkpass darf in der Steiermark durchaus als außergewöhnlich gelten. Keine andere Strecke dieses Bundeslandes weist ein derart raues Antlitz auf und fühlt sich so sehr nach Hochgebirge an. Die Zufahrt durch den Naturpark Sölktal steht im krassen Gegensatz dazu: Eine scheinbar unberührte Almlandschaft dehnt sich hier zwischen den Gipfeln der Niederen Tauern aus.
In diesem Sommer war der Asphalt noch immer von starken Frostschäden gekennzeichnet. Im Winter besteht zwar keine offizielle Sperre, der Pass bleibt aber dennoch vom ersten Schnee bis zum vollständigen Abtauen gesperrt, da hier nicht geräumt wird. Info: Nachtsperre von 22:15 – 05:30 Uhr.

63 Triebener Tauern Steiermark

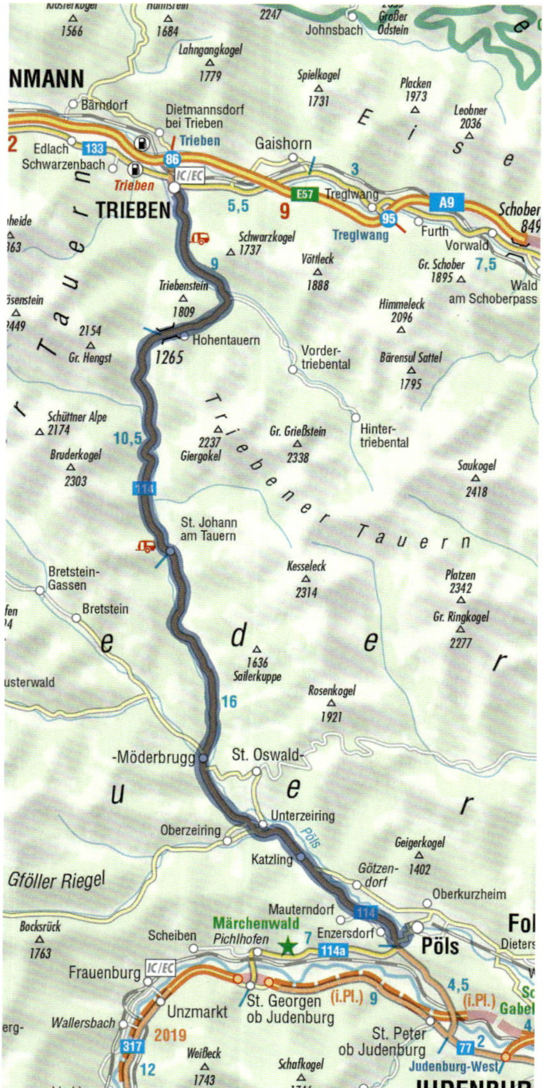

Fahrspaß ist auf diesem steirischen Gebirgspass garantiert: Der Triebener Tauern verbindet das Murtal (Ortschaft Pöls) mit dem Paltental (Ortschaft Trieben). Der erste Überweg ist schon in der Römerzeit entstanden, denn von hier aus kam man am schnellsten vom heutigen Kärnten in das heutige Oberösterreich. Noch bis in die Moderne hinein waren hier Steigungen von bis zu 21 Prozent auf Teilstücken zu meistern. Erst mit der Neutrassierung in den 1970er Jahren wurden diese entschärft. Heute ist das Maximum bei 16 % angesiedelt. Die Nordrampe ist von Trieben aus zwar das erheblich kürzere Stück, doch dieses hat es fahrerisch mit einem Kurvenspektakel in sich. Die Südrampe bietet dagegen kaum Höhepunkte, dafür aber schöne Landschaftsausblicke. Die 1265 Meter hohe Passhöhe befindet sich direkt in der Gemeinde Hohentauern, sodass für Verpflegung bei der Pause gesorgt ist.

INFOS ZUM PASS

Scheitelhöhe: 1265 m **Länge:** 40 km
max. Steigung: 16 % **Wintersperre:** keine
Basisorte: Trieben - Pöls
Kombinationsmöglichkeiten: Sölkpass, Kaiserau, Gesäuse, Hengstpass, Kalbling Höhenstraße, Gesäuse

64 Kalbling Höhenstraße Steiermark

INFOS ZUM PASS

Scheitelhöhe: 1486 m **Länge:** 11 km
Wintersperre: 10-5
Basisorte: Admont – Oberst-Klinke-Hütte
Kombinationsmöglichkeiten: Kaiserau, Triebener Tauern

Die mautpflichtige Kalbling-Höhenstraße zweigt etwa fünf Kilometer südlich von Admont von der L 713 in Richtung Osten ab. Nach wenigen Meter versperrt eine Mautschranke den Weg, an der aktuell € 7,– zu entrichten sind (Stand 2019). Die Bergstraße ist nämlich in Privatbesitz und führt von der Kaiserau hinauf zur Oberst-Klinke-Hütte, einer Alpenvereinshütte am Fuße des Admonter Kalbling (2196 Meter). Nach der Kaiserau-Hochebene, steigt die nicht asphaltiert Strecke an. Allerdings ist der Untergrund fest und sollte auch Straßenmaschinen kaum Probleme bereiten. Am Kalblingboden befindet sich ein großer Parkplatz.

Die 1941 erbaute Oberst-Klinke-Hütte, die früher als Ausbildungslager für Gebirgsjäger diente, gehört seit 1959 dem Österreicher Alpenverein und ist ein bekannter und viel genutzter Ausgangspunkt für Bergwanderungen. Übernachtung ist möglich, die Hütte bietet sowohl Schlafsackunterkünfte als auch einige Zwei- und Dreibettzimmer an.

65 Kaiserau Steiermark

INFOS ZUM PASS

Scheitelhöhe: 1486 m **Länge:** 16 km

max. Steigung: 17 % **Wintersperre:** keine

Basisorte: Admont - Trieben

Kombinationsmöglichkeiten: Sölkpass, Triebener Tauern, Gesäuse, Hengstpass, Kalbling Höhenstraße

Westlich des steirischen Nationalparks Gesäuse gelegen, handelt es sich bei der Kaiserau um ein Hochtal in den Ennstaler Alpen.

Die durch die Kaiserau verlaufende Straße verbindet die Städtchen Admont und Trieben miteinander und bietet auf der gut 16 Kilometer langen Strecke mächtig viel Fahrvergnügen mit tollen Blicken in die Landschaft.

66 Pyhrnpass Oberösterreich/Steiermark

INFOS ZUM PASS

Scheitelhöhe: 945 m **Länge:** 16 km
max. Steigung: 10 % **Wintersperre:** bei Bedarf
Basisorte: Spital am Phyrn – Liezen
Kombinationsmöglichkeiten:
Kaiserau, Kalbling Höhenstraße, Sölkpass, Triebener Tauern

Beim Pyhrnpass handelt es sich um den niedrigsten Alpenübergang in den Ostalpen. Der Scheitel befindet sich lediglich auf einer Höhe von 954 Metern. Daher kann er ganzjährig befahren werden und stellt somit eine der wichtigsten Nord-Süd-Verbindungen dar. Über den Pass verläuft die als B138 ausgewiesene Bundesstraße, die zwei österreichische Bundesländer miteinander verbindet. Die Nordrampe beginnt in Spital am Pyhrn in Oberösterreich, führt über den Scheitel, der sich zwischen den Orten Warscheneck und Bosruck befindet. Die Südrampe endet in Liezen in der Steiermark.

Der Pass wurde schon in der Steinzeit als Handelsweg genutzt, später wurde er zur Römerstraße ausgeweitet. Im Jahre 1190 ließ Bischof Otto II. von Bamberg ein Hospiz errichten, welches den Händlern als Raststätte dienen sollte.

Ihr heutiges Erscheinungsbild verdankt die Straße der Sanierung in den 1960er Jahren. An vielen Stellen wurde sie verbreitert und in diesem Zuge neu trassiert. Seit 1983 wird der einst stark befahrene Pass durch den Tunnel der mautpflichtigen Pyhrnautobahn (A9) entlastet.

67 Buchauer Sattel Steiermark

Sehr gut ausgebaut ist der Buchhauer Sattel in den Ennstaler Alpen im österreichischen Bundesland Steiermark. Die knapp 34 Kilometer lange Straße verbindet das Städtchen Altenmarkt bei St. Gallen mit Admont, das seit 2003 eine der Nationalparkgemeinden des Nationalparks Gehäuse ist. Bekannt ist es zudem aufgrund seines Benediktinerstiftes, das im Jahre 1074 gegründet wurde und damit das älteste bestehende Kloster der Steiermark ist.

Die Passstraße B 117 führt über den 861 Meter hohen Gipfel, von dem man sich zu ausgedehnten Wanderungen inmitten der Ennstaler Alpen aufmachen kann. Wer darauf keine Lust hat, kann die Ausblicke auf die größtenteils über 1000 Meter hohen Felswände der Gesäuseberge genießen. Einziger Wermutstropfen bei diesem Pass: Er ist auch bei Rennradfahrern und autobahnflüchtigen Lkw-Fahrern äußerst beliebt, sodass die notwendigen Überholmanöver sowohl wochentags als auch an Wochenenden den Fahrspaß etwas trüben können.

INFOS ZUM PASS

Scheitelhöhe: 861 m **Länge:** 27 km
max. Steigung: 7 % **Wintersperre:** keine
Basisorte: Altenmarkt bei St. Gallen – Admont
Kombinationsmöglichkeiten: Kalbling Höhenstraße, Hengstpass, Phyrnpass, Kaiserau, Gesäuse

68 Hengstpass Oberösterreich

Beim Hengstpass handelt es sich um einen Grenzpass zwischen Oberösterreich und der Steiermark. Er gehört zur Österreichischen Eisenstraße, einer touristisch vermarkteten Erlebnisstraße im Dreiländereck Niederösterreich-Oberösterreich-Steiermark. Die ursprüngliche Hengstpassstraße wurde schon im 16. Jahrhundert angelegt und war damals für den Eisentransport in der Region wichtig. Der Legende nach stammt der Name daher, dass den Fuhrleuten damals gegen Bezahlung Hengste am Pass angeboten wurden. Obwohl sie ganzjährig von Touristen genutzt wird, ist sie insgesamt nicht im besten Zustand und könnte eine Sanierung vertragen. Dafür ist sie aber landschaftlich reizvoll. Früher war die Scheitelhöhe einmal 964 Meter hoch. Durch den Umbau der Straße befindet sie sich nun auf 985 Metern.

INFOS ZUM PASS

Scheitelhöhe: 985 m
Länge: 34 km
max. Steigung: 20 %
Wintersperre: keine
Basisorte: Windischgarsten - Altenmarkt bei St. Gallen
Kombinationsmöglichkeiten: Gesäuse, Kaiserau, Sölkpass, Kalbling Höhenstraße, Buchauer Sattel

69 Gesäuse Steiermark

Ein großer Teil der schroffen Kalkgipfel des Gesäuses wurde im Jahre 2002 als nördlichster Teil der Ennstaler Alpen zum Nationalpark erklärt. Die Berge bestimmen hier die Landschaft: Nördlich der Enns die Buchsteingruppe, südlich des Flusses erheben sich die Gipfel der Admonter-Reichensteingruppe, der Hochtorgruppe und der Zinödl-Lugauer-Gruppe.

Dazwischen gibt es aber immer wieder auch sanfte Talböden und wild zerklüftete Schluchten. Eine richtige Passstraße gibt es hier nicht. Lohnenswert ist aber die Befahrung der Straße 146, auch Gesäuse-Straße genannt. Sie führt einmal quer durch den Nationalpark und ist gut 24 Kilometer lang. Ein guter Ausgangspunkt ist das Städtchen Admont, das durch sein Benediktinerstift – und die weltgrößte Klosterbibliothek – berühmt ist.

INFOS ZUM PASS

Höhe: 600 m
Länge: 26 km
max. Steigung: 15 %
Wintersperre: keine
Basisorte: Hieflau - Admont
Kombinationsmöglichkeiten: Hengstpass, Kaiserau, Sölkpass, Triebener Tauern, Kalbling Höhenstraße

70 Präbichl Steiermark

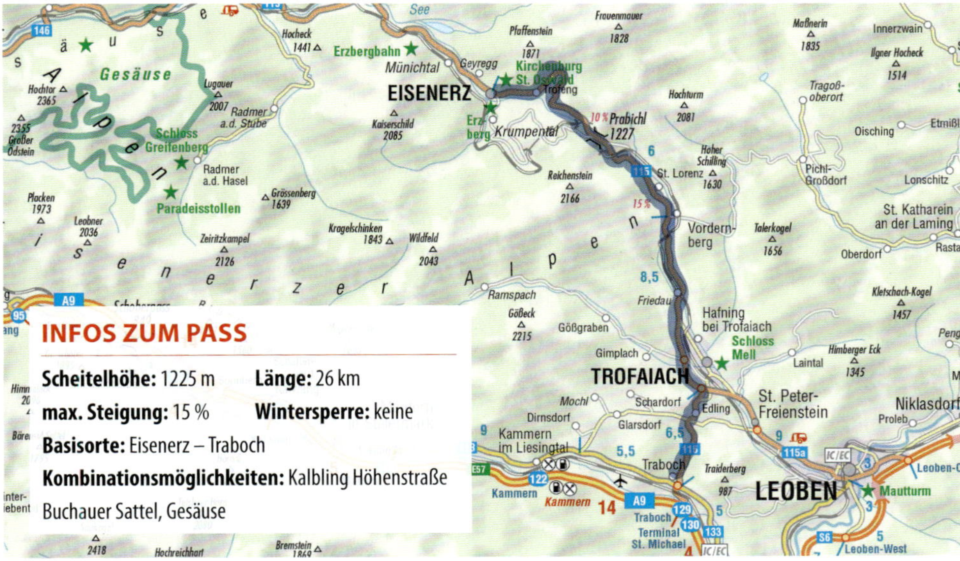

INFOS ZUM PASS

Scheitelhöhe: 1225 m **Länge:** 26 km
max. Steigung: 15 % **Wintersperre:** keine
Basisorte: Eisenerz – Traboch
Kombinationsmöglichkeiten: Kalbling Höhenstraße Buchauer Sattel, Gesäuse

Der Passübergang Präbichl, der in der Obersteiermark das Erzbachtal im Norden mit dem Vordernbergtal im Süden miteinander verbindet, wurde vermutlich schon in der Bronzezeit (also von 2200 bis 800 v. Chr.) genutzt.

Wichtig wurde die Straße dann in der Zeit des Erzberg-Abbaus in dieser Region. So wurde in den 1970er Jahren nicht nur die Nordrampe neu trassiert, sondern vor allem die Steigung reduziert. Die alte Straße wies stellenweise bis zu 24 Prozent auf, was zu vielen Problemen führte. Dafür wurde sie in dieser Zeit gerne als Prüfungsstrecke für neue Kraftfahrzeuge genutzt. Durch die Anschüttung von Abraummaterial vom Erzberg wurde sie auf nun moderate 15 Prozent gesenkt. Während der Fahrt sollte man sich über die historische Erzbergbahn, die heute als Museumsbahn ebenfalls über den Pass geführt wird, nicht wundern.

Fahrerisch bietet der Präbichl aufgrund des modernen Ausbaus heute kaum noch Herausforderungen, dafür aber schöne Ausblicke auf den Erzberg, dem man den Abbau des Erzes sehr ansehen kann. Nachdenklich stimmt zudem die Gedenkstätte für die Opfer des Nationalsozialismus direkt an der 1225 Meter hohen Passhöhe.

71 Zellerrain Steiermark

Der Pass Zellerrain gehört zur Gebirgsgruppe der Ybbstaler Alpen und befindet sich im Grenzgebiet von Niederösterreich und der Steiermark. Die Straße verbindet die Ortschaften Mariazell und Lunz am See auf einer Strecke von rund 34 Kilometern.

Die ursprüngliche Ostrampe hatte es einmal ganz schön in sich, da die Straßenbauer auf der steirischen Seite Steigungen von bis zu 22 Prozent eingebaut hat. Im Jahre 2004 wurde dieser Teil allerdings neu trassiert, sodass nunmehr nur noch Maximalsteigungen von 12 Prozent zu überwinden sind. Die alte Route befindet sich nördlich der heutigen und ist offiziell in eine Forststraße umgewandelt worden. Nur Anwohner dürfen sie noch benutzen. Zudem wurde der Bereich der Passhöhe ein wenig abgesenkt und dort ein Parkplatz angelegt.

INFOS ZUM PASS

Scheitelhöhe: 1123 m **Länge:** 35 km
max. Steigung: 12 % **Wintersperre:** keine
Basisorte: Lunz am See - Mariazell
Kombinationsmöglichkeiten: Lahnsattel, Preiner-Gescheid, Annaberg, Niederalpl

72 Annaberg Niederösterreich

Die über den 976 Meter hohen Annaberg führende Passstraße ist als Mariazell Straße B 20 ausgewiesen und bietet auf einer Strecke von etwas über 20 Kilometern Fahrspaß pur. Insgesamt zehn sehr schön ausgebaute Kehren führen auf den Scheitel und damit auch zur Gemeinde Annaberg, die sich dort oben – genauer gesagt im niederösterreichischen Mostviertel – befindet.

Die Gemeinde ist eine der Wallfahrstationen auf dem Pilgerweg von Wien nach Mariazell, trotzdem hält sich der Verkehr insgesamt sehr in Grenzen. Einen Besuch wert ist die St. Anna-Wallfahrtskirche mitten im Ort. Wer mit Architektur und/oder Religion wenig anzufangen weiß, kann von hier aus den Anblick auf die umliegenden Gipfel wie das Hennesteck (1334 Meter), den Tirolerkogel (1377 Meter) oder auch den mit 1892 Meter höchsten Berg des Mostviertels – den Ötscher – genießen. In südlicher Richtung schließt übrigens übergangslos der Josefsberg an, dessen Befahrung sich ebenfalls lohnt.

INFOS ZUM PASS

Scheitelhöhe: 976 m **Länge:** 23 km
max. Steigung: 12 % **Wintersperre:** 11-04
Basisorte: Reith – Türnitz
Kombinationsmöglichkeiten: Lahnsattel, Preiner-Gescheid, Niederalpl, Zellerrain

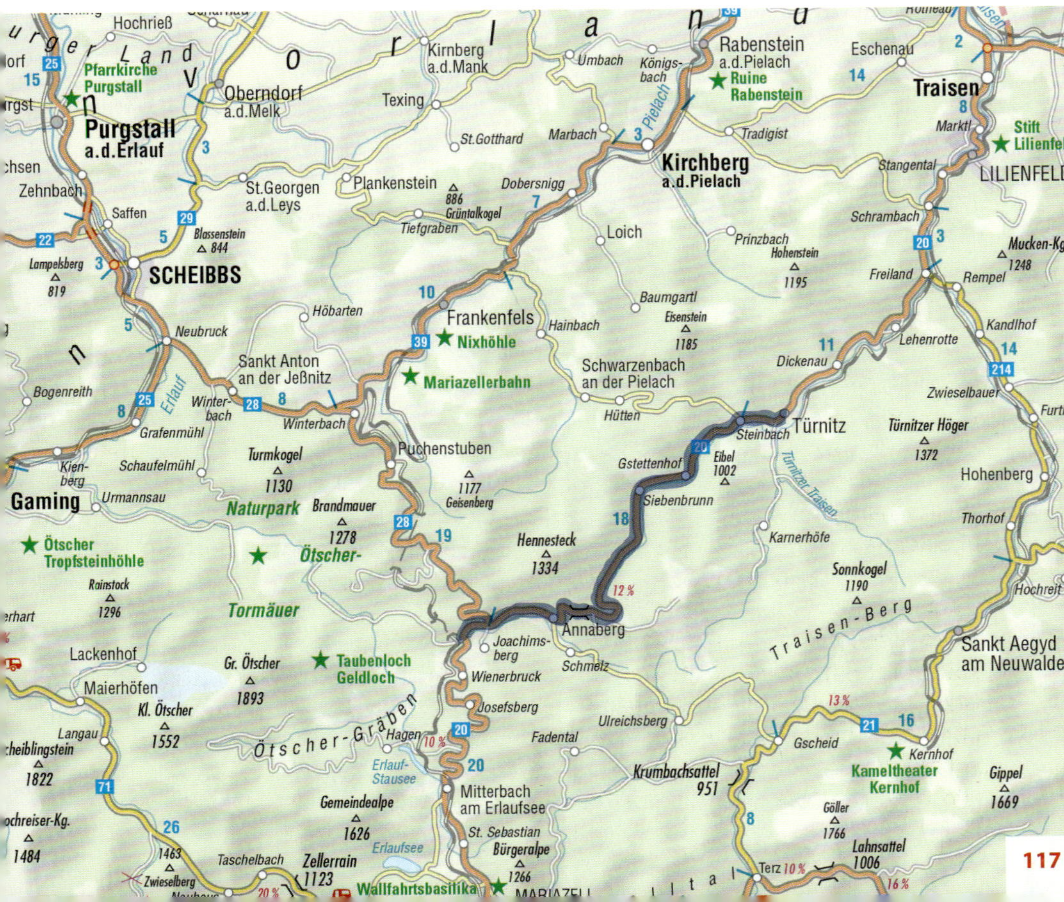

73 Niederalpl Steiermark

Die Landesstraße 113 – besser bekannt als Niederalplstraße – befindet sich südlich von Mariazell und damit mitten in den Mürzsteger Alpen in der Steiermark. Auf einer Strecke von knapp 18 Kilometern verbindet sie die Gemeinden Wegscheid und Mürzsteg. Bei der Fahrt genießt man Ausblicke auf das Bergmassiv Hohe Veitsch sowie den Bergstock Tonion.

Die Fahrt zur 1220 Meter hohen Passhöhe stellt heute für erfahrende Bergfahrer kaum noch Herausforderungen dar: Obwohl die Straße recht schmal angelegt ist, sind die Kurven und die beiden Kehren schön ausgebaut und auch die Qualität des Asphalts zeigt sich im besten Zustand, sodass eine zügige Fahrweise möglich ist.

Dies war allerdings nicht immer der Fall: Noch vor einigen Jahren war die Straße mit Steigungen zum Teil über 20 Prozent angelegt. Inzwischen ist die Wegführung entschärft worden. Die maximale Steigung liegt heute bei nur noch zehn Prozent.

Die Straße ist ganzjährig befahrbar, was dem umliegenden Skigebieten und den Gaststätten auf der Passhöhe zu verdanken ist.

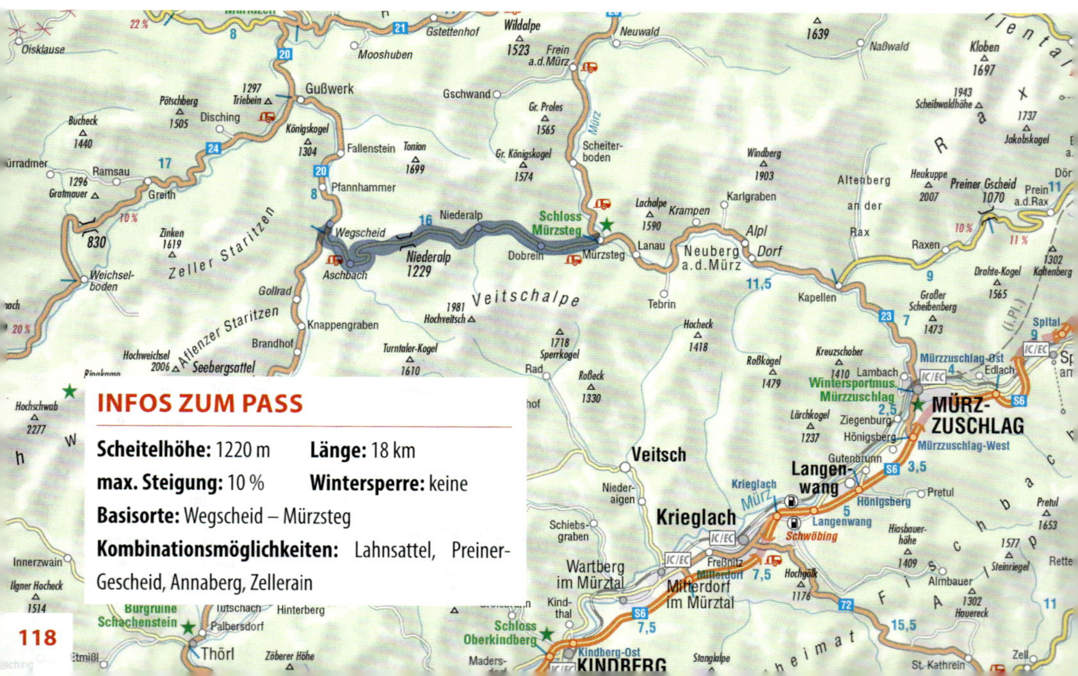

INFOS ZUM PASS

Scheitelhöhe: 1220 m **Länge:** 18 km

max. Steigung: 10 % **Wintersperre:** keine

Basisorte: Wegscheid – Mürzsteg

Kombinationsmöglichkeiten: Lahnsattel, Preiner-Gescheid, Annaberg, Zellerain

74 Lahnsattel Niederösterreich

INFOS ZUM PASS

Scheitelhöhe: 1027 m **Länge:** 13 km

max. Steigung: 17 % **Wintersperre:** keine

Basisorte: Terz - Mürzsteg

Kombinationsmöglichkeiten: Zellerrain, Preiner Gscheid, Feistritzsattel, Niederalpl, Annaberg

Der Lahnsattel befindet sich in den Kalkalpen und verläuft im Grenzgebiet von Niederösterreich und Steiermark. Die Scheitelhöhe befindet sich auf 1027 Metern und gehört zum Hoheitsgebiet des Bundeslandes Niederösterreich. Dieses Gebiet wurde erst zum Ende des 18. Jahrhunderts besiedelt, als man mit der Abformung der forstwirtschaftlichen Gebiete begann. Zu dieser Zeit wurde die Straße dann auch angelegt.

Eine reguläre Wintersperre existiert hier nicht, allerdings wird die Straße regelmäßig bei Bedarf – sprich bei viel Schnee – gesperrt. Dies ist auch gut so, da hier schon mehrfach Lawinenunglücke mit Todesfolge geschehen sind. Das schlimmste ereignete sich im Jahre 1878. Eine 150 Meter breite Lawine verschütte damals ein Gasthaus. Seither darf das Umland rund um die Passhöhe nicht mehr bebaut werden.

75 Preiner-Gscheid Niederösterreich/Steiermark

Über den Pass Preiner Gscheid verläuft die Grenze zwischen den österreichischen Bundesländern Niederösterreich und Steiermark parallel zum etwa sieben Kilometer Semmering-Pass, der üblicherweise vor allem in den Ferienmonaten stark frequentiert wird. Die Passstraße von Preiner Gscheid wird als L135/L103 bezeichnet und verbindet die Orte Kapellen mit Reichenau an der Rax. Die Passhöhe befindet sich auf 1070 Metern. Eine Pause kann eingelegt werden, da dort nicht nur einen Gasthof, sondern auch eine sehenswerte Mariensäule auf den Besuch warten. Letztere markiert den Grenzstein und ist auf das Jahr 1654 datiert.

INFOS ZUM PASS

Scheitelhöhe: 1070 m
Länge: 23 km
max. Steigung: 11 %
Wintersperre: keine
Basisorte: Kapellen - Reichenau/ Rax
Kombinationsmöglichkeiten: Zellerrain, Lahnsattel, Feistritzsattel, Semmering, Stuhleck

76 Semmering Steiermark / Niederösterreich

Der Begriff Semmering wird touristisch vor allem mit der berühmten Semmeringbahn verbunden – also die weltweit erste Hochgebirgsbahn, die heute sogar unter dem Schutz des UNESCO-Weltkulturerbes steht. Weniger bekannt, dafür umso verlockender für uns Motorradfahrer, ist dagegen der Semmering-Pass, der die natürliche Grenze zwischen Steiermark und Niederösterreich bildet.

Ein guter Einstieg ist die Gemeinde Mürzzuschlag in der Steiermark. Von dort aus kurbelt sich die Straße auf gut 29 Kilometern stetig Richtung Nordosten, passiert die 984 Meter hohe Passhöhe und führt dann als gut ausgebaute Serpentinenstraßen weiter nach Gloggnitz in Niederösterreich. Obwohl der Pass über einige Kehren und eine nicht zu verachtende Steigung verfügt, ist er insgesamt sehr gut zu meistern. Das liegt auch daran, dass er seit der Eröffnung des Semmering-Scheiteltunnels im Jahre 2004 nur noch recht wenig befahren wird. Diese Aussage gilt vor allem für die Sommermonate, denn im Winter ist der Pass bedingt durch das Skigebiet Hirschenkogel wiederum heiß begehrt – dann aber nicht von Motorradfahrern.

INFOS ZUM PASS

Scheitelhöhe: 984 m
Länge: 30 km
max. Steigung: 14 %
Wintersperre: keine
Basisorte: Gloggnitz – Mürzzuschlag
Kombinationsmöglichkeiten: Lahnsattel, Feistritzsattel, Stuhleck, Preiner-Gscheid, Alpl, Schantzsattel

€ Maut 77 Stuhleck Straße Niederösterreich

Der Stuhleck gilt mit seinen 1782 Metern als höchster Berg der Fischbacher Alpen in der Steiermark. Motorradreisende können vom Pfaffensattel auf ihn hinauf fahren, allerdings sollten sie unbedingt ein wenig Schottererfahrung mitbringen. Die Gipfelstraße ist nicht asphaltiert, befindet sich allerdings insgesamt in einem guten Zustand und sollte erfahrenen Bikern selbst mit Sozia kaum Schwierigkeiten bereiten. Es handelt sich um eine vier Kilometer lange Privatstraße, für die auch Maut zu zahlen ist (€ 3,– für Motorräder / Stand 2019). Zu entrichten ist diese übrigens erst im Anschluss an die Fahrt in dem auf dem Gipfel befindlichen Alois-Günther-Haus.

Die Straße ist nur während der Hüttenöffnungszeiten im Sommer zu befahren. Aktuelle Infos dazu gibt es auf der Seite www.aloisguentherhaus.at. Der Betreiber bittet darum, auf der Straße selbst weder zu halten noch zu parken. Einen großen Parkplatz für die Rast hat er oben angelegt und bietet in seiner Hütte auch kulinarische Schmankerl.

INFOS ZUM PASS

Scheitelhöhe: 1782 m
Länge: 4 km
max. Steigung: 20 %
Wintersperre: 11-5
Basisorte: Pfaffensattel
Kombinationsmöglichkeiten: Alpl, Schantzsattel, Pfaffensattel, Feistritzsattel, Ramssattel

78 Feistritzsattel Niederösterreich/Steiermark

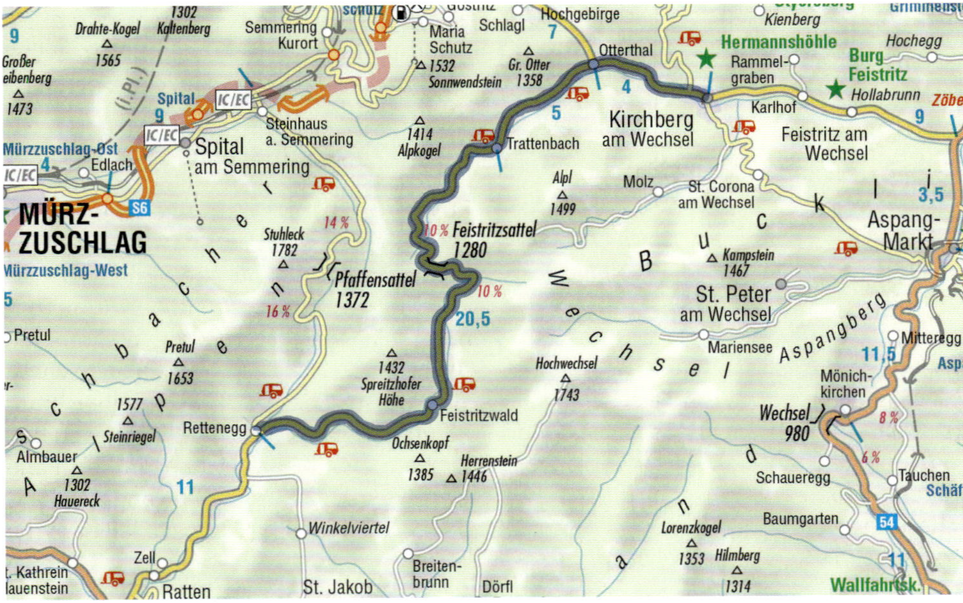

Der Feistritzsattel verbindet die österreichischen Bundesländer Steiermark und Niederösterreich und hat mit kurvenreicher Strecke und Steigungen bis zu 16 Prozent so einiges zu bieten. Bei der Angabe der Scheitelhöhe scheiden sich die Geister. Auf dem Passschild vermerkt sind 1286 Meter. In offiziellen Kartenwerken ist sie aber als zwölf Meter höher verzeichnet.

Auf niederösterreichischer Seite wurde die Landesstraße L 175 zwischen Trattenbach und dem Feistritzsattel auf einer Länge von rund zwei Kilometern generalerneuert. Da es sich bei diesem Straßenabschnitt um eine sehr stark frequentierte Motorradstrecke handelt, war es dem Straßendienst ein besonderes Anliegen, eine griffige und sichere Fahrbahn zu gewährleisten. Was für ein Service!

INFOS ZUM PASS

Scheitelhöhe: 1280 m

Länge: 30 km

max. Steigung: 16 %

Wintersperre: keine

Basisorte: Kirchberg am Wechsel - Rettenegg

Kombinationsmöglichkeiten: Preiner Gscheid, Lahnsattel, Zellerrain, Alpl, Schantzsattel

79 Alpl Steiermark

Obgleich der höchste Punkt des Alpls sich auf 1081 Meter Höhe befindet, hat man während der Fahrt meist den Eindruck durch eine deutsche Mittelgebirgslandschaft zu cruisen. Das liegt maßgeblich an den dichten Wäldern, die die Straße säumen und leider nur wenig Ausblicke auf die umliegenden Fischbach Alpen der Steiermark bieten.

Die Straße ist als B 72 gekennzeichnet und größtenteils gut ausgebaut, sodass Fahrspaß trotzdem gegeben ist. Allerdings ist die Straße auch erstaunlich viel befahren. An der Passhöhe angekommen, lohnt ein Blick auf die Alpler Schanz, eine ehemalige Verteidigungsanlage aus dem frühen 18. Jahrhundert.

Vor wenigen Jahren war über eine kleine Waldstraße noch ein Hotel von der Passhöhe aus zu erreichen, dieses ist mittlerweile aber geschlossen.

INFOS ZUM PASS

Scheitelhöhe: 1081 m **Länge:** 15 km
max. Steigung: 15 % **Wintersperre:** keine
Basisorte: Krieglach – St. Kathrein am Hauenstein
Kombinationsmöglichkeiten: Preiner Gscheid, Lahnsattel, Zellerrain, Schantzsattel, Semmering, Feistritzsattel

80 Schanzsattel Steiermark

In den Fischbacher Alpen in der Steiermark führt die gut 25 Kilometer lange Gebirgsstraße über den Schanzsattel. Auf dem Gipfel steht ein Gasthof zur Rast bereit, der in den Wintermonaten in ein hübsches kleines Skigebiet eingebettet ist. Daher ist dieser Pass auch ganzjährig zu befahren.

Wer sich für Geschichte interessiert, sollte dem ebenfalls an der Passhöhe installieren Friedenskreuz einen kurzen Besuch abstatten. Das weithin sichtbare hölzerne Monument wurde 1985 von den umliegenden Gemeinden gestiftet, um an die Gefallenen des Zweiten Weltkrieges, aber auch der Opfer der Türkeneinfälle im Mittelalter zu gedenken.

Wer die Fahrt hinauf auf dem Motorrad angehen möchte, sollte schon ein wenig Bergerfahrung haben, da beide Rampen zum Teil recht ordentliche Steigungen von bis zu 17 Prozent bergen. Wer dies berücksichtigt, kann die schön ausgebauten Kurven und insgesamt sechs Kehren durchaus genießen, zumal die Straße verkehrstechnisch nicht sonderlich ausgelastet wird.

INFOS ZUM PASS

Scheitelhöhe: 1250 m **Länge:** 25 km
max. Steigung: 17 % **Wintersperre:** keine
Basisorte: Kindberg – Fischbach
Kombinationsmöglichkeiten: Preiner Gscheid, Lahnsattel, Zellerrain, Alpl, Semmering, Feistritzsattel

81 Gaberl Steiermark

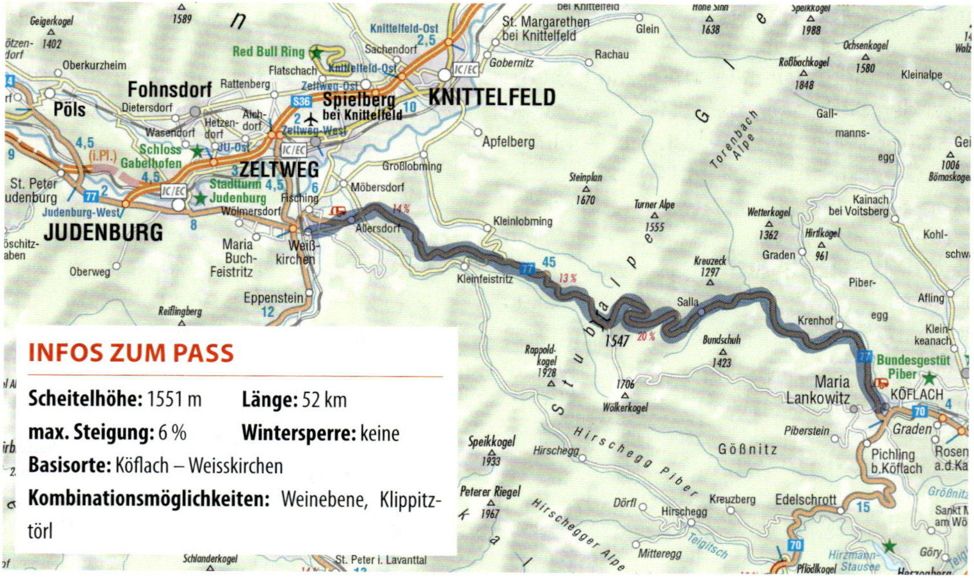

INFOS ZUM PASS

Scheitelhöhe: 1551 m **Länge:** 52 km
max. Steigung: 6 % **Wintersperre:** keine
Basisorte: Köflach – Weisskirchen
Kombinationsmöglichkeiten: Weinebene, Klippitztörl

Im österreichischen Bundesland Steiermark führt die Passstraße Gaberl (B 77) über die Stubalpe Motorradfahrer bis auf 1551 Höhenmeter hinauf. Die Strecke präsentiert sich in gutem Zustand und mit schön ausgebautem Kurven, sodass für erfahrene Biker ein cruisender Fahrstil möglich ist. Nur an den Sommerwochenenden sind regelmäßig Touristenbusse zu überholen.

Alle wollen sie zum Gaberlhaus, dessen erster Besitzer vor über 150 Jahren zum Namenspatron dieses Gebirgspasses wurde. Er hieß Gabriel Klauzer, wurde aber von allen nur „Gaberl" genannt. Bis heute ist das Rasthaus, das auch Zimmer zur Verfügung stellt, ein beliebtes Ausflugsziel – auch für die Einheimischen. Bei gutem Wetter bieten sich von hier aus wunderbare Panoramaausblicke auf die Weststeiermark und bis hin nach Slowenien.

Übrigens kommen hier auch Pferdefans auf ihre Kosten: Die Junghengste der Spanischen Hofreitschule zu Wien – die berühmten Lipizzaner – verbringen hier oben ihre Ferien.

82 Weinebene Kärnten

Inmitten der Lavantaler Alpen, die sich zwischen Kärnten und der Steiermark erstrecken, befindet sich der Gebirgszug Koralpe, über den die knapp über 40 Kilometer lange Passstraße Weinebene führt. Sie verbindet die Orte Frantschach und Deutschlandsberg. Schon im 17. Jahrhundert gab es hier einzelne Handelswege, die vor allem von den örtlichen Landwirten genutzt wurden. Der Name ist ein wenig irreführend, denn Weine wurden und werden in der luftigen Höhe von fast 1700 Meter Höhe natürlich nicht angebaut. Der ursprüngliche Name hieß Weinheben, das sich auf das Umheben von Waren an der Grenze bezieht. Wenngleich man während der Fahrt also keine Weinberge am Wegesrand genießt, macht sie dennoch Spaß. Die Straße ist durchgängig asphaltiert, zeigt sich in gutem Zustand und bietet immer wieder tolle Ausblicke auf die umliegenden Gipfel.

INFOS ZUM PASS

Scheitelhöhe: 1668 m **Länge:** 43 km
max. Steigung: 16 % **Wintersperre:** keine
Basisorte: Frantschach – Deutschlandsberg
Kombinationsmöglichkeiten: Klippitztörl, Gaberl

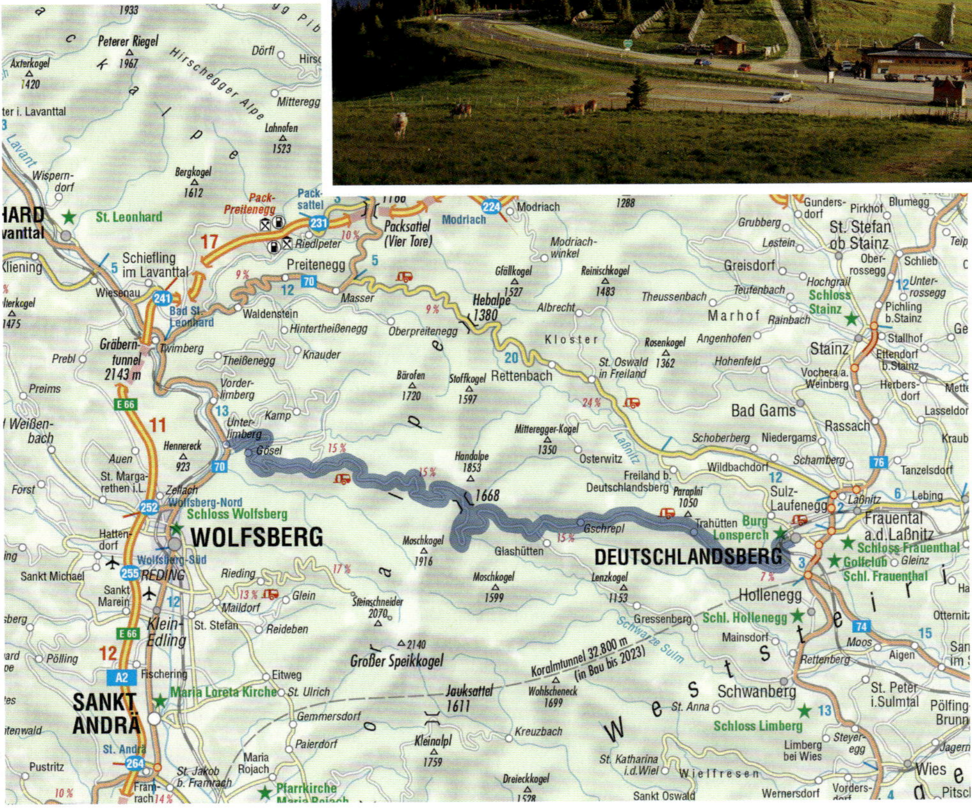

83 Klippitztörl Kärnten

Nordöstlich von Klagenfurt befindet sich eine 24 Kilometer lange Strecke, die an der Ortschaft Klippitztörl 1642 Meter Höhe erreicht.

Bis vor wenigen Jahren galt die Route mit Steigungen bis zu 28 Prozent als Herausforderung für Mutige. Umfangreiche Baumaßnahmen, besonders an der Westrampe, haben die größten Gefahrenstellen – leider aber auch die interessantesten Steigungen – weitgehend entschärft. Mit maximalen zwölf Prozent ist von den einstigen Highlights nicht mehr viel übrig geblieben.

INFOS ZUM PASS

Scheitelhöhe: 1642 m **Länge:** 24 km
max. Steigung: 12 % **Wintersperre:** keine
Basisorte: Bad St. Leonhard - Guttaring
Kombinationsmöglichkeiten: Turracher Höhe, Nockberge, Sölkpass, Weinebene, Gaberl

84 Paulitschsattel (Pavlicevo sedlo) Kärnten/Slowenien

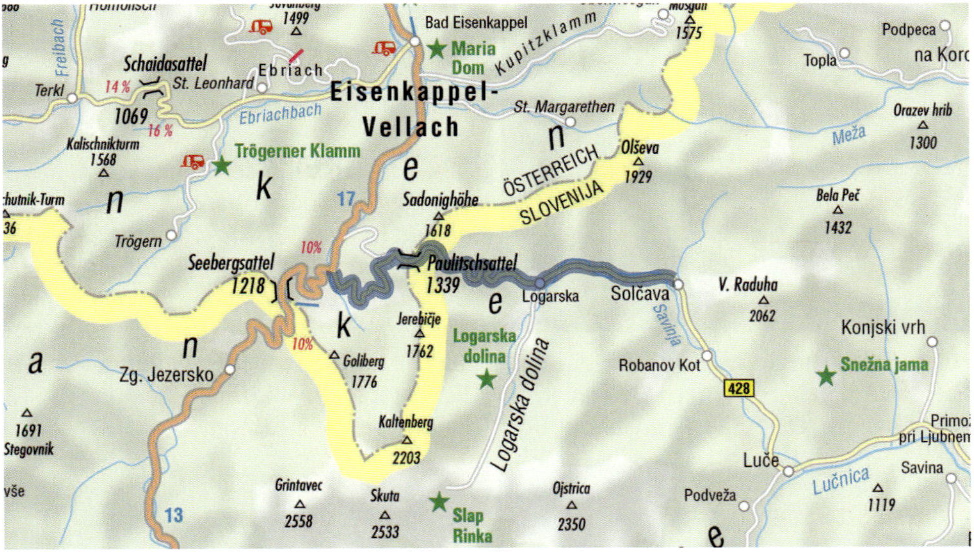

Der vielleicht schönste slowenische Grenzpass liegt im Gebirgszug der Karawanken, an den östlichen Ausläufern der Alpen. Die 23 Kilometer lange Strecke ist erst seit wenigen Jahren vollständig asphaltiert.

⚠ Noch in Slowenien zweigt die weitgehend unbefestigte Panoramastrecke „Panoramska cesta Podoleva" hinauf zum Spodnje Sleme Sattel ab.

INFOS ZUM PASS

Scheitelhöhe: 1339 m
Länge: 23 km
max. Steigung: 12 %
Wintersperre: 11-3
Basisorte: Bad Vellach - Solcava
Kombinationsmöglichkeiten: Seebergsattel, Crnivec (SLO), Pungart (SLO), Rogla (SLO), Loiblpass

85 Seebergsattel (Jezersko vrh) Kärnten/Slowenien

Einmal über die Karawanken führt der Seebergsattel von Kärnten nach Slowenien. Er verbindet die Orte Bad Eisenkappel und Preddvor. Letzte befindet sich in der slowenischen Region Oberkrain.
Insgesamt 44 Kilometer müssen dabei unter die Räder genommen werden.

Die Nordrampe macht ein wenig mehr Spaß als die Südrampe, da sie besser ausgebaut ist und 19 toll zu fahrende Kehren in sich birgt. Dafür führt die Straße in Slowenien durch ein schönes Waldgebiet, was bei alpinen Pässen ja sonst eher selten der Fall ist. Die Passhöhe befindet sich auf 1218 Meter. Die maximale Steigung bei 12 Prozent.

INFOS ZUM PASS

Scheitelhöhe: 1218 m **Länge:** 44 km
max. Steigung: 12 % **Wintersperre:** keine
Basisorte: Bad Eisenkappel - Preddvor (SI)
Kombinationsmöglichkeiten: Paulitschsattel, Crnivec (SLO), Pungart (SLO), Rogla (SLO), Loiblpass

86 Loiblpass (Ljubelj) Kärnten/Slowenien

Früher war alles besser, jetzt ist vieles aber auch noch gut. Das gilt zumindest für die Überquerung des Loiblpasses, der Ferlach in Kärnten und Tržic in den slowenischen Karawanken miteinander verbindet. Auch dieser Grenzübergang hat eine lange Geschichte vorzuweisen, und wurde mindestens schon seit dem Mittelalter als Handelsweg benutzt. Die erste moderne Straße entstand Anfang des 20. Jahrhunderts. Die Scheitelhöhe von 1367 Metern konnte man zu jener Zeit über diese Straße erreichen. Dies änderte sich im Jahre 1967, als der Tunnel offiziell eröffnet wurde. Seit diesem Zeitpunkt geht es nicht mehr ganz so hoch hinauf. Die alte Passstraße ist an dieser Stelle seither gesperrt. Den Fahrspaß trübt dies allerdings trotz erzwungener Tunnelbefahrung auf einem kurzen Teilstück nur wenig: Nach wie vor gibt es Kurven und Serpentinen satt, zudem locken Steigungen von immer noch beachtlichen 17 % (auf der alten Trasse waren es 28 %).

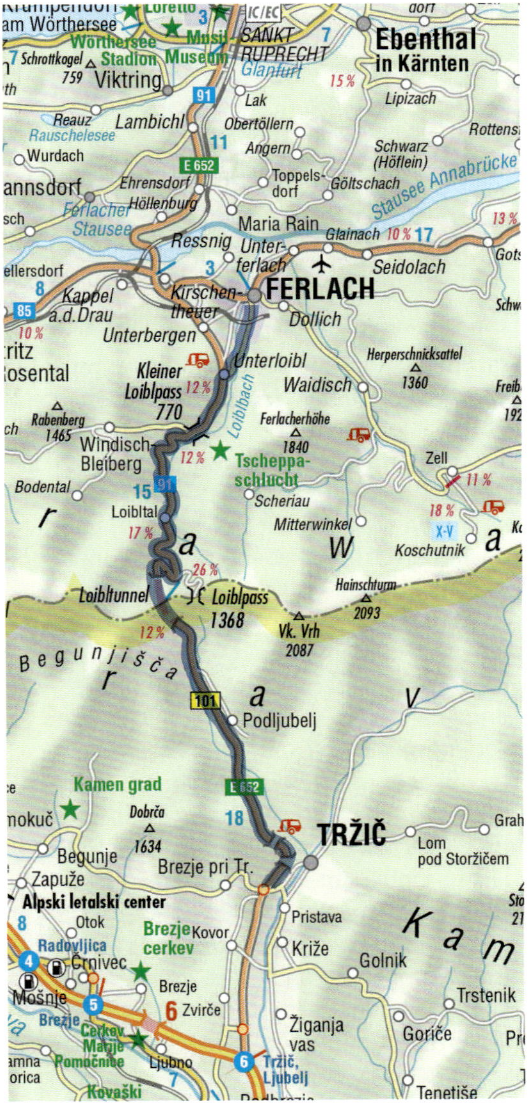

INFOS ZUM PASS

Scheitelhöhe: 1367 m **Länge:** 31 km
max. Steigung: 17 % **Wintersperre:** keine
Basisorte: Ferlach (A) - Tržic (SI)
Kombinationsmöglichkeiten: Paulitschsattel, Crnivec (SLO), Pungart (SLO), Rogla (SLO), Seebergsatttel

87 Wurzenpass (Korensko sedlo) Kärnten/Slowenien

Statt den langweiligen Karawankentunnel zu nehmen, sollten Motorradfahrer sich auf den Wurzenpass schwingen, wenn sie von Kärnten nach Slowenien – oder natürlich auch umgekehrt – möchten. Die Straße macht nicht nur mächtig Laune, sondern ist im Gegensatz zum Tunnel auch nicht kostenpflichtig. Besonders in den Sommermonaten kann der Pass jedoch stark befahren sein, da es sich bei ihm um einen der beliebtesten Grenzübergänge handelt. Leider verirren sich immer wieder gerne Wohnwagen auf diesen Pass, obwohl er es mit Steigungen von bis zu 18 Prozent durchaus in sich hat – in der untersten Serpentine wurde sogar eine Notfallspur eingerichtet. Wer auf ein solches Gefährt trifft, muss sich wohl oder übel für einige Minuten in Geduld üben, da Überholmanöver an vielen Stellen zu gefährlich wären. Lohnenswert ist ein Besuch am Bunkermuseum an der Wurzenpassstraße in Riegersdorf.

INFOS ZUM PASS

Scheitelhöhe: 1073 m **Länge:** 15 km

max. Steigung: 18 % **Wintersperre:** keine

Basisorte: Hart - Kranjska Gora (SI)

Kombinationsmöglichkeiten: Goldeck, Nassfeldpass, Plöckenpass, Predil (IT/SLO), Mangart (SLO), Vršič (SLO)

€ Maut 88 Gerlitzen Kärnten

Nördlich des Ossiacher Sees ragt in Kärnten der Gipfel der Gerlitzen in die Höhe. Motorisiert kann man sich dem für seine Panoramaaussichten bekannten Berg gleich von mehreren Seiten aus nähern. Einmal geht es in Bodensdorf am Ossiacher See los. Von dort schlängelt sich die mautpflichtige und durchweg asphaltierte Gerlitzen Alpe Panoramastraße hinauf in luftige Höhen. Auf einer Länge von nur knapp 14 Kilometern sind Steigungen von bis zu 14 Prozent und gut ausgebaute Kehren zu meistern. Obwohl die Straße sich in einem guten Zustand befindet, ist sie teilweise recht eng ausgebaut. Umso erstaunlicher ist daher die Tatsache, dass man vor allem unter der Woche immer wieder den einen oder anderen Lkw überholen muss. Bei ihnen handelt es sich um die Lieferanten der Bergeralm, deren Parkplatz gleichzeitig das Ende der Straße markiert. Wer ganz hinauf möchte, muss die letzten Meter zu Fuß weiter gehen (ca. 30 Minuten). Die zweite Möglichkeit heißt Gerlitzen Gipfelstraße. Sie beginnt in Arriach und nähert sich der Gerlitzen damit aus nordwestlicher Richtung – und zwar in einer ausgesprochen schönen Kurvenabfolge. Diese Strecke ist ebenfalls fast 14 Kilometer lang.

Beide Mautgebühren belaufen sich auf je € 8,00 je PKW / Motorrad (Stand Dezember 2019).

INFOS ZUM PASS

Scheitelhöhe: 1911 m **Länge:** 14 km
max. Steigung: 18 % **Wintersperre:** keine
Basisort: Arriach – Gerlitzen / Bodensdorf – Gerlitzen
Kombinationsmöglichkeiten: Wurzenpass, Villacher Alpenstraße, Falkertseestraße

€ Maut 89 Villacher Alpenstraße Kärnten

Die 16,5 Kilometer lange Villacher Alpenstraße führt von Villach-Möltschach hinauf auf den Dobratsch – den Hausberg der siebtgrößten Stadt Österreichs. Die Straße ist sehr gut ausgebaut und befindet sich in einem Top-Zustand. Von daher dürfte es zu verschmerzen sein, dass sie zu den mautpflichtigen Gebirgspässen der Alpen gehört.

Beim Anstieg genießt man nicht nur Fahrspaß pur, sondern – gutes Wetter vorausgesetzt – auch tolle Panoramablicke unter anderem auf die Gletscher der Hohen Tauern, über die Karawanken, die Kärntner Seenplatte sowie die Julischen und Karnischen Alpen. Mehrere Parkplätze sind eingerichtet worden. Lohnenswert ist ein längerer Halt vor allem am Parkplatz Rosstratte, da sich hier seit einigen Jahren ein sehenswerter Skulpturenpark befindet. Ganz zum Gipfel hinauf geht es mit dem Motorrad leider nicht. Das letzte Stück ist unbefestigt und für den öffentlichen Verkehr gesperrt.

Ein Tipp für Motorradfahrer: Das TOUR4-Ticket, ein Vorzugs-Tourenticket für € 37,– (im Vorverkauf bei ADAC/ÖAMTC € 33,–), beinhaltet je ein Tagesticket Großglockner, Gerlos- und Nockalmstraße und berechtigt zum Bezug einer preisreduzierten Karte um € 6,50 für die Villacher Alpenstraße (Regulärpreis € 11,– / Stand 2019). Allerdings gilt ein ganzjähriges Fahrverbot für Motorräder in der Zeit zwischen 20 Uhr abends bis sieben Uhr in der Früh.

INFOS ZUM PASS

Scheitelhöhe: 1732 m **Länge:** 22 km
max. Steigung: 9 % **Wintersperre:** keine
Basisorte: Villach – Dobratsch
Kombinationsmöglichkeiten: Wurzenpass, Wurzenpass, Falkertseestraße, Gerlitzen, Egger Alm

90 Falkertseestraße Kärnten

Nördlich von Patergassen zweigt die knapp acht Kilometer lange Stichstraße zum Falkertsee von der B 95 ab, die weiter zur Turracher Höhe oder auch zum Südeinstieg in die Nockalmstraße führt. Der Abzweig ist nicht zu verfehlen, da eine übergroße Heidi-Figur zum gleichnamigen Hotel am Ende des asphaltierten Wegs locken soll. Die fast 900 Höhenmeter bis zum Ziel führen über einige nette Steilstücke, die durchaus um 20 Prozent Steigung aufweisen. Zwei kleine Doppelkehren lockern die Fahrt auf, bevor dann das kleine Bergdorf mit dem malerischen See und Ausblicken über die Nockberge erreicht ist.

INFOS ZUM PASS

Scheitelhöhe: 1872 m **Länge:** 10 km
max. Steigung: 20 % **Wintersperre:** keine
Basisorte: Patergassen – Falkertsee
Kombinationsmöglichkeiten: Villacher Alpenstraße, Tschiernock, Goldeck, Nockalm

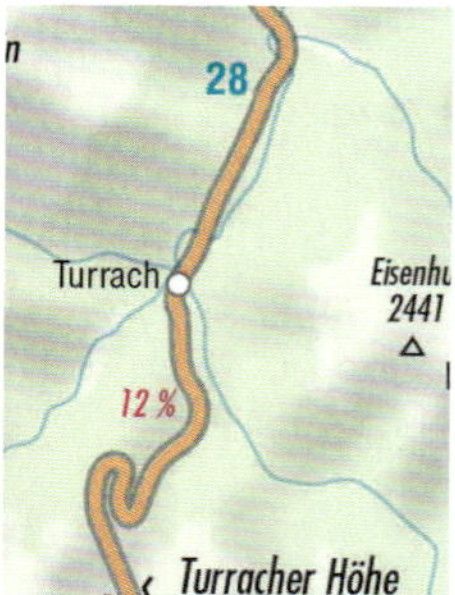

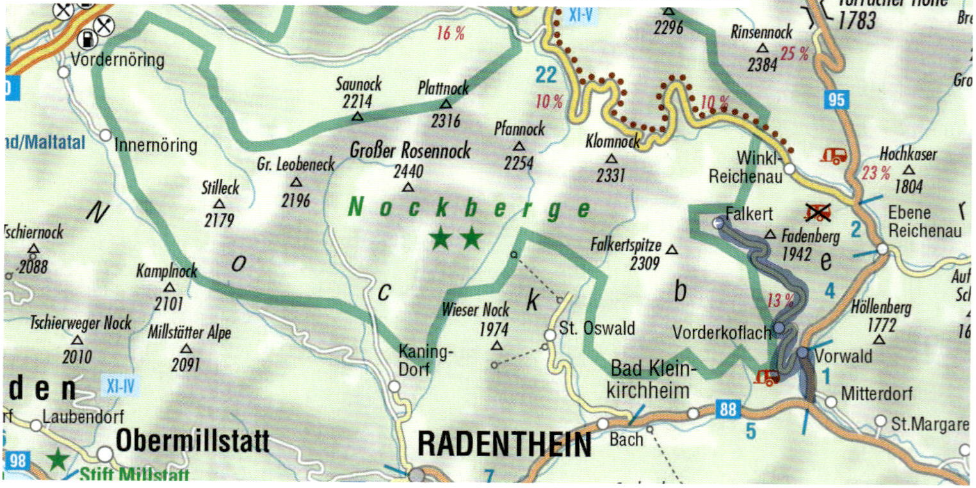

91 Turracher Höhe Steiermark/Kärnten

Der Begriff Turracherhöhe bezeichnet nebem dem Alpenpass noch eine Ortschaft und die umliegende Landschaft auf der Grenze zwischen Kärnten und der Steiermark. Diese verläuft auch noch mitten durch den Ort hindurch. Direkt an der Straße liegt ein malerischer See auf dem rund zwei Kilometer langen Sattel.

Im Süden trifft die Nockalmstraße auf die Anfahrt zur Südrampe, die mit maximal 23 Prozent Steigung zu den steilsten Straßenpässen des Landes gehört. Nordwärts trifft die Strecke im weiteren Verlauf auf die Katschbergstraße, die mit 21 Prozent Steigung auch nicht ohne ist. Kehren sind im gesamten Verlauf allerdings Mangelware.

INFOS ZUM PASS

Scheitelhöhe: 1783 m
Länge: 30 km
max. Steigung: 23 %
Wintersperre: keine
Basisorte: Predlitz - Reichenau
Kombinationsmöglichkeiten: Nockberge, Maltatal, Goldeck, Wurzenpass, Nassfeldpass, Radstädter Tauern, Sölkpass

€ Maut 92 Nockalmstraße Kärnten

Das sind doch mal elf prächtig angelegte Euro: Auf 57 Kilometern verteilen sich 52 Kehren eingebettet in die ungewöhnliche Landschaft des Nationalparks Nockberge. Die Eisentalhöhe ist zwar der höchste Punkt der Strecke, aber eine weitere Eigentümlichkeit ist, dass es von hier aus gen Süden fast 500 Höhenmeter bergab geht, nur damit sich die Nockalmstraße dann zur Schiestelscharte wieder auf fast das gleiche Niveau emporschwingt.

Im Preis enthalten sind eine Menge Infos zum Nationalpark und seiner Natur, die durchaus auch Biker zu Entdeckungswanderungen verlocken – aber nur von 8 bis 18 Uhr, ansonsten ist die Strecke für uns gesperrt.

TIPP für Motorradfahrer: Das TOUR4-Ticket, ein Vorzugs-Tourenticket für € 35,–, beinhaltet je ein Tagesticket Großglockner, Gerlos- und Nockalmstraße und berechtigt zum Bezug einer preisreduzierten Karte um EUR 7,50 für die Villacher Alpenstraße.

Maut: Pkw € 18,– | Motorrad: € 11,– Stand Dez. 2019

INFOS ZUM PASS

Scheitelhöhe: 2042 m **Länge:** 34 km
max. Steigung: 10 % **Wintersperre:** 11-5
Basisorte: Innerkrems - Reichenau
Kombinationsmöglichkeiten: Turracher Höhe, Maltatal, Goldeck, Wurzenpass, Nassfeldpass, Sölkpass, Tschiernock

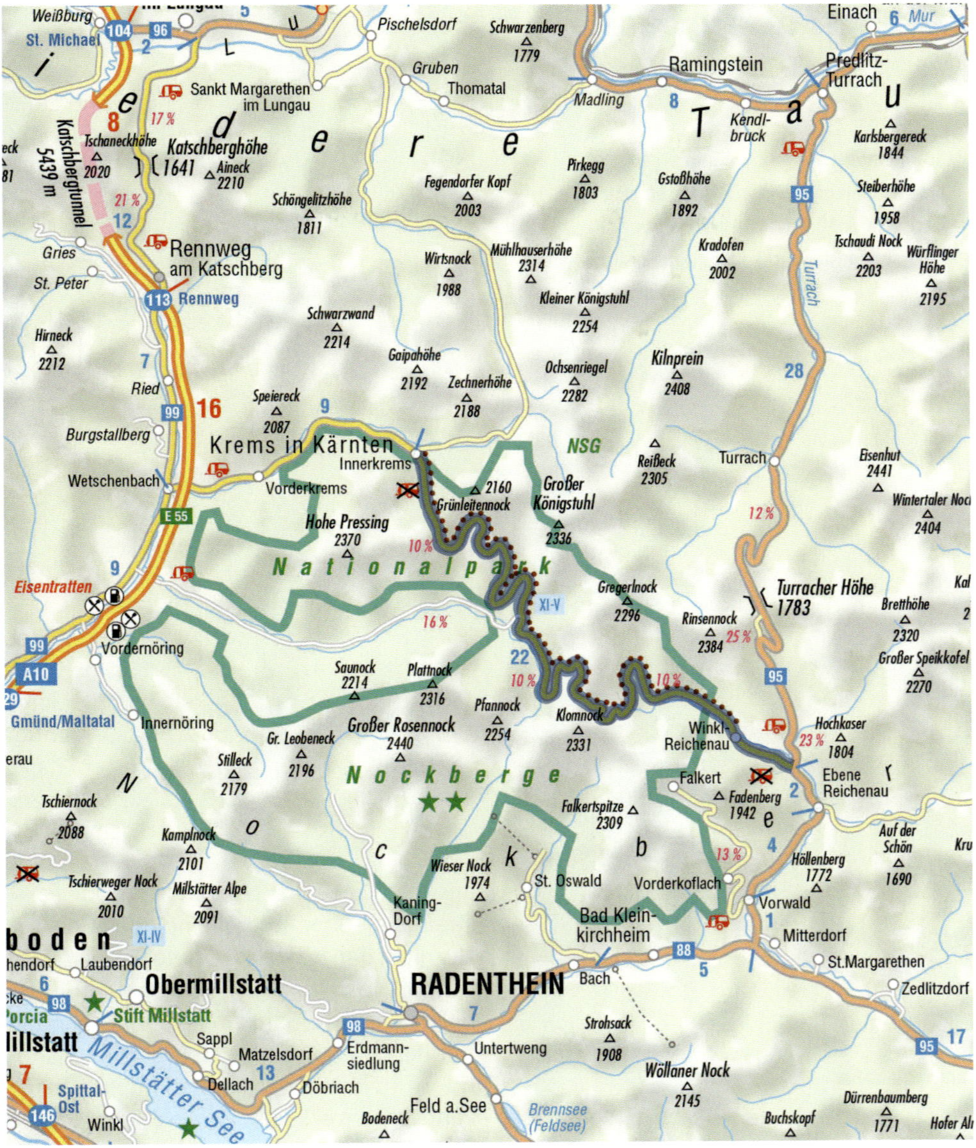
Weißburg
St. Michael
Pischelsdorf
Schwarzenberg 1779
Einach
Mur
Gruben
Thomatal
Ramingstein
Madling
Predlitz-Turrach
Sankt Margarethen im Lungau
Kendl-bruck
Katschbergtunnel 5439 m
Tschaneckhöhe 2020
Katschberghöhe 1641
Aineck 2210
Karlsbergereck 1844
Fegendorfer Kopf 2003
Pirkegg 1803
Gstoßhöhe 1892
Schöngelitzhöhe 1811
Steiberhöhe 1958
Gries
Rennweg am Katschberg
St. Peter
Rennweg
Wirtsnock 1988
Mühlhauserhöhe 2314
Kradofen 2002
Tschaudi Nock 2203
Würflinger Höhe 2195
Kleiner Königstuhl 2254
Turrach
Hirneck 2212
Schwarzwand 2214
Gaipahöhe 2192
Zechnerhöhe 2188
Ochsenriegel 2282
Kilnprein 2408
Ried
Speiereck 2087
Burgstallberg
Krems in Kärnten
NSG
Reißeck 2305
Turrach
Eisenhut 2441
Innerkrems
Wetschenbach
Vorderkrems
2160
Grünleitennock
Großer Königstuhl 2336
Wintertaler Nock 2404
Hohe Pressing 2370
Nationalpark
Eisentratten
Gregerlnock 2296
Turracher Höhe 1783
Brettöhe 2320
Vordernöring
Rinsennock 2384
Großer Speikkofel 2270
Saunock 2214
Plattnock 2316
Pfannock 2254
Klomnock 2331
Gmünd/Maltatal
Innernöring
Großer Rosennock 2440
Gr. Leobeneck 2196
Winkl-Reichenau
Hochkaser 1804
Stilleck 2179
Ebene Reichenau
Falkert
Fadenberg 1942
Nockberge
Tschiernock 2088
Falkertspitze 2309
Auf der Schön 1690
Kamplnock 2101
Höllenberg 1772
Wieser Nock 1974
St. Oswald
Vorderkoflach
Tschierweger Nock 2010
Millstätter Alpe 2091
Vorwald
Kaning-Dorf
Bad Klein-kirchheim
Mitterdorf
Laubendorf
St.Margarethen
Obermillstatt
RADENTHEIN
Bach
Zedlitzdorf
Stift Millstatt
Sappl
Strohsack 1908
Matzelsdorf
Erdmann-siedlung
Untertweng
Dellach
Wöllaner Nock 2145
Döbriach
Millstätter See
Spittal-Ost
Winkl
Feld a.See
Brennsee (Feldsee)
Bodeneck
Dürrenbaumberg 1771
Buchskopf
Hofer Alm

93 Katschbergpass Salzburger Land / Kärnten

INFOS ZUM PASS

Scheitelhöhe: 1641 m **Länge:** 12 km
max. Steigung: 12 % **Wintersperre:** keine
Basisorte: St. Michael im Lungau - Rennweg
Kombinationsmöglichkeiten: Nockalmstraße, Turracher Höhe, Malta Hochalmstraße, Tschiernock

Die meisten Reisenden dürften mit dem Katschberg in allererster Linie einmal den Katschbergtunnel verbinden, was für Motorradfahrer ein Segen ist. Kaum ein Autofahrer kommt seit der Eröffnung im Jahre 1974 noch auf die Idee, den Grenztunnel zwischen Salzburg und Kärnten nicht zu nutzen, trotz Sondermaut. Ausnahmen sind nur bei Blockkabfertigungen zu Ferienstoßzeiten zu beobachten. Zu allen anderen Zeiten kann man die schöne Passstraße oft sogar ganz alleine genießen.

Die nicht ganz zwölf Kilometer lange Trasse verläuft von Nord nach Süd und verbindet dabei die Orte Sankt Michael im Lungau mit Rennweg am Katschberg. Die Passhöhe auf 1641 Metern markiert im Prinzip die Landesgrenze. Lediglich eine Kehre wurde eingebaut, dafür hat es die Steigung an manchen Stellen ziemlich in sich.

Im Winter ist das Gebiet übrigens bei Skifahrern äußerst beliebt, was zum einen dazu führt, dass die Passstraße ganzjährig befahrbar ist, zum anderen allerdings auch dazu, dass sich einige nicht immer hübsche Hotelbetriebe eingenistet haben. So auch ein riesiger Club-Komplex mit Animation.

94 Malta Hochalmstraße Kärnten

€ Maut

Die Malta-Hochalmstraße, eine der spektakulärsten Alpenstraßen Österreichs, beginnt in 911 Metern Seehöhe. Vorbei an den Malteiner Wasserspielen und durch sechs Natursteintunnel, geht es auf eine Höhe von 1931 Metern. Endpunkt ist die Kölnbrein-Staumauer. Sie liegt auf 2000 Metern und ist damit die höchste Talsperre Österreichs. Die Strecke ist insgesamt zwar gut ausgebaut. Allerdings sind die unbeleuchteten Felstunnel nur einspurig befahrbar. Der Verkehr wird durch eine Ampel geregelt. Insgesamt gibt es zehn Tunnel und sechs Kehren auf dieser Strecke. Unterwegs sind auch einige Wasserfälle zu bestaunen.

Maut: Pkw: € 20,–| Motorrad: € 11,50
(Stand November 2019)

INFOS ZUM PASS

Scheitelhöhe: 1931 m **Länge:** 31 km
max. Steigung: 13 % **Wintersperre:** 11-4
Basisorte: Gmünd - Kölnbrein-Staumauer
Kombinationsmöglichkeiten: Radstädter Tauern, Großglockner, Goldeck, Emberger Alm, Nockberge

95 Tschiernock Panoramastraße Kärnten

Der 2082 Meter hohe Tschiernock ist der Hausberg von Seeboden am Millsätter See. Zu ihm hinauf führt zwar kein Gebirgspass, dafür aber die sehr lohnenswerte Tschiernock Panoramastraße. Von der Seepromenade schraubt sie sich auf gut 15 Kilometern hinauf bis zur Talstation des Liftes. Der Berg befindet sich am südwestlichen Ende der Nockberge.

Befahren werden kann die Straße nur zwischen Mai und Oktober. Im Winter ist sie mit einer Wintersperre belegt. Die gut ausgebauten Kurven sind gut zu fahren und bieten selbst Alpenfahranfängern keine Schwierigkeiten. Ein Halt lohnt sich an der Hubertuskapelle, etwa auf halben Wege. Am Ende der Straße kann man sich an der Sommeregger Alm dann für weitere Taten stärken. Mautgebühr pro Fahrzeug € 7,– Stand Dez. 19

INFOS ZUM PASS

Scheitelhöhe: 1720 m **Länge:** 15 km
max. Steigung: 17 % **Wintersperre:** 11-4
Basisorte: Seeboden am Millstätter Sees – Talstation Tschiernock (Sackgasse)
Kombinationsmöglichkeiten: Katschbergpass, Goldeck, Egger Alm, Villacher Alpenstraße

96 Goldeck Panoramastraße Kärnten

€ Maut

Die Goldeck-Panoramastraße bietet zwar nur eine Länge von 14,5 km, die haben es jedoch ganz schön in sich.

Die mautpflichtige Privatstraße führt aussichtsreich auf die Seeberger Alm, von der man einen herrlichen Panoramablick über die Nockberge und den Millstädter See genießen kann.

Maut: Pkw: € 14,– | Motorrad € 8,– Stand Dezember 2019

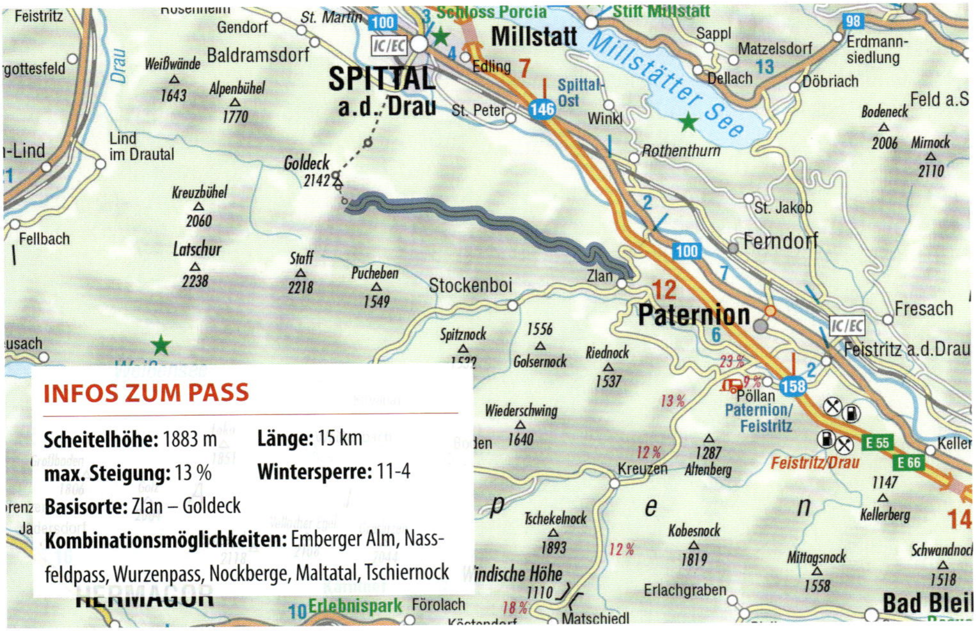

INFOS ZUM PASS

Scheitelhöhe: 1883 m

Länge: 15 km

max. Steigung: 13 %

Wintersperre: 11-4

Basisorte: Zlan – Goldeck

Kombinationsmöglichkeiten: Emberger Alm, Nassfeldpass, Wurzenpass, Nockberge, Maltatal, Tschiernock

97 Kreuzbergsattel Kärnten

Die Passstraße Kreuzbergsattel verbindet mitten in Kärnten das obere Drautal mit dem Gailtal. Die Auffahrt lohnt sich vor allem von der südöstlichen Rampe, da die Straße hier enge, aber gut zu fahrende Serpentinen bietet, die sich in moderaten Steigungen nach oben winden.
Optisch imposanter präsentiert sich die Nordrampe zwischen dem Weißensee (auf 930 Meter Höhe) und dem Reißkofel (auf 2371 Meter Höhe).

Für die Tourenplanung wichtig: In der Literatur und auch auf manchem Kartenmaterial wird der Kreuzbergsattel als „Kärntner Kreuzberg“ bezeichnet, um die Unterscheidung zum Südtiroler Kreuzbergpass zu gewährleisten.

INFOS ZUM PASS

Scheitelhöhe: 1074 m **Länge:** 28 km

max. Steigung: 15 % **Wintersperre:** keine

Basisorte: Greifenburg – Hermagor-Pressegger See

Kombinationsmöglichkeiten: Gailbergsattel, Naßfeldpass, Emberger Alm, Plöckenpass

98 Emberger Alm Kärnten

INFOS ZUM PASS

Scheitelhöhe: 1755 m **Länge:** 12 km

max. Steigung: 9 % **Wintersperre:** keine

Basisorte: Greifenburg - Emberger Alm

Kombinationsmöglichkeiten: Goldeck, Nassfeldpass, Plöckenpass, Nockberge, Maltatal, Kreuzbergsattel

Die gut zwölf Kilometer lange Panorama-Straße Emberger Alm ist immer noch ein Geheimtipp unter Motorradfahrern. Dabei muss sie sich mit ihren 23 sehr schön ausgebauten Serpentinen keineswegs hinter bekannteren Namen verstecken.

Der Grund, warum sie kaum jemand kennt - geschweige denn fährt - liegt vermutlich daran, dass es sich um eine Sackgasse handelt. Vom Ausgangsort Greifenburg zieht sich die Straße zunächst durch den Wald und dann in luftige Höhen von bis zu 1755 Metern zur namensgleichen Emberger Alm hinauf. Dort befinden sich einige Hotels, sodass man dort einkehren oder auch übernachten kann. Weiter geht es allerdings nicht, nur auf dem gleichen Weg zurück, was angesichts der tollen Panoramaausblicke hier aber unbedingt zu empfehlen ist.

99 Egger Alm Kärnten

Die Egger Alm ist mit seinem urigen Hüttenensemble ein beliebtes Ausflugsziel, das von Möderndorf aus erreicht werden kann. Von der Alm auf 1420 Metern führt die im Winter gesperrte Eggeralm Landesstraße L 23 ostwärts weiter bis Vorderberg, wo sie wieder das Gailtal erreicht. Oben angekommen, lohnt sich ein längerer Aufenthalt: In dem Almwirtshaus wird auch eine Käserei betrieben, sodass ein Mittagsstopp eigentlich Pflicht ist. Dabei kann man bei gutem Wetter einen tollen Rundblick auf die Julischen und Karnischen Alpen, den Hohen Tauern und manchmal sogar auf die Dolomiten genießen. In der näheren Umgebung gibt es in östlicher Richtung noch einige weitere interessante Almen. Diese können allerdings nicht auf einem Motorrad angefahren werden. So ist seit einigen Jahren der Privatweg an der Delacher Alm sogar durch eine Schranke gesperrt.

INFOS ZUM PASS

Scheitelhöhe: 1420 m **Länge:** 11 km
max. Steigung: 15 % **Wintersperre:** 11-4
Basisorte: Möderndorf – Vorderberg (Sackgasse)
Kombinationsmöglichkeiten: Gailbergsattel, Naßfeldpass, Goldeck, Emberger Alm

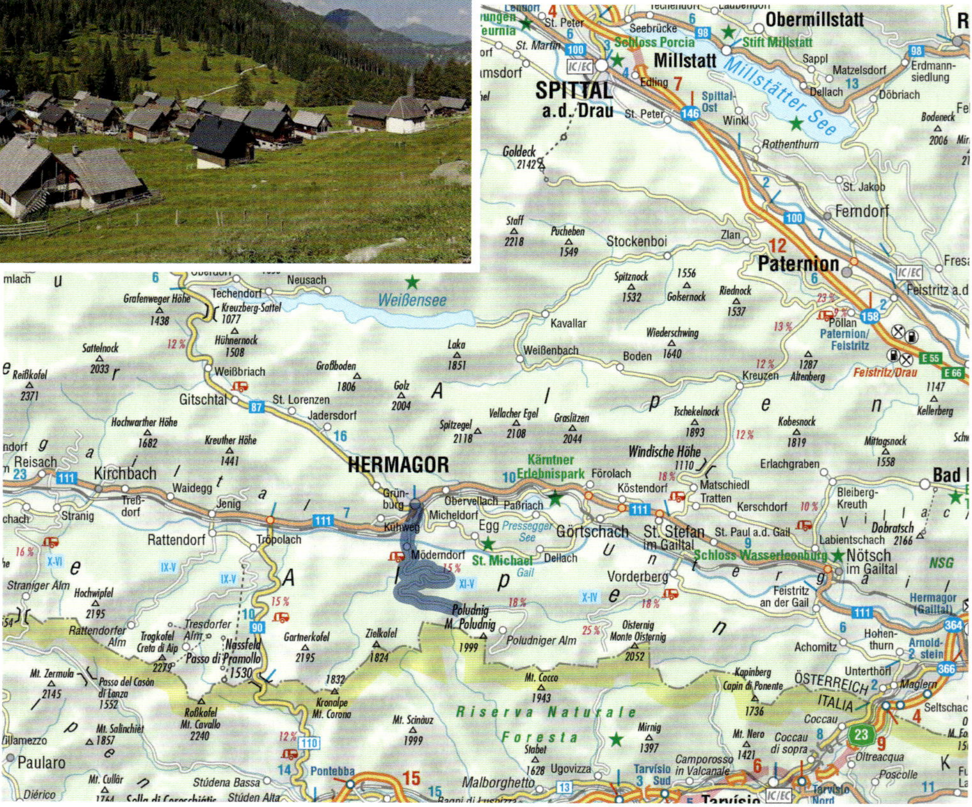

100 Nassfeldpass (Passo di Pramollo) Kärnten/Italien

Das Nassfeld ist ein Sattel zwischen dem österreichischen Gail- und dem italienischen Kanaltal. Dieser Pass ist neben dem Plöckenpass die einzige ausgebaute Straßenverbindung über die Karnischen Alpen. Um zur Passhöhe auf 1530 Metern zu gelangen, sind viele Kurven und Kehren zu meistern. Diese haben es vor allem auf der Südrampe in sich, da diese ziemlich eng ist. Außerdem gibt es dort einen Tunnel, in dem sich eine sehr enge Kehre mit starkem Gefälle befindet. Ursprünglich war der Tunnel unbeleuchtet, dies hat sich inzwischen aber geändert. Außerdem ist dieser Straßenabschnitt seit einigen Jahren asphaltiert. Bis 2008 war er lediglich gepflastert. Die Nordrampe hingegen ist bestens ausgebaut und bietet daher kaum fahrerische Herausforderungen. Auf der Passhöhe befindet sich auf österreichischer Seite das größte Skigebiet Kärntens. Dementsprechend ist die Infrastruktur hervorragend und mit der „Sonnenalpe Nassfeld" gibt es dort sogar ein eigenes Hoteldorf.

INFOS ZUM PASS

Scheitelhöhe: 1530 m **Länge:** 31 km
max. Steigung: 16 % **Wintersperre:** keine
Basisorte: Tröpolach (AT) - Pontebba (I)
Kombinationsmöglichkeiten: Goldeck, Emberger Alm, Plöckenp., Predil (SLO), Mangart (SLO), Wurzenpass

101 Plöckenpass (P. d. Monte Croce Carnico) Kärnten/Italien

INFOS ZUM PASS

Scheitelhöhe: 1357 m **Länge:** 37 km
max. Steigung: 13 % **Wintersperre:** keine
Basisorte: Kötschach-Mauthen - Paluzza (I)
Kombinationsmöglichkeiten: Nassfeld, Goldeck, Emberger Alm, Großglockner, Gailbergsattel

Neben dem Nassfeld, ist der Plöckenpass die einzige ausgebaute Straßenverbindung über die Karnischen Alpen. Auf einer Strecke von 37 Kilometern verbindet er die Ortschaften Kötschach-Mauthen in Österreich und Paluzza in Italien miteinander.
Westlich der Passhöhe auf 1360 Metern erblickt man die Berge Frischenkofel und Kleine Pal. Die beiden wurden thematisch in das Freilichtmuseum am Plöckenpass einbezogen, das sich mit dem Gebirgskrieg in den Jahren 1915 bis 1918 auseinandersetzt. Etwa vier Kilometer vor dem Pass befindet sich auf österreichischer Seite außerdem der Heldenfriedhof für die Gefallenen aus jener Zeit. Fahrerisch macht der Pass vor allem bei der Abfahrt in Richtung Italien sehr viel Spaß. Die Straße führt über zwölf Kehren und gleich vier Kehrentunnel. Von Süden her kommend, lohnt eine Kombination mit dem Gailbergsattel, der einen nach Hohen Tauern bringt.

102 Gailbergsattel Kärnten

Der nicht ganz 1000 Meter hohe Gailbergsattel im österreichischen Bundesland Kärnten bietet trotz seiner geringen Länge von nur gut 15 Kilometern erstaunlich viel Fahrspaß. Angelegt wurde die Straße bereits während des Ersten Weltkriegs. Seither wurde sie stetig ausgebaut und modernisiert. Heute befindet sich die als B 110 ausgewiesene Verbindungsstraße zwischen den Talorten Oberdrauburg und Kötschach-Mauthen in bestem Zustand und bietet moderate Steigungen von bis zu zehn Prozent. Vorsicht sollte man bei den Kehren auf der Nordrampe walten lassen. Sobald man diese hinter sich gelassen hat, lohnt eine kurze Pause auf dem Rastplatz am oberen Teil der Nordrampe, um den Blick ins Drautal genießen zu können.

Ab hier ist es dann nämlich vorbei mit den Ausblicken: Der weitere Verlauf der Straße führt im Prinzip komplett entlang eines erstaunlich waldreichen Gebietes. Dafür kann man dann ganz ohne Ablenkung die Kurvenorgie genießen.

INFOS ZUM PASS

Scheitelhöhe: 982 m **Länge:** 15 km
max. Steigung: 10 % **Wintersperre:** 11-4
Basisorte: Oberdrauburg – Kötschach-Mauthen
Kombinationsmöglichkeiten: Iselsbergpass, Plöckenpass, Emberger Alm , Hochsteinstraße

103 Iselsbergpass Kärnten

INFOS ZUM PASS

Scheitelhöhe: 1204 m **Länge:** 12 km
max. Steigung: 14 % **Wintersperre:** 11-04
Basisorte: Winklern – Dölsach
Kombinationsmöglichkeiten: Großglockner Hochalpenstraße, Hochsteinstaße, Pustertaler, Kalser

Der 1204 Meter hohe Iselsberg gilt als Hausberg von Lienz. Über ihn führt der Iselsbergpass, der als B107 ausgewiesen ist.

Über die Passhöhe führt aber auch die Großglockner Straße, die ebenfalls für Fahrlaune sorgt und das Lienzer Becken mit dem oberen Mölltal und der Großglockner Hochalpenstraße verbindet. Genau genommen ist der Iselsbergpass nichts anderes als die südliche Verlängerung der Großglockner Hochalpenstraße. Er ist zwar nicht ganz so überlaufen wie die berühmte Panoramastraße, aber insbesondere in den Sommermonaten muss auch hier mit viel Verkehr gerechnet werden.

Besiedelt war der Berg schon zu Römerzeiten, die natürlich auch eine erste Straße erbauten. Diese wurde vor allem im Mittelalter für den Handel genutzt. Sehenswert ist die Ruine der Burg Walchenstein, die vor allem im 13. Jahrhundert dafür sorgte, dass keine Feinde über den Berg kommen konnte. Auf der Passhöhe selbst sollte man eine kleine Pause einlegen, zum einen um das Gipfelpanorama genießen zu können und zum anderen, weil genau hier die Landesgrenze zwischen Osttirol und Kärnten verläuft. Im Gasthaus kann man sich für weitere Taten zudem stärken.

€ Maut 104 Hochsteinstraße / Bannberger Alm Osttirol

Südwestlich von Lienz erhebt sich mit dem Hochstein einer der Hausberge von Osttirols Verwaltungssitz in die Höhe. Wer ihn auf dem Motorrad erklimmen und dabei ganz besonders viel Fahrspaß erleben möchte, macht sich von Bannberg auf die sechs Kilometer lange Stichstraße bis hinauf auf die Bannberger Alm. Die Straße bietet auf ihrer Kürze so ziemlich alles, was das Motorradfahrerherz begehrt: Schöne Steigungen, tolle Kehren, wenig Verkehr. Zudem ist sie gut ausgebaut, wenn auch recht schmal. Einziger Wehrmutstropfen: Eine Maut von zurzeit 6 Euro (Stand Dezember 2019) ist fällig.

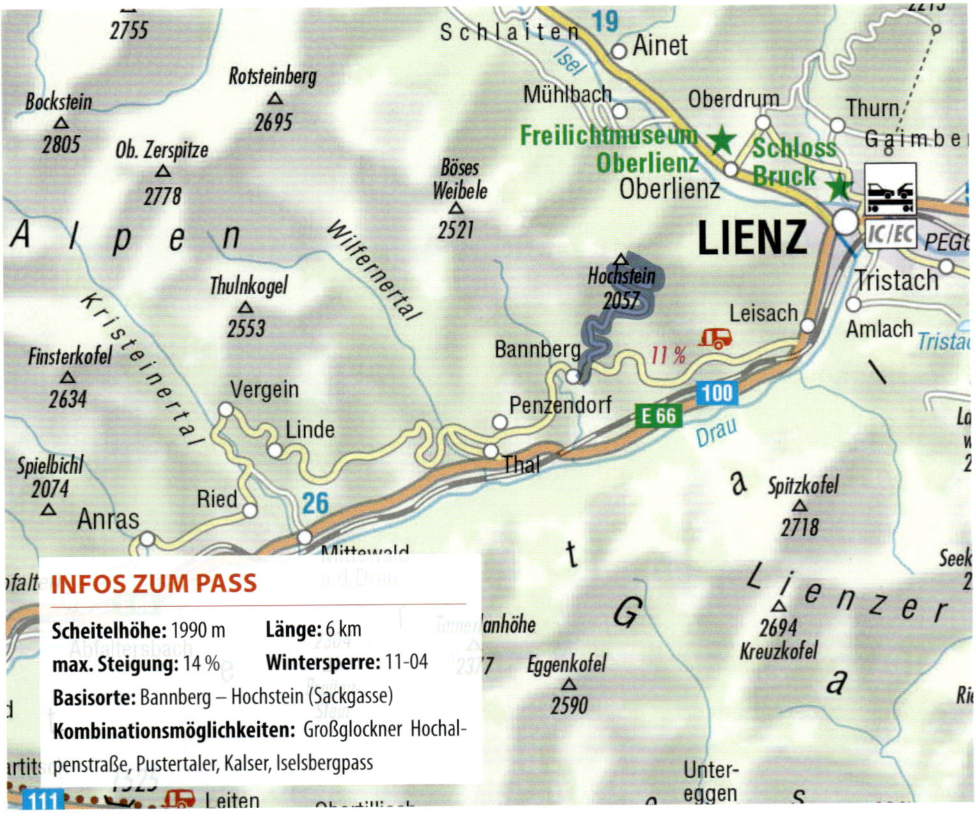

INFOS ZUM PASS

Scheitelhöhe: 1990 m **Länge:** 6 km

max. Steigung: 14 % **Wintersperre:** 11-04

Basisorte: Bannberg – Hochstein (Sackgasse)

Kombinationsmöglichkeiten: Großglockner Hochalpenstraße, Pustertaler, Kalser, Iselsbergpass

105 Pustertaler Höhenstraße Osttirol

Bei der Pustertaler Höhenstraße handelt es sich um keine Passstraße im eigentlichen Sinne.
Lohnenswert ist die Fahrt auf der knapp 31 Kilometer langen Panoramastraße aber dennoch – alleine schon wegen der namensgebenden Panoramen, die man während der Fahrt genießen kann.

Startpunkt ist Lienz. Von dort geht es auf die komplett asphaltierte und gut ausgebaute Strecke, die zwar keine Kehren aber durchaus einige schicke Steigungen und Kurven zu bieten hat. Man fährt stellenweise bis zu 500 Meter oberhalb des Hochpustertals in Osttirol. Es geht vorbei an Bergwiesen und durch kleine Ortschaften. Unterwegs kann man einige interessante Abstecher einbauen.

Lohnenswert ist beispielsweise der zum Wildpark Assling mit seinen über 100 Tieren, zur Sommerrodelbahn oder auch zum sehenswerten Schloss Anrass aus dem zwölften Jahrhundert.

INFOS ZUM PASS

Scheitelhöhe: 1441 m **Länge:** 31 km
max. Steigung: 14 % **Wintersperre:** keine
Basisorte: Lienz – Abfaltern
Kombinationsmöglichkeiten: Großglockner, Hochsteinstaße, Iselsbergstraße, Kreuzbergpass (I), Staller Sattel (I)

Sankt Veit
Defereggen
Mellitz
Lerch
Döllach
Plon
Hopfgarten
in Defereggen
Schwarzach
Sankt Johann
im Walde
Schober
Alkuser Rotspitze
3053
Rotkofel
2727
Schleinitz
2905
Wangenitz-
See
Törlkopf
2527
Winklern
Hochwand
2730
Bloshütte
Schneidegg
2755
Meßnerdorf
Alkus
Steinermandl
2213
Schlaiten
19
Ainet
Isel
Volkzeiner Alm
20 %
Regenstein
2891
Bockstein
2805
Rotsteinberg
2695
Mühlbach
Oberdrum
Thurn
Gaimberg
Nußdorf-
Debant
10
107
Hochgrabe
2951
Ob. Zerspitze
2778
Freilichtmuseum
Oberlienz
Oberlienz
Schloss
Bruck
10 %
Iselsberg-Stronach
Böses
Weibele
2521
LIENZ
IC/EC
PEGGETZ
5
107a
Dölsach
Aguntum
Gödnach
Tristach
Bad
Jungbrunn
Amlach
Tristacher
See
14 %
Lavant
100
Gölbner
2943
Thulnkogel
2553
Hochstein
2057
Leisach
Gabesitten
2665
Wilfernertal
Kristeinertal
Finsterkofel
2634
Bannberg
11 %
Vergein
Linde
Penzendorf
E 66
Drau
Laserz-
wand
2614
Winkeltal
Unterfeld
Spielbichl
2074
Ried
26
Thal
Spitzkofel
2718
Große Sandspitze
2772
Hochstadel
2680
Außervillgraten
Anras
Mittewald
a.d.Drau
Seekofel
2744
Bichl
2056
Abfaltern
E 66
Drau
Lienzer Dolomiten
3
Strassen
Abfaltersbach
2304
Tamerlanhöhe
2377
2694
Kreuzkofel
Böses Weibele
2599
100
IC/EC
Heinfels
Arnbach
St.Oswald
Breiten-
Stein
Eggenkofel
2590
Riebenkofel
2383
Lumkofel
2286
Kartitsch
1525
111
Leiten
Obertilliach
Unter-
eggen
12 %
13 %
44
Kartitscher
Sattel
Gail
Untertilliach
Wallfahrts-
kirche
St. Lorenzen
im Lesachtal
111
Liesing
Mattling
Gail
Holbrucker Spitze
La Mutta
2581
Hochegg
2477
Hoher Bösring
2324
Eisenreich
2665
Karnische Alpen
Sextental
Kreuzberg-Sattel
Pso.di Monte Croce
di Comélico
2689
Gr. Kinigat
ÖSTERREICH
Hochspitz
Mt. Vancomune
2581
Zwölferspitz
2593
Raudenspitze
2507
Steinwand
Creta Verde
Säbelspitze
2159
27

106 Kartitscher Sattel Osttirol / Kärnten

Zwischen den Lienzer Dolomiten im Norden und den Karnischen Alpen im Süden thront auf 1525 Metern der Kartitscher Sattel. Über ihn führt die B111. Sie wird mitunter auch als Karnische-Dolomiten-Straße bezeichnet und ist grundsätzlich gut ausgebaut. Allerdings präsentiert sie sich leider nicht mehr im besten Zustand. Bei Regen oder auch hohen Temperaturen ist stellenweise aufgrund der Bitumenausbesserung daher Vorsicht geboten. Die Passhöhe befindet sich gänzlich in Osttirol. Die Landesgrenze verläuft zwischen Maria Luggau und Untertilliach. Der Nordwestanstieg ist für Motorradreisende die spannendere Passage: Hier sind auf rund neun Kilometern gleich fünf Kehren zu meistern.

Der namensgebende Ort Kartitsch befindet sich im Kärntener Gailtal, dem höchstgelegenen Tal im ganzen Bundesland. Ein Bummel durch den hübschen Kern lohnt sich. So hat die Pfarrkirche St. Leonhard einen wunderbaren Hochaltar im Inneren zu bieten.

INFOS ZUM PASS

Scheitelhöhe: 1525 m **Länge:** 26 km
max. Steigung: 18 % **Wintersperre:** bei Bedarf
Basisorte: Tassenbach– Untertilliach
Kombinationsmöglichkeiten:
Pustertaler Höhenstraße, Bannberger Alm, Iselsbergpass

Defereggen Alpen
Villgratental
Karnische Alpen
Lienzer Dolomiten
Gailtal
LIENZ
Oberlienz
Schlaiten
Ainet
Nußdorf-Debant
Dölsach
Tristach
Amlach
Leisach
Thal
Penzendorf
Bannberg
Mittewald a.d.Drau
Anras
Abfaltersbach
Strassen
Heinfels
Sillian
Arnbach
Innervillgraten
Außervillgraten
Innichen S.Cándido
Winnebach Prato alla Drava
Toblach Dobbiaco
St.Oswald
Kartitsch
Kartitscher Sattel
Leiten
Obertilliach
Untertilliach
Wallfahrtskirche
St. Lorenzen im Lesachtal
Liesing
Mattling
Sexten Sesto
Moos San Giuseppe
Sextental
Sextener Dolomiten
Drei Zinnen
Tre Cime
Parco Naturale Dolomiti di Sesto
Drei Zinnen Tre Cime di Lavaredo
Kreuzberg-Sattel Pso.di Monte Croce di Comélico
ÖSTERREICH
ITALIA
Val Padola
Comélico Superiore
S.Nicolò di Comélico
San Pietro di Cadore
Santo Stéfano di Cadore
Campolongo
Passo del Zovo
Sappada
Cima Sappada
Forni Avoltri
Hochweißstein Mt. Peralba
Auronzo di Cadore
Lago di Misurina
Gruppo d. Cadini
Freilichtmuseum
Schloss Bruck
Aguntum
Winklern
Iselsberg-Stronach
Lengberg
Lavant
Hochstadel
Rigolato

Pässe und Panoramastraßen in SLOWENIEN

Arai
21

107 Mangartstraße (Klanska Škrbina) Julische Alpen

€ Maut

Die vom Predelpass abzweigende, mautpflichtige Mangartstraße führt zum höchsten legal anfahrbaren Punkt der Julischen Alpen, der Lahnscharte. 10 abenteuerlich angelegte Kilometer winden sich – teilweise dramatisch ver-verschlungen – das Gebirge hinauf zu einer Endschleife. Fünf enge, unbeleuchtete Tunnel mahnen zur Vorsicht: Hier können schon mal Gesteinsbrocken herumliegen. Erst seit einigen Jahren ist die Strecke asphaltiert. Vorher war vor allem die Durchfahrt der Tunnel mit sehr viel Vorsicht zu genießen.

Unbedingt lohnenswert ist der kurze Marsch zur Lahnscharte, einer rund 600 Meter fast senkrecht in die Tiefe abbrechenden Felswand.

Info Mangarthütte: +386/41/954761.

Der Clou: Die Mautstelle ist unserer Erfahrung nur selten besetzt. Sollte die aber der Fall sein, sind die € 5,- für die Maut aber auch zu verschmerzen.

INFOS ZUM PASS

Scheitelhöhe: 2046 m
Länge: 10 km
max. Steigung: 14 %
Wintersperre: nach Bedarf
Basisorte: Predelpass – Lahnscharte (Sackgasse)
Kombinationsmöglichkeiten: Predelpass, Vršic Sattel, Wurzenpass (A), Nassfeldpass, (A) Sedlo Ucja

108 Vršič Sattel (Werschitzpass) Julische Alpen

Weniger mit seiner Höhe, vielmehr mit 51 nicht immer einfachen Kehren, weiß der Vršič Sattel zu überzeugen.

Die Südrampe von Trenta zur Passhöhe weist 27 davon auf, etliche von ihnen sind unübersichtlich und schmal. An der Nordrampe besteht der Belag vieler der 24 Kehren nach wie vor aus Pflastersteinen, die noch aus der Ausbauphase des Passes im Ersten Weltkrieg stammen. Damals wurden russische Kriegsgefangene eingesetzt, von denen über 400 bei einem Lawinenabgang im März 1916 ums Leben kamen. Ihnen ist eine Kapelle gewidmet.

Verdruss bereiten auf dem Scheitel „Parkwächter", die seit einigen Jahren manchmal 2,50 Euro Parkgebühr verlangen.

INFOS ZUM PASS

Scheitelhöhe: 1611 m **Länge:** 27 km
max. Steigung: 15 % **Wintersperre:** 11-4
Basisorte: Kranjska Gora - Trenta
Kombinationsmöglichkeiten: Mangart, Predel, Nassfeldpass (A), Wurzenpass (A), Sedlo Ucja

109 Predel Pass (Passo del Predil) Julische Alpen

Der ruhige Grenzpass zwischen Friaul und Slowenien hatte jahrhundertelang vor allem strategische Bedeutung. Daran gemahnt noch heute das „Löwendenkmal“ auf slowenischer Seite, das an den österreichischen Kampf gegen Napoleons Truppen erinnert, sowie einige gut erhaltene Festungsanlagen, darunter die Hermannsfeste.

Unter dem Pass verläuft noch ein alter Entwässerungs- und Versorgungsstollen von 1905, in den vom Bergwerksmuseum auf italienischer Seite aus hineingefahren werden kann.

Nach einem Geröllabgang vor einigen Jahren wurden Teile der Strecke neu trassiert und eine neue Brücke angelegt.

INFOS ZUM PASS

Scheitelhöhe: 1156 m **Länge:** 25 km
max. Steigung: 11 % **Wintersperre:** keine
Basisorte: Bovec (SI) - Cave del Predil (I)
Kombinationsmöglichkeiten: Mangart, Vršic Sattel, Wurzenpass, Nassfeldpass, Ucja

110 Sedlo Učja Julische Alpen

Dieser knapp zehn Kilometer lange Grenzpass verbindet die Gemeinde Žaga im slowenischen Soča-Tal mit Uccea in Friaul-Julisch-Venetien. Bezeichnet wird die Straße als Sedlo Učja, obwohl es sich genau genommen weder um einen Sattel noch einen Pass handelt. Im Grunde ist die Straße die Ostrampe des Passo di Tanamea, der sich bei einer Runde bestens anschließen lässt.

Die Straße ist komplett asphaltiert und bietet gleich sechs schöne Kehren auf ihrer vergleichsweise nur sehr geringen Länge. Vor allem auf slowenischer Seite ist das Fahrgefühl spektakulär, da sich die Straße förmlich an die felsigen Hänge anschmiegt und wunderbare Ausblicke auf das darunter liegenden Flusstal bietet.

Bis vor einigen Jahren konnten Schotterfans kurz hinter der slowenischen Grenze noch den Abzweig hinauf auf die Almenlandschaft des Gebirges Stol genießen. Mittlerweile ist Motorradfahrern das Befahren dieser Strecke allerdings leider ausdrücklich verboten.

INFOS ZUM PASS

Scheitelhöhe: 707 m **Länge:** 10 km

max. Steigung: 15 % **Wintersperre:** keine

Basisorte: Žaga (SI) – Uccea (I)

Kombinationsmöglichkeiten: Predel Pass, Mangartstraße, Slowenische Grenzkammstraße

111 Slowenische Grenzkammstraße Julische Alpen

Nicht alle Kammstraßen, die sich an nationalen Grenzverläufen orientieren, müssen gleich für den Großteil der Motorradfahrer eine Herausforderung darstellen. So ist die slowenische Variante denn auch überhaupt nicht mit der ligurischen zu vergleichen. Aktuell sind es noch rund drei Kilometer Schotteranteil – und selbst die stellen auch Straßenbikes vor keine nennenswerten Probleme.

Schotterfreaks finden dennoch genügend Auslauf, nur eben rechts und links der eigentlichen Route – und noch dazu ganz offiziell. Auch der eine oder andere Abstecher auf italienischen Boden mag locken, EU und Schengen sei Dank, geht auch das problemlos vonstatten.

Bei Idrsko im Soča-Tal zweigt die Kammstraße in die Berge ab, wo sie rund um den Sedlo Solarji maximale 1200 Meter erreicht. Dann schwenkt sie nach Südwesten ab und steuert auf Kambreško und Lig zu. Kurz vor Lig empfehlen wir, die Abfahrt nach Kanal und damit zurück ins Soča-Tal zu nehmen, was einer Etappe von insgesamt rund 37 Kilometern entspricht.

Der eigentliche Verlauf über Lig ist schwieriger. Er führt nach Senik, Hlevnik und schließlich Brda. Von hier geht es dann via Gonjače nach Plave – und damit ebenfalls zurück zur Soča.

INFOS ZUM PASS

Scheitelhöhe: 925 m
Länge: 45 km
max. Steigung: 15 %
Wintersperre: keine
Basisorte: Luče – Krivčevo
Kombinationsmöglichkeiten: Sedlo Učja, Predel Pass

Blick auf die Mangartstraße

112 Volovljek Sedlo Karawanken

Von dem gut 15 Kilometer langen Volovljek Pass in den Steiner Alpen habt ihr noch nie gehört? Damit seit ihr nicht alleine, denn die gut ausgebaute Straße ist tatsächlich nur wenig bekannt. Und noch wichtiger: Sie ist auch wenig befahren, was angesichts der Eindrücke, die man während der Fahrt sammeln darf, doch sehr erstaunlich ist.

Aus der Savinjska dolina (deutsch: Savinja-Tal) schlängelt sich die enge Straße mit kurvenreichem Schwung Richtung Südwesten bis nach Podlom. Dort stößt sie auf die Westrampe des Sattels Črnivec, die bei der Abfahrt reichlich Kehrengewusel zu bieten hat. Die meiste Zeit hat man diese Strecke ziemlich für sich alleine, denn sowohl das Savinja-Tal, als auch das Podvolovljek-Tal, durch das man im Anschluss fährt, sind reichlich abgelegen. Die Passhöhe befindet sich auf 1029 Metern und hat sogar eine einladende Gaststätte zu bieten.

Tipp: Schotterfans aufgepasst! Von der Passhöhe aus könnt ihr euch ganz legal in einem Gewirr aus kleinen und kleinsten Sträßchen vergnügen und gleichzeitig die tolle Almenkultur dieser Region kennenlernen. Im Osten lohnt die Fahrt zur Kašna planina und im Westen zur Velika planina. Letztere ist eine der wenigen erhalten gebliebenen hochalpinen Hirtensiedlungen Europas. Die Hirten treiben die Kühe Mitte Juni auf die Alm. Sowohl Mensch als auch Tier bleiben den Sommer über oben. Einen Besuch wert ist die Alm alleine um die verschiedenen hier hergestellten Milchprodukte zu kosten. www.velikaplanina.si

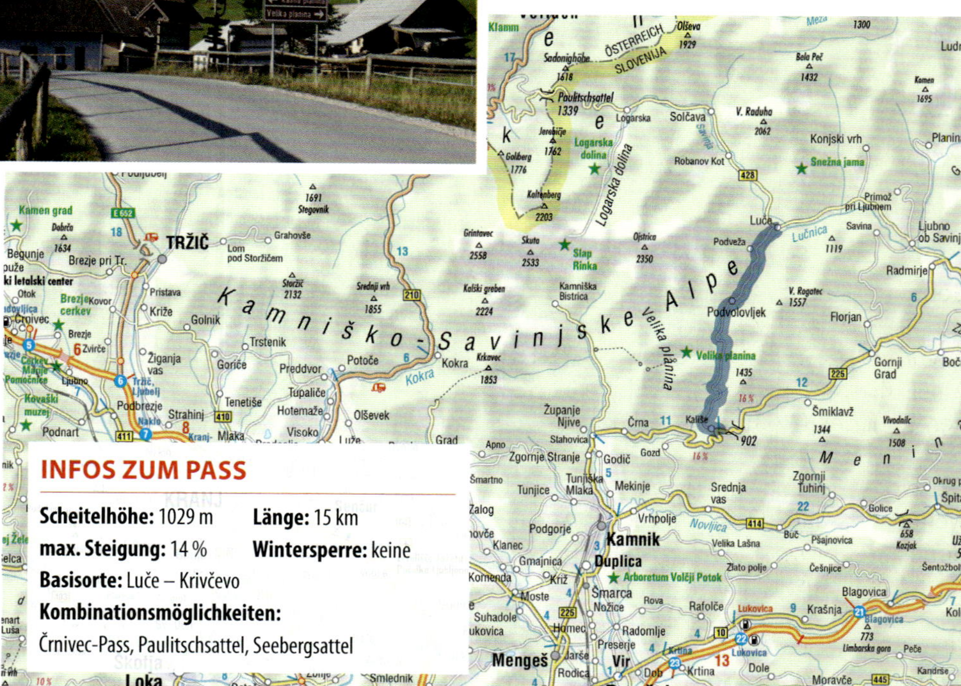

INFOS ZUM PASS

Scheitelhöhe: 1029 m **Länge:** 15 km
max. Steigung: 14 % **Wintersperre:** keine
Basisorte: Luče – Krivčevo
Kombinationsmöglichkeiten:
Črnivec-Pass, Paulitschsattel, Seebergsattel

113 Črnivec Sattel Karawanken

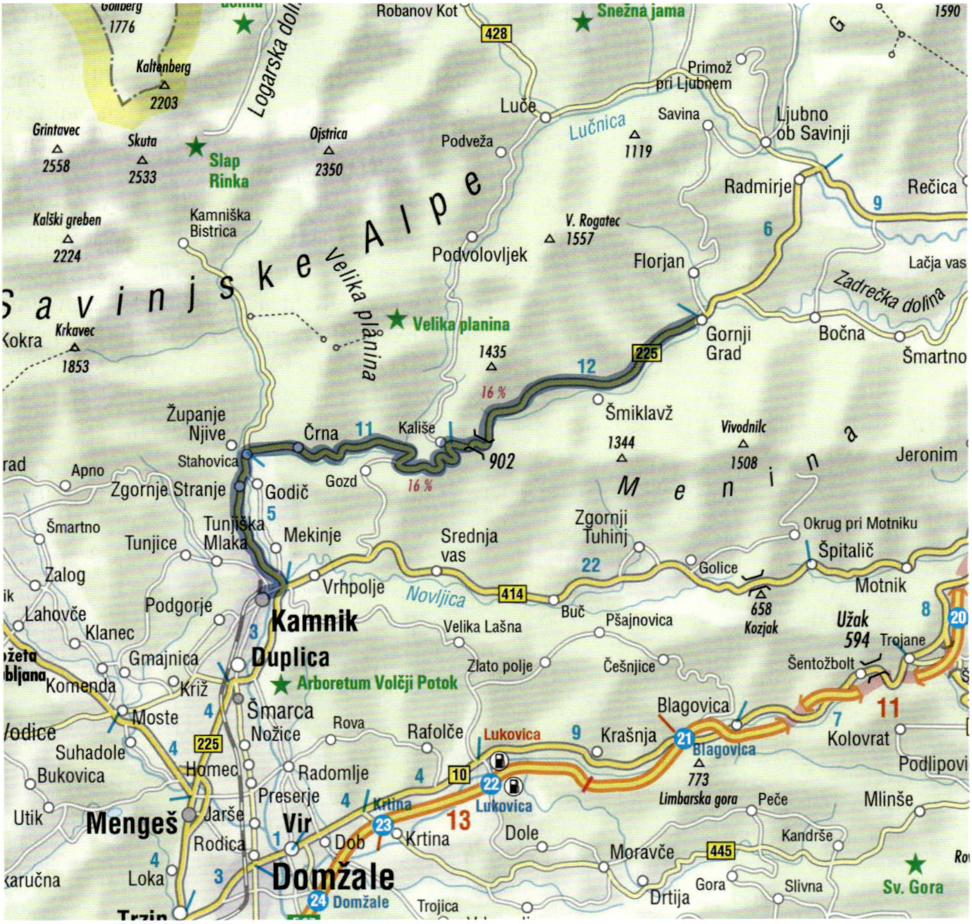

Der Sattel an der Straße von Kamnik nach Gornji Grad ist vor allem bei einer Anfahrt von Westen interessant.
Zuvor lohnt ein Abstecher in die Steiner Alpen über eine schmale Stichstraße, die dem Lauf der Kaminska Bistrica folgt.

Die eigentliche Strecke schwingt sich im weiteren Verlauf kurvenreich zur Sattelhöhe hinauf. Die Ostrampe läuft sanft bis Gornji Grad aus.

Hier lohnt ein Besuch der Kathedrale, einem der größten und bedeutendsten Sakralbauwerke des Landes. Das ebenfalls ansässige Benediktinerkloster wurde wegen „moralischen Verfalls" schon 1473 aufgelöst und in ein Kollegium für Weltpriester gewandelt.

INFOS ZUM PASS

Scheitelhöhe: 902 m
Länge: 26 km
max. Steigung: 10 %
Wintersperre: keine
Basisorte: Kamnik - Gornji Grad
Kombinationsmöglichkeiten: Loiblpass (A), Seebergsattel (A) , Paulitschsattel (A), Pungart, Rogla, Volovljeck

114 Pungart Sattel Karawanken

Der in den Karawanken gelegene Pungart-Sattel sollte Slovenij Gradec mit der Ortschaft Ribnica im Pohorje-Gebirge verbinden.

Leider ist das Projekt irgendwie auf halber Strecke zum Stillstand gekommen. Bis zur Scheitelhöhe auf 1371 Metern ist die Straße von Slovenij Gradec aus durchgehend asphaltiert und absolut einen Abstecher wert.

Oben angekommen werden Straßenfahrer sich aber vor der Herausforderung sehen, dass die Weiterfahrt nur über einen unbefestigten Weg möglich ist. Dieser hat aber den Status einer offiziellen Straße und wäre somit zumindest legal befahrbar.

Die Streckenführung ist bis hierher von vielen Kurven und noch mehr Wald geprägt. Die dann noch vor einem liegenden Forstwege sehen nicht anders aus, sind also ebenfalls nicht asphaltiert. Eine Befahrung ist zumindest mit Enduros aber problemlos machbar.

INFOS ZUM PASS

Scheitelhöhe: 1371 m **Länge:** 15 km
max. Steigung: 14 % **Wintersperre:** keine
Basisorte: Slovenj Gradec – Ribnica
Kombinationsmöglichkeiten: Roglapass, Črnivec Sattel, Paulitschsattel

115 Rogla Pass Karawanken

Als einer der höchsten anfahrbaren Punkte der Karawanken überwindet der Rogla Pass beim gleichnamigen Skiort den Pohorje-Gebirgszug.

Die Südrampe ist als Zufahrt zu dem beliebten Skigebiet großzügig ausgebaut. Von der Passhöhe aus lohnt ein kurzer Aufstieg auf den Rogla Gipfel mit seinem Aussichtsturm, der einen tollen Rundumblick über die slowenische Bergwelt bietet.

Auf der Nordrampe ist Vorsicht geboten. Sie ist lediglich als Forststraße ausgewiesen und weitgehend mit Naturbelag versehen.

Der aber ist in gutem, befestigten Zustand, sodass auch Fahrer von Straßenmaschinen ihn problemlos unter die Räder nehmen können.

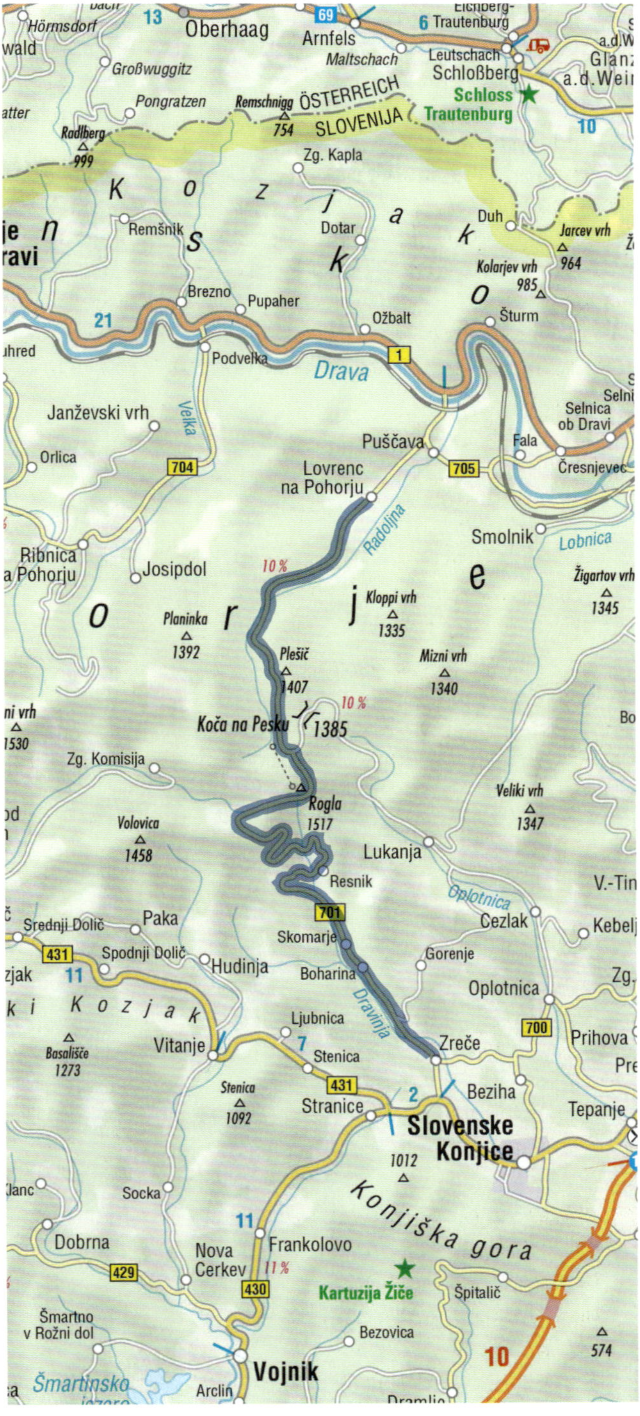

INFOS ZUM PASS

Scheitelhöhe: 1474 m

Länge: 33 km

max. Steigung: 11 %

Wintersperre: keine

Basisorte: Lovrenc - Zreče

Kombinationsmöglichkeiten:
Črnivec Sattel, Pungart, Paulitsch

Pässe und Panoramastraßen in ITALIEN

116 Jaufenpass (Passo di Monte Giavo) Südtirol

Die 41 kurvenreichen Kilometer des Jaufen mit seinen 20 Kehren sind vor allem in Verbindung mit dem „Großen Bruder" Timmelsjoch zu Bikerehren gekommen. Fahrerisch wie landschaftlich ist er ein echter Leckerbissen. Der Zustand der beliebten Strecke ist recht gut, nach dem Winter sind aber immer wieder Frostaufbrüche und Fahrbahnabsenkungen zu beobachten, deren Behebung sich durchaus bis in den Sommer ziehen kann.

Tipp: Einkehr in dem Gasthof an der vierten Kehre kurz hinter St. Leonhard mit Sonnenterrasse direkt am Kurvenscheitel, von der aus sich das Treiben der Kollegen wunderbar beobachten lässt.

Info: Nachtsperre von 18:00 – 08:00 Uhr.

INFOS ZUM PASS

Scheitelhöhe: 2094 m **Länge:** 41 km

max. Steigung: 12 % **Wintersperre:** keine

Basisorte: Sterzing - St. Leonhard in Passeier

Kombinationsmöglichkeiten: Timmelsjoch, Ötztaler, Penserjoch, Brenner, Reschenpass

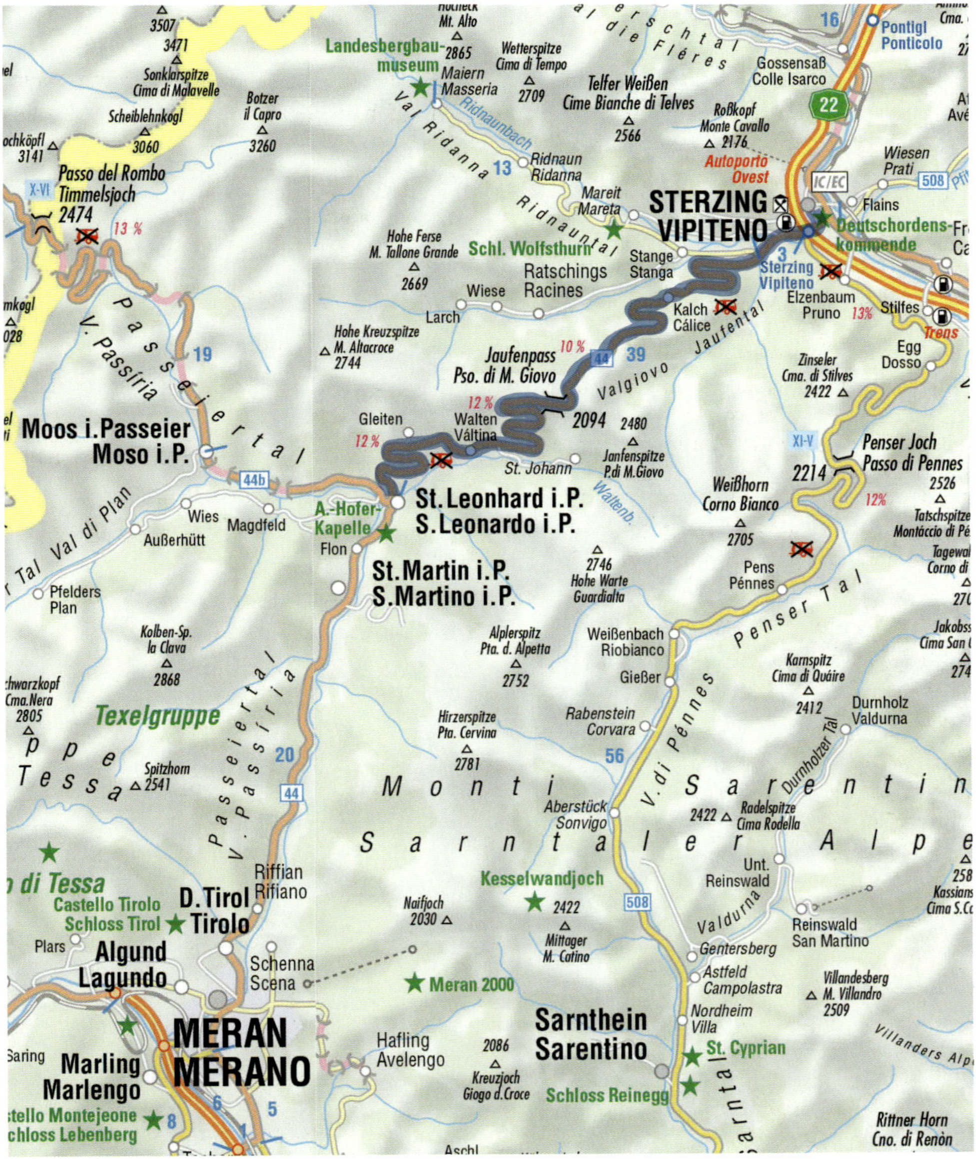

Landesbergbau-museum
Maiern
Masseria
Hochfeck
Mt. Alto
2865
Wetterspitze
Cima di Tempo
2709
Telfer Weißen
Cime Bianche di Telves
2566
Gossensaß
Colle Isarco
Pontigl
Ponticolo
22
Roßkopf
Monte Cavallo
2176
Autoporto Ovest
Wiesen
Prati
508
IC/EC
Flains
STERZING
VIPITENO
Deutschordens-kommende
Sterzing
Vipiteno
Elzenbaum
Pruno
13%
Stilfes
Trens
Egg
Dosso
Ridnaun
Ridanna
Mareit
Mareta
Ridnaunbach
Val Ridanna
13
Ridnauntal
Schl. Wolfsthurn
Stange
Stanga
Ratschings
Racines
Wiese
Larch
Hohe Ferse
M. Tallone Grande
2669
Hohe Kreuzspitze
M. Altacroce
2744
Kalch
Càlice
Jaufental
Jaufenpass
Pso. di M. Giovo
10 %
44
39
Valgiovo
12 %
2094
2480
Janfenspitze
P.di M.Giovo
Gleiten
Walten
Váltina
St. Johann
Waltenb.
3507
3471
Sonklarspitze
Cima di Malavelle
Scheiblehnkogl
3060
Botzer
il Capro
3260
3141
Passo del Rombo
Timmelsjoch
2474
X-VI
13 %
Passeiertal
V. Passíria
19
Moos i.Passeier
Moso i.P.
44b
St.Leonhard i.P.
S.Leonardo i.P.
A.-Hofer-Kapelle
Flon
Wies
Magdfeld
Außerhütt
Tal Val di Plan
Pfelders
Plan
St.Martin i.P.
S.Martino i.P.
Zinseler
Cma. di Stilves
2422
XI-V
Penser Joch
Passo di Pennes
2214
12%
2526
Tatschspitze
Weißhorn
Corno Bianco
2705
2746
Hohe Warte
Guardialta
Pens
Pénnes
Penser Tal
Kolben-Sp.
la Clava
2868
Alplerspitz
Pta. d. Alpetta
2752
Weißenbach
Riobianco
Gießer
Karnspitz
Cima di Quáire
2412
Durnholz
Valdurna
Durnholzer Tal
Schwarzkopf
Cma.Nera
2805
Texelgruppe
Hirzerspitze
Pta. Cervina
2781
Rabenstein
Corvara
56
V. di Pénnes
Spitzhorn
2541
20
44
Monti Sarentini
Sarntaler Alpe
Aberstück
Sonvigo
2422
Radelspitze
Cima Rodella
Unt. Reinswald
Riffian
Rifiano
Kesselwandjoch
2422
Naifjoch
2030
Mittager
M. Catino
508
Valdurna
Reinswald
San Martino
D.Tirol
Tirolo
Castello Tirolo
Schloss Tirol
Plars
Algund
Lagundo
Schenna
Scena
Gentersberg
Astfeld
Campolastra
Villandersberg
M. Villandro
2509
Meran 2000
Nordheim
Villa
MERAN
MERANO
Hafling
Avelengo
2086
Kreuzjoch
Giogo d.Croce
Sarnthein
Sarentino
St. Cyprian
Schloss Reinegg
Villanders Alp
Marling
Marlengo
Castello Montejeone
Schloss Lebenberg
8
6
5
Rittner Horn
Cno. di Renòn
Sarntal
Aschl

117 Penserjoch (Passo di Pennes) Südtirol

Das Penser Joch ist – obgleich 44 Kilometer lang - die direkteste und natürlich auch schönste Verbindung zwischen Innsbruck und Bozen.
Die Straße zieht sich landschaftlich reizvoll durch die Sarntaler Alpen. Sie bietet Steigungen bis zu 13 Prozent und reichlich sehr gut ausgebaute Kehren, die das Motorradherz hüpfen lassen.

Auf der Südrampe, also auf italienischer Seite, verläuft die Straße durch eine enge Schlucht. Zudem müssen hier gleich 21 Tunnel durchfahren werden. Dieser Pass hat eine für diesen Teil der Alpen enorm lange Wintersperre: Üblicherweise ist die Straße zwischen November und Mai gesperrt.

INFOS ZUM PASS

Scheitelhöhe: 2211 m
Länge: 44 km
max. Steigung: 13 %
Wintersperre: 11-4
Basisorte: Sterzing - Sarntal
Kombinationsmöglichkeiten: Jaufenpass, Timmelsjoch, Brennerpass, Würzjoch

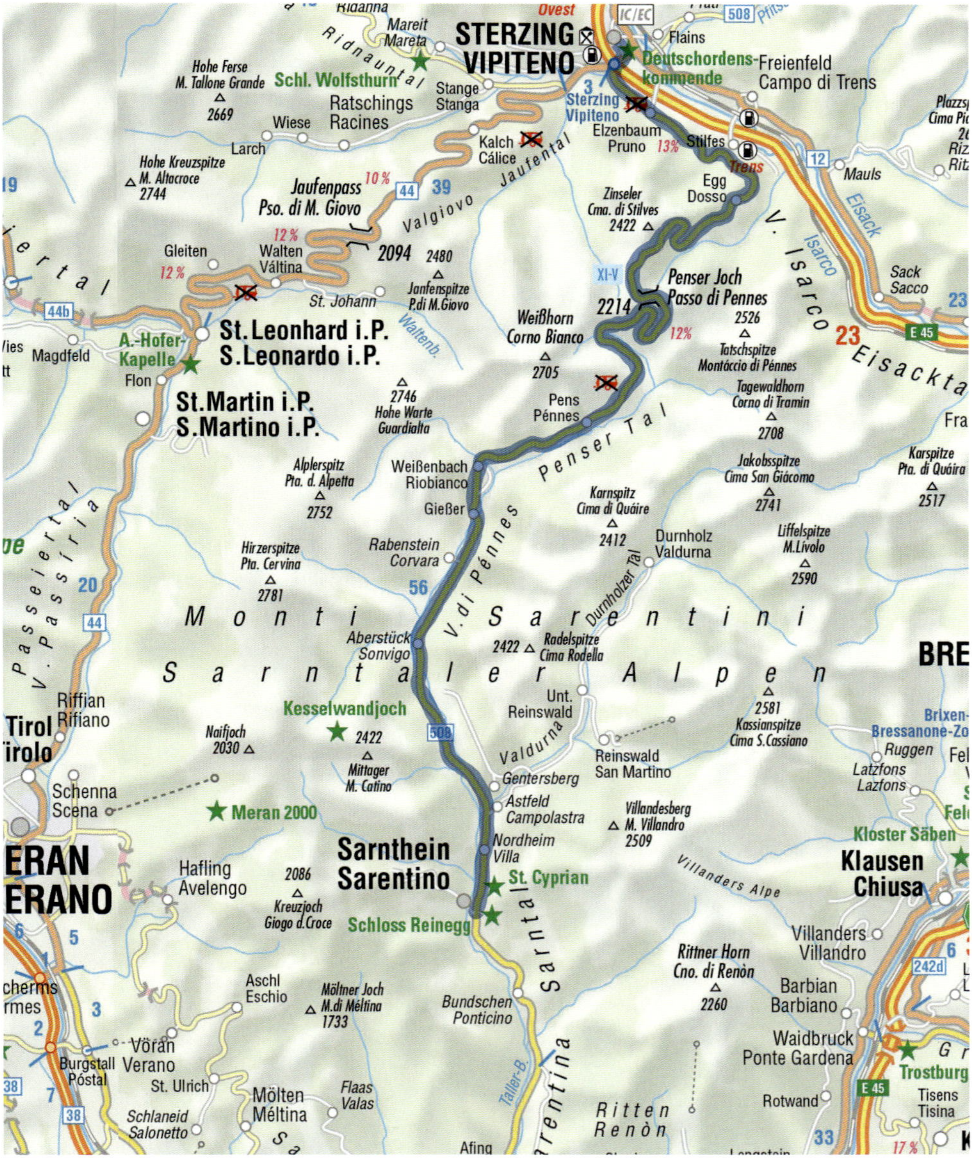

STERZING
VIPITENO
Mareit
Mareta
Ridnauntal
Schl. Wolfsthurn
Hohe Ferse
M. Tallone Grande
2669
Stange
Stanga
Ratschings
Racines
Wiese
Larch
IC/EC
508
Flains
Deutschordens-kommende
Freienfeld
Campo di Trens
Sterzing
Vipiteno
Elzenbaum
Pruno
13%
Stilfes
Trens
12
Mauls
Kalch
Cálice
Jaufental
Hohe Kreuzspitze
M. Altacroce
2744
Jaufenpass
Pso. di M. Giovo
10 %
44
39
Valgiovo
Zinseler
Cma. di Stilves
2422
Egg
Dosso
V. Isarco
Eisack
Isarco
Gleiten
Walten
Váltina
12 %
2094
2480
Janfenspitze
P.di M.Giovo
St. Johann
XI-V
Penser Joch
Passo di Pennes
2214
2526
Sack
Sacco
23
44b
A.-Hofer-Kapelle
St.Leonhard i.P.
S.Leonardo i.P.
Magdfeld
Flon
Waltenb.
Weißhorn
Corno Bianco
2705
12%
Tatschspitze
Montáccio di Pénnes
Eisacktal
E 45
St.Martin i.P.
S.Martino i.P.
2746
Hohe Warte
Guardialta
Pens
Pénnes
Tagewaldhorn
Corno di Tramin
2708
Penser Tal
Alplerspitz
Pta. d. Alpetta
2752
Weißenbach
Riobianco
Gießer
Jakobsspitze
Cima San Giácomo
2741
Karspitze
Pta. di Quáira
2517
Karnspitz
Cima di Quáire
2412
Passeiertal
V. Passiria
Hirzerspitze
Pta. Cervina
2781
Rabenstein
Corvara
Durnholz
Valdurna
Durnholzer Tal
Liffelspitze
M.Livolo
2590
20
44
56
Monti Sarentini
Sarntaler Alpen
Aberstück
Sonvigo
V. di Pénnes
2422
Radelspitze
Cima Rodella
BRE
Unt. Reinswald
2581
Kassianspitze
Cima S.Cassiano
Riffian
Rifiano
Tirol
Tirolo
Naifjoch
2030
Kesselwandjoch
2422
Mittager
M. Catino
508
Valdurna
Reinswald
San Martino
Brixen-Bressanone-Zo
Ruggen
Latzfons
Lazfons
Schenna
Scena
Meran 2000
Gentersberg
Astfeld
Campolastra
Villandesberg
M. Villandro
2509
Kloster Säben
MERAN
MERANO
Hafling
Avelengo
2086
Kreuzjoch
Giogo d.Croce
Sarnthein
Sarentino
Nordheim
Villa
St. Cyprian
Schloss Reinegg
Villanders Alpe
Klausen
Chiusa
Sarntal
Villanders
Villandro
Rittner Horn
Cno. di Renòn
2260
242d
Barbian
Barbiano
Aschl
Eschio
Möltner Joch
M.di Méltina
1733
Bundschen
Ponticino
Waidbruck
Ponte Gardena
Trostburg
Vöran
Verano
Burgstall
Póstal
St. Ulrich
Mölten
Méltina
Flaas
Valas
Taller-B.
Sarentina
Ritten
Renòn
Rotwand
E 45
Tisens
Tisina
Schlaneid
Salonetto
Afing
33
17 %

118 Würzjoch (Passo del Erbe) Südtirol

Drei verschiedene Wege führen von Westen zum Würzjoch hinauf. Die Hauptstrecke zum Pass ist die SP 29, die von Brixen am Monte Telegrafo vorbei auf das Würzjoch führt.

Eine weitere Strecke nimmt ihren Ausgang bei Klausen bzw. Villnöß über das Kofeljoch zur Passhöhe, über deren Daten Uneinigkeit herrscht. Die Beschilderung weist 1987 Meter aus, GPS-Geräte geben 2003 oder gar 2009 Höhenmeter an.

Ganz in die Einsamkeit der Berge lockt die Zufahrt über Lüsen und ein malerisches Hochtal. Der schmale Forstweg weist aber einige Holzbrücken auf, die bei Feuchtigkeit rutschig sein können.

INFOS ZUM PASS

Scheitelhöhe: 2006 m **Länge:** 49 km
max. Steigung: 16 % **Wintersperre:** 11-5
Basisorte: Brixen - St. Martin in Thurn
Kombinationsmöglichkeiten: Sellaronda, Valparola, Tre Croci, Furkelpass, Penserjoch

119 Furkelpass Südtirol

INFOS ZUM PASS

Scheitelhöhe: 1789 m **Länge:** 19 km

max. Steigung: 15 % **Wintersperre:** keine

Basisorte: Olang - St. Vigil

Kombinationsmöglichkeiten: Würzjoch, Staller Sattel, Kreuzbergpass, Tre Croci, Valparola

Der Furkelpass ist einer der wenigen bekannten Dolomitenpässe, was durchaus verwunderlich ist. Fahrspaß bringt die gut 20 Kilometer lange Straße, die die Gemeinden Olang im Pustertal mit St. Vigil miteinander verbindet, alleine schon aufgrund acht schön zu fahrenden Kehren. Landschaftlich ist er zudem reizvoll, da man nahezu ständig entlang eines waldreichen Gebietes fährt. Möglicherweise ist die vor allem in den Sommermonaten hohe Anzahl an Fahrradfahrern der Grund, dass er von motorisierten Zeitgenossen im Zweifelsfall lieber gemieden wird. Der Furka war schon mehrmals Teil der Giro Italia.

Da die Straße das Skigebiet Kronzplatz in Südtirol kreuzt, wird sie ganzjährig freigehalten.

Auf der 1789 Meter hohen Passhöhe wurde im Jahre 2003 ein See künstlich angelegt. Dieser wird im Winter für die Produktion von Kunstschnee genutzt und bietet außerdem einen idyllischen Punkt für eine Pause.

120 Staller Sattel (Passo Stalle) Südtirol/Osttirol

INFOS ZUM PASS

Scheitelhöhe: 2052 m — **Länge:** 20 km

max. Steigung: 10 % — **Wintersperre:** 11-5

Basisorte: Antholzer Tal - Defereggental

Kombinationsmöglichkeiten: Kreuzbergpass, Tre Croci, Furkelpass, Würzjoch

Wer den Staller Sattel bezwingen möchte, muss Geduld mitbringen. Am Fuß der Auffahrt und auf der Passhöhe gilt ein einzigartiger, ampelgeregelter Einbahnverkehr im 30-Minuten-Takt. Die Fahrt von der Passhöhe in Richtung Italien ist jeweils von der 1. bis zur 15. Minute, die Fahrt vom Antholzer See hinauf zur Passhöhe von der 30. bis zur 45. Minute jeder Stunde freigegeben. Dennoch lohnt die Tour, fahrerisch und landschaftlich. Ein Bus- und Anhängerverbot entschädigt zusätzlich.

121 Kreuzbergpass (Passo di Monte Croce di Comelico) Südtirol

Wer den in Deutschland als Kreuzberg bekannten Pass befahren möchte, sollte sich mitnichten nach Berlin, sondern in den Norden Italiens aufmachen. Dort gilt es, sich der Beschilderung zum Passo di Monte Croce di Comelico zu richten. Entweder von Südtirol oder Venetien kommend, verbindet er auf gut 17 Kilometern die Gemeinden San Guiseppe und Padola miteinander.

Damit hat man unterwegs Ausblicke sowohl auf die Karnischen Alpen als auch auf die Dolomiten. Einige nette Kehren sind vorhanden, insgesamt bietet er allerdings kaum fahrerische Highlights.

INFOS ZUM PASS

Scheitelhöhe: 1636 m **Länge:** 17 km
max. Steigung: 12 % **Wintersperre:** keine
Basisorte: San Guiseppe - Padola
Kombinationsmöglichkeiten: Plöckenpass, Staller Sattel, Tre Croci, Valparola, Furkelpass

HOTEL TIPP

14893

*** Hotel Perfler

Im Zentrum von Sillian erwartet Sie dieses moderne Designhotel ganz aus einheimischem Holz. Freuen Sie sich auf ein Restaurant, eine Sonnenterrasse und ein Spa mit Sauna und Dampfbad. Im Restaurant des Hotel Perfler genießen Sie österreichische und italienische Küche, Spezialitäten aus Osttirol und eine breite Palette erlesener Weine.

Sillian 166 • A-9920 Sillian
Tel. 0043 (0) 4842 / 6354 • Fax 6354133
www.perfler.at

GPS: N 46°44´53"
E 12°25´25"

122 Passo Tre Croci Dolomiten

Der Passo Tre Croci befindet sich in Venetien und verbindet dort die Ortschaft Cortina d'Ampezzo mit dem Lago di Misurina. Letzterer ist äußerst idyllisch und bietet eine gute Infrastruktur. Außerdem kann man vom Südufer aus das Panorama der Drei Zinnen genießen. Während der Fahrt über die Passstraße sind Ausblicke in die Landschaft dagegen nicht möglich, da die Strecke fast komplett durch waldreiches Gebiet führt. Erst kurz vor Cortina d'Ampezzo ändert sich das Bild wieder.

INFOS ZUM PASS

Scheitelhöhe: 1809 m **Länge:** 14 km

max. Steigung: 13 % **Wintersperre:** keine

Basisorte: Misurina - Cortina d'Ampezzo

Kombinationsmöglichkeiten: Falzárego, Valparola, Würzjoch, Furkelpass, Kreuzbergpass

123 Passo di Giau Dolomiten

Wenn die Verantwortlichen schon die Sellarunde nach ihrer Ernennung zum Weltnaturerbe Motorradfahrer am liebsten von ihrem Asphalt verbannen würde, so bietet der Giau doch eine grandiose Alternative, diesen Teil der beeindruckenden Dolomitenwelt vom Sattel aus zu erleben. Mit insgesamt 55 Kehren ist der Pass zudem ein fahrerisches Highlight. Die Südrampe ist ein wahrer Leckerbissen, das flachere Nordpendant nach Cortina hingegen stark bewaldet. Der Scheitel eröffnet mit seiner Traumlage unterhalb des markanten Nuvolau-Gipfels (2575 m) ein herrliches Dolomiten-Panorama mit Blick auf Sellastock und Marmolada.

INFOS ZUM PASS

Scheitelhöhe: 2236 m **Länge:** 21 km
max. Steigung: 14 % **Wintersperre:** 12-4
Basisorte: Cortina d'Ampezzo - Selva di Cadore
Kombinationsmöglichkeiten: Fedaia, Pordoj, Sellajoch, Grödnerjoch, Campolongo

124 Passo di Falzárego Dolomiten

INFOS ZUM PASS

Scheitelhöhe: 2105 m **Länge:** 27 km
max. Steigung: 11 % **Wintersperre:** keine
Basisorte: Cortina d'Ampezzo - Cernadoi
Kombinationsmöglichkeiten: Fedaia, Lana, Pordoj, Sellajoch, Grödnerjoch, Campolongo, Giau

Ein weiteres Schmankerl im Umfeld der Sellarunde ist der Passo di Falzárego. Als der östlichste Hochpunkt der Großen Dolomitenstraße, verbindet er Cortina d'Ampezzo mit Cernadoi. 1909 wurde die Passstraße gebaut – der letzte, dafür straßenbautechnisch anspruchsvollste Abschnitt der Großen Dolomitenstraße zwischen Bozen und Cortina d'Ampezzo. Der Sattel rund um die Passhöhe ist mit Felsen übersät. Wer mag, kann von hier aus den Kleinen Lagazuoi erklimmen, zu Fuß oder weniger schweißtreibend mit der Seilbahn. Der Mühe Lohn ist ein grandioses Dolomiten-Panorama mit Marmolata und den Cinque Torri.

125 Passo di Valparola Dolomiten

Auch dieser Pass schließt an die Sellarunde an, zweigt seine Südostrampe doch unmittelbar vom Scheitel des Falzárego ab. Das Höhenniveau verbleibt zunächst gleich, bevor es dann über die Nordwestabfahrt hinunter ins Gadertal geht.

Es wird angenommen, dass hier schon zur Eisenzeit Metallverhüttung betrieben wurde. Einzelne Öfen sollen noch im 19. Jahrhundert sichtbar gewesen sein. Daher hat der Pass auch seinen Namen: Es ist der lateinische Begriff für „Eisenofenalpe". Heute findet man stattdessen Erholung pur am kleinen Valparolasee.

Tipp: Auf das Tempolimit achten, hier wird zeitweise auch geblitzt!

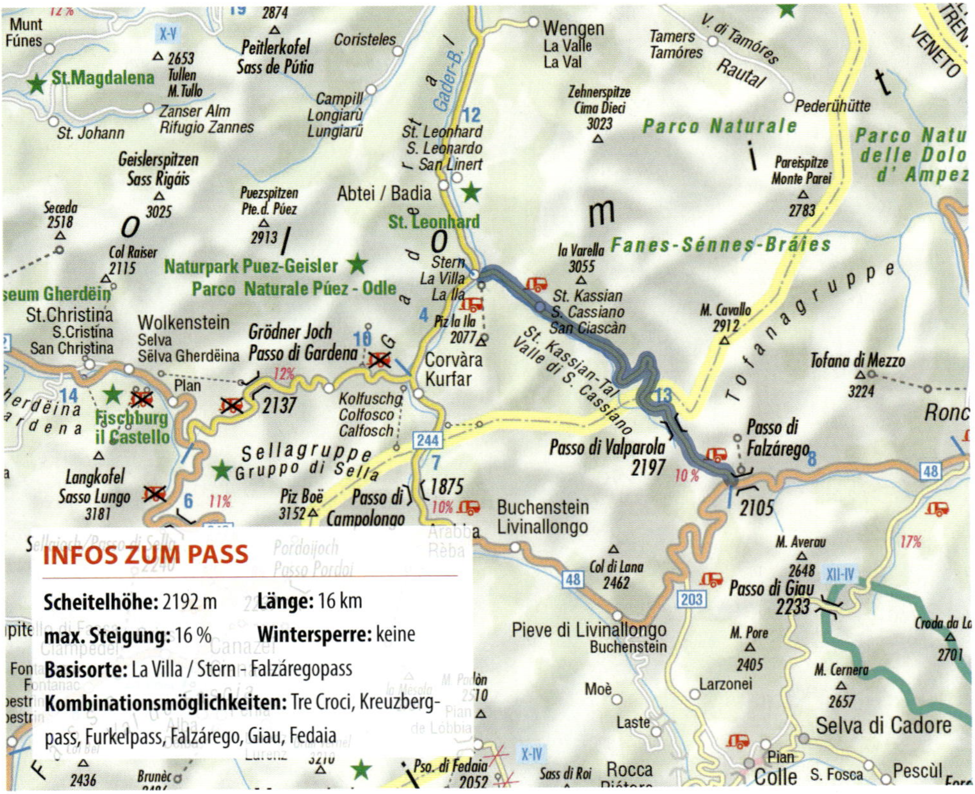

INFOS ZUM PASS

Scheitelhöhe: 2192 m **Länge:** 16 km
max. Steigung: 16 % **Wintersperre:** keine
Basisorte: La Villa / Stern - Falzáregopass
Kombinationsmöglichkeiten: Tre Croci, Kreuzbergpass, Furkelpass, Falzárego, Giau, Fedaia

Falzáregopass Blick zur Rampe nach Pian di Falzárego

126 Passo Campolongo Dolomiten

Der Passo di Campolongo stellt eine neun Kilometer lange Verbindung zwischen den Gemeinden Corvara und Arabba dar. Der Pass ist Teil der legendären „Sella-Runde" in den Dolomiten, ist aber mit einer Passhöhe von 1875 der niedrigste der vier Pässe rund um das Sella-Massiv.

Dem Fahrspaß tut dies keinen Abbruch, da die Serpentinen sauber ausgebaut sind. Hinzu kommen die landschaftlichen Eindrücke: Vor allem von der Südrampe aus hat man bei gutem Wetter einen tollen Ausblick zur Marmolata.

INFOS ZUM PASS

Scheitelhöhe: 1875 m

Länge: 7 km

max. Steigung: 10 %

Wintersperre: keine

Basisorte: Corvara - Arabba

Kombinationsmöglichkeiten: Valparola, Falzrego, Giau, Fedaia, Pordoijoch, Sellajoch, Grödnerjoch

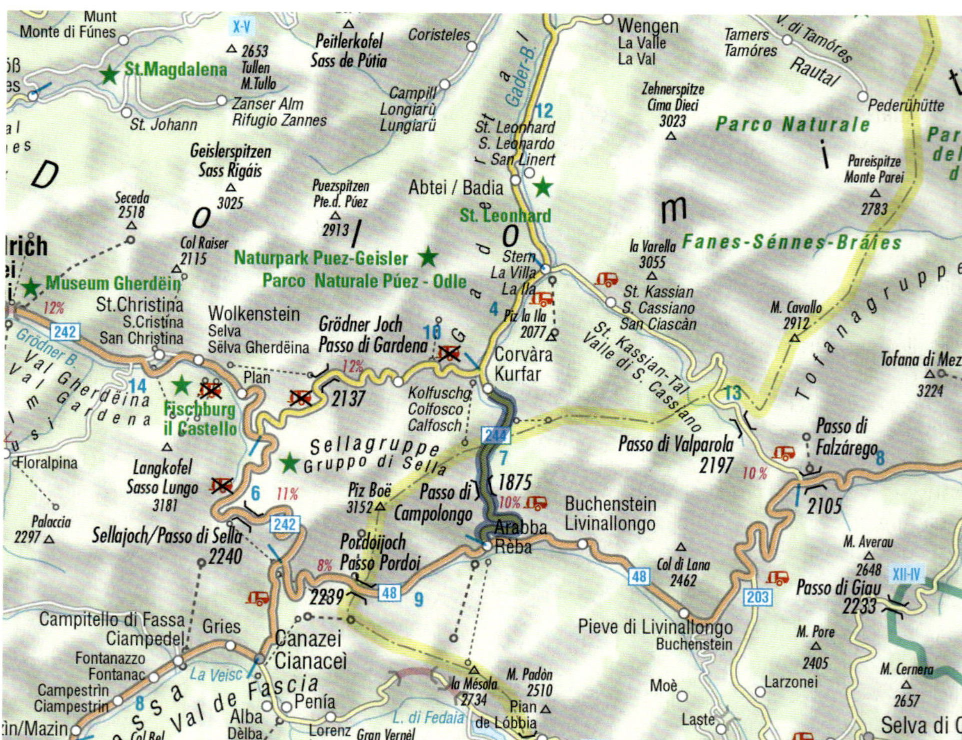

127 Passo di Fedaia Dolomiten

Der Fedaia bildet eine gelungene Alternative zum nördlich verlaufenden Pordoijoch und stellt die Verbindungen der Provinz Trentino mit dem Belluno her. Nach dem Ausbau der Trasse bietet sich eine durchgängig zweispurige Fahrbahn mit bis zu 15 Prozent Steigung. Leider sind seither einige interessante Elemente der alten Trasse mittlerweile gesperrt, so auch die Zufahrt in die Sottoguda-Schlucht. Dafür eröffnen sowohl die am Ost-ufer des Stausees gelegene Passhöhe, als auch die fast auf gleicher Höhe gelegene Staumauer am Westende des Sees entschädigende Ausblicke auf die gletscherbedeckte Flanke der Marmolada.

INFOS ZUM PASS

Scheitelhöhe: 2057 m

Länge: 30 km

max. Steigung: 15 %

Wintersperre: bei Bedarf

Basisorte: Canazei - Caprile

Kombinationsmöglichkeiten: Giau, Pordoj, Sellajoch, Grödnerjoch, Campolongo

128 Grödnerjoch (Passo di Gardena) Dolomiten

Nur gute 13 Kilometer lang ist die Passstraße über das Grödner Joch, das die Gemeinden Selva di Val Gardena und Corvara in Südtirol-Trentino miteinander verbindet. Trotzdem sollte man sie keinesfalls unterschätzen.

Sie gehört zu den berühmten Pässen der Sellagruppe und bietet eine Streckenphysik, die Motorradfahrer zum Jubilieren bringen. Voraussetzung ist natürlich, die Straße ist nicht zu überfüllt, was in den Ferienmonaten mittlerweile der Fall ist.

Landschaftlich äußerst reizvoll sind die Ausblicke auf den Sellastock sowie die Cirspitzen, die schon das Tor zum Naturpark Puez-Geisler bilden. Die Kehren haben es zudem teilweise ganz schön in sich.

INFOS ZUM PASS

Scheitelhöhe: 2137 m
Länge: 13 km
max. Steigung: 13 %
Wintersperre: keine
Basisorte: Selva di Val Gardena - Corvara
Kombinationsmöglichkeiten: Valparola, Falzáregop, Giau, Fedaia, Pordoijoch, Sellajoch, Campolongo

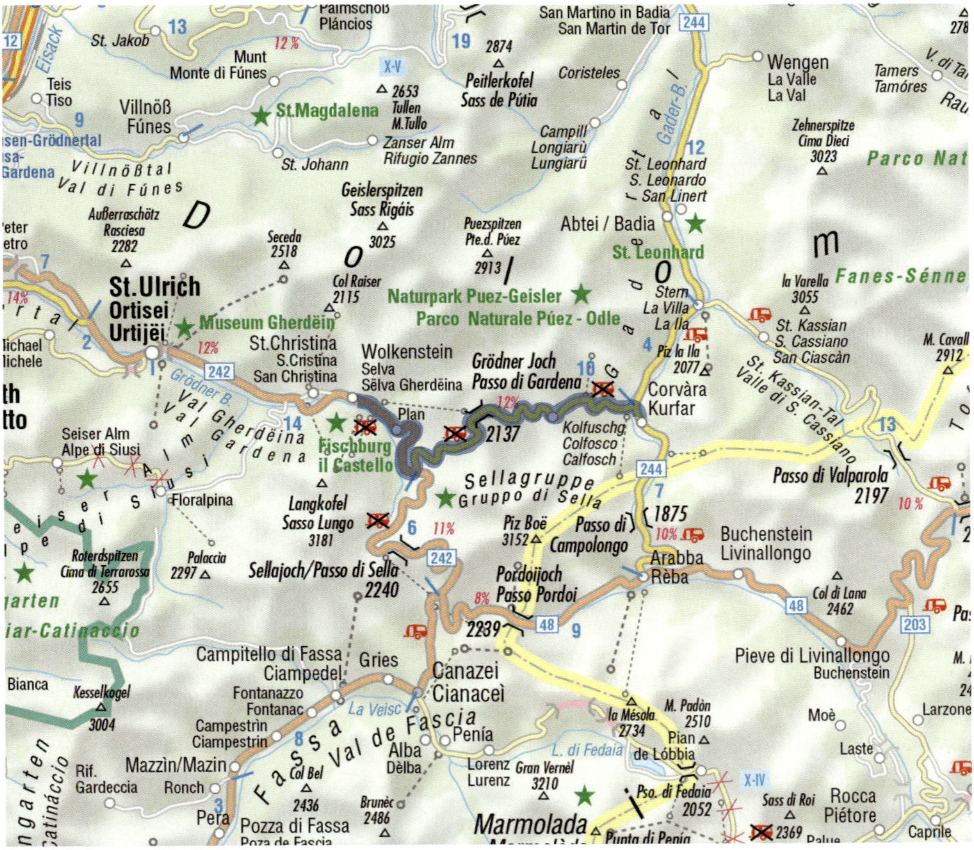
Palmschoß
Plancios
San Martino in Badia
San Martin de Tor
St. Jakob
Mont
Monte di Fúnes
Teis
Tiso
Villnöß
Fúnes
St.Magdalena
2653
Tullen
M.Tullo
Zanser Alm
Rifugio Zannes
Peitlerkofel
Sass de Pútia
2874
Coristeles
Campill
Longiarù
Lungiarü
Wengen
La Valle
La Val
Tamers
Tamóres
Zehnerspitze
Cima Dieci
3023
Parco Nat
St. Johann
Villnößtal
Val di Fúnes
Geislerspitzen
Sass Rigáis
3025
Außerraschötz
Rasciesa
2282
Seceda
2518
Puezspitzen
Pte.d. Púez
2913
St. Leonhard
S. Leonardo
San Linert
Abtei / Badia
St. Leonhard
la Varella
3055
Fanes-Sénne
St.Ulrich
Ortisei
Urtijëi
Col Raiser
2115
Naturpark Puez-Geisler
Parco Naturale Púez - Odle
Stern
La Villa
La Ila
Piz la Ila
2077
St. Kassian
S. Cassiano
San Ciascàn
M. Cavall
2912
Museum Gherdëin
St.Christina
S.Cristina
San Christina
Wolkenstein
Selva
Sëlva Gherdëina
Grödner Joch
Passo di Gardena
2137
Corvàra
Kurfar
St. Kassian-Tal
Valle di S. Cassiano
Plan
Kolfuschg
Colfosco
Calfosch
Seiser Alm
Alpe di Siusi
Val Gherdëina
Val Gardena
Fischburg
il Castello
Passo di Valparola
2197
Floralpina
Sellagruppe
Gruppo di Sella
Langkofel
Sasso Lungo
3181
Piz Boè
3152
Passo di Campolongo
1875
Buchenstein
Livinallongo
Roterdspitzen
Cima di Terrarossa
2655
Palaccia
2297
Sellajoch/Passo di Sella
2240
Pordoijoch
Passo Pordoi
2239
Arabba
Rèba
Col di Lana
2462
Campitello di Fassa
Ciampedel
Gries
Canazei
Cianacei
Pieve di Livinallongo
Buchenstein
Bianca
Kesselkogel
3004
Fontanazzo
Fontanac
La Veisc
M. Padòn
2510
la Mésola
2734
Moè
Larzone
Campestrin
Ciampestrin
Val de Fascia
Alba
Dèlba
Penía
Pian
de Lóbbia
Laste
Rif. Gardeccia
Mazzin/Mazin
Ronch
Col Bel
2436
Lorenz
Lurenz
Gran Vernèl
3210
L. di Fedaia
Pso. di Fedaia
2052
Sass di Roi
Rocca Piétore
Pera
Pozza di Fassa
Brunèc
2486
Marmolada
Punta di Penia
2369
Caprile

129 Sellajoch (Passo di Sella) Dolomiten

Das Sellajoch gehört, wie der Name schon vermuten lässt, zur berühmt-berüchtigten Sellarunde in den Dolomiten. Damit sind verschiedene Passstraßen dieser Region gemeint, die bei den meisten Motorradfahrern auf der „To-do-Liste" stehen, und deshalb leider in der Saison mittlerweile auch völlig überfüllt sind. Bei der Planung sollte man sich vor allem überlegen, von welcher Seite aus man starten möchte, denn es gehört schon eine große Portion Ausdauer dazu, von Norden her die Rampe heraufzufahren: Eine Kurve jagt die nächste, mit Radien in allen nur erdenklichen Variationen. Die Südrampe hingegen lässt eine deutlich zügigere und flüssige Fahrweise zu.

Seit 2017 gibt es jährlich neue Versuche, die Straße (aus dem Grönder Tal kommend) in den Monaten Juli und August zwischen der Kreuzung Miramonti (oberhalb von Plan De Gralba) und dem Sellajoch und ab der Kreuzung Pordoijoch/Sellajoch für den Individualverkehr zu beschränken. Zu Redaktionsschluss im Dezember 2019 stand noch nicht fest, ob und welche Regelung für das nächste Jahr in Kraft treten wird.

INFOS ZUM PASS

Scheitelhöhe: 2240 m
Länge: 21 km
max. Steigung: 11 %
Wintersperre: keine
Basisorte: Selva di Val Gardena - Canazei
Kombinationsmöglichkeiten: Valparola, Falzrego, Giau, Fedaia, Pordoijoch, Grödnerjoch, Campolongo

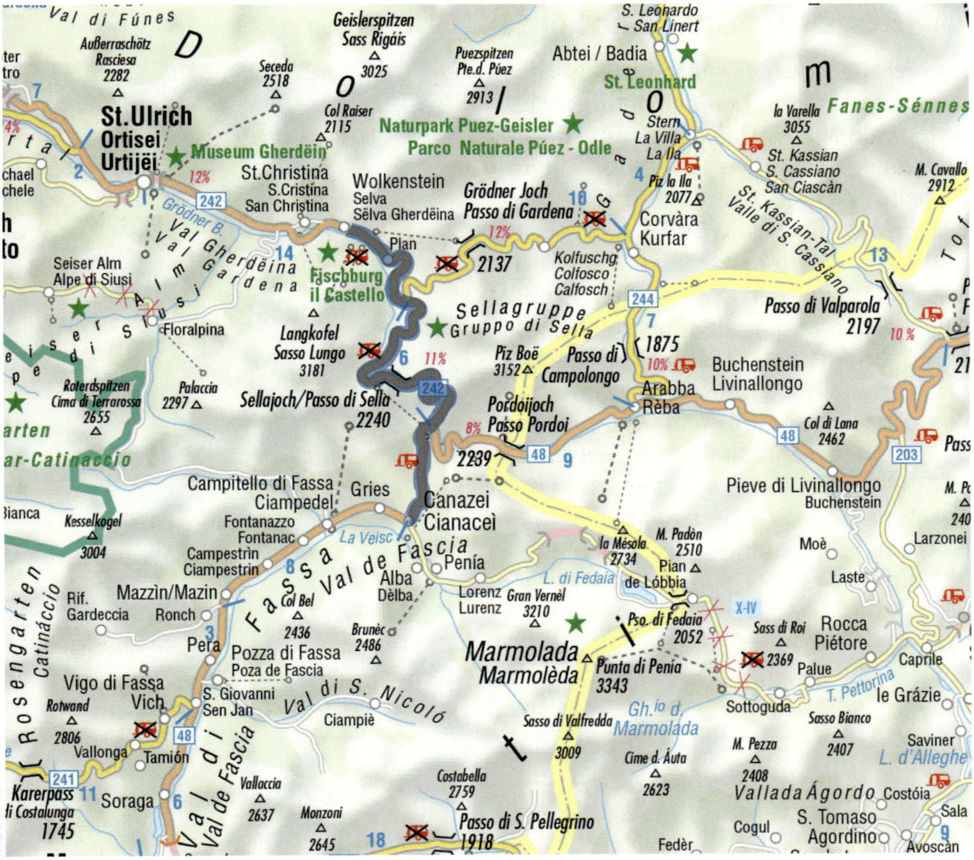

HOTEL TIPP

13953

Gasthof Kircher Sepp ***

Bereits die Fahrt zum Gasthof Kircher Sepp ist kurvenreich und wird Ihnen gefallen. Vom Gasthof aus können Sie mehrere Touren starten. Die Berg- und Naturkulisse wird Sie überzeugen. Unsere Küche bietet einheimische und traditionelle Gerichte sowie Pizza aus dem Holzofen. Unser Angebot 7 Tage bleiben, 6 bezahlen wird Sie überzeugen und begeistern.

Rosengartenstr. 27 • I-39040 Barbian
Tel. 0039 / 0471 / 650074 • Fax 650008
www.kirchersepp.com

GPS: N 46°36´39″
E 11°31´23″

HOTEL TIPP

12773

Pension Haus Tirol

Wir sind für eure Motorradtouren durch die Dolomiten bestens ausgerüstet! Wir sind selbst Biker und halten natürlich das nötige Werkzeug für kleine Pannen bereit! Zu den Möglichkeiten bedarf es keiner großen Erklärungen, denn jeder Biker kennt sie, die Dolomiten: Wir haben die richtigen Touren für euch!

Tschöfas 6b, I-39040 Lajen
Tel. 0039 3494 139489
www.haus-tirol.it

GPS: N 46°36´32″
E 11°34´13″

130 Pordoijoch (Passo Pordoi) Dolomiten

Die gut 23 Kilometer lange Straße über das Pordoijoch hat es mit Steigungen von bis zu acht Prozent und insgesamt 50 Kehren ganz schön in sich. Doch während der Fahrt begeistert – gutes Wetter vorausgesetzt – auch die Landschaft, die man durchquert.

Das Joch wird gleich von mehreren über 3000 Meter hohen Bergen, die sowohl zum Sella-Massiv als auch zur Marmolata-Gruppe gehören, umringt. Die Straße verbindet die Orte Arabba und Canazei – und damit die italienischen Provinzen Trient und Belluno. Gleich zwei Denkmäler lassen sich auf der 2239 Meter hohen Passhöhe bestaunen: Eines ist dem italienischen Radfahrer Fausto Coppi und das andere den hier Gefallenen des Ersten Weltkrieges gewidmet. Stärken kann man sich dort auch in dem Hotel, das bereits 1905 erbaut wurde.

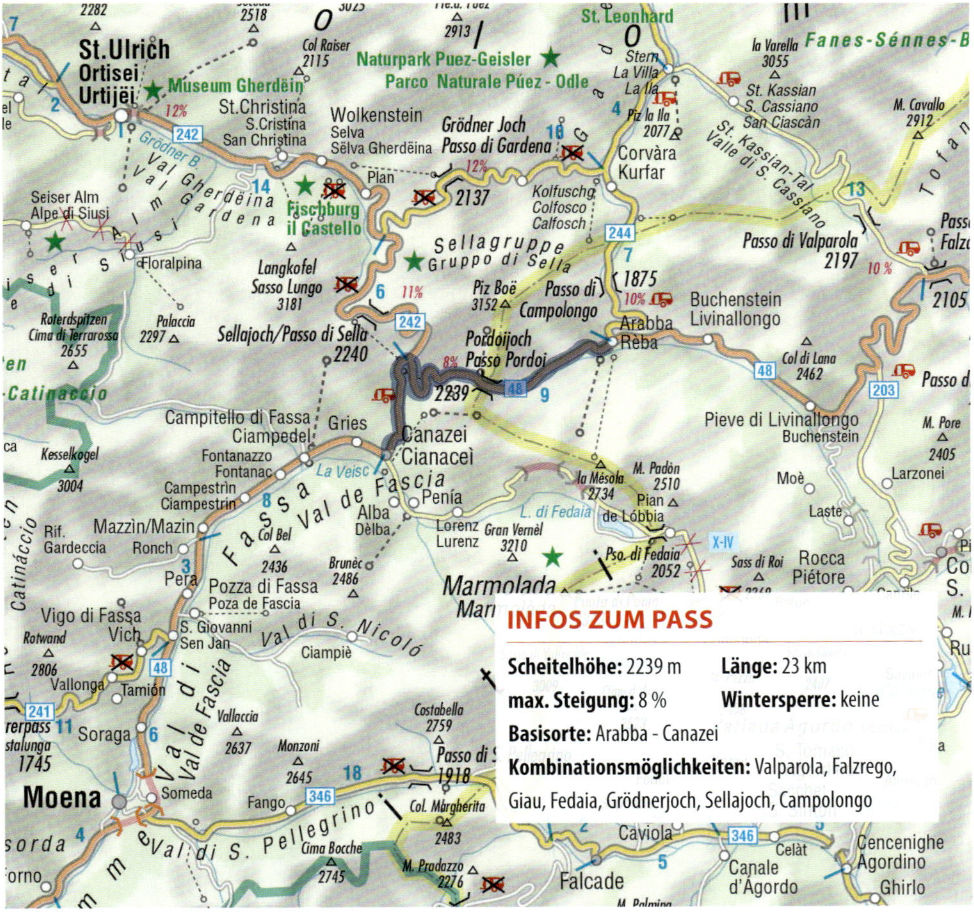

INFOS ZUM PASS

Scheitelhöhe: 2239 m **Länge:** 23 km
max. Steigung: 8 % **Wintersperre:** keine
Basisorte: Arabba - Canazei
Kombinationsmöglichkeiten: Valparola, Falzrego, Giau, Fedaia, Grödnerjoch, Sellajoch, Campolongo

131 Passo Duran Dolomiten

Der in den Dolomiten gelegene Passo Duran macht richtig Freude. Vor allem dann, wenn sein 1601 Meter hoher Scheitel von Südwesten her angefahren wird. Diese Rampe ist für den Anstieg deutlich besser geeignet, befinden sich auf ihr doch die spektakulärsten Kurven – und das bei Steigungen von maximal 15 Prozent. Auf den elf Kilometern hinauf werden 990 Höhenmeter bewältigt.

INFOS ZUM PASS

Scheitelhöhe: 1601 m **Länge:** 22 km
max. Steigung: 15 % **Wintersperre:** 12-4
Basisorte: Forno di Zoldo - Agordo
Kombinationsmöglichkeiten: Giau, Fedaia, San Pelegrino, Rolle, San Boldo, Forcella Chiandolada

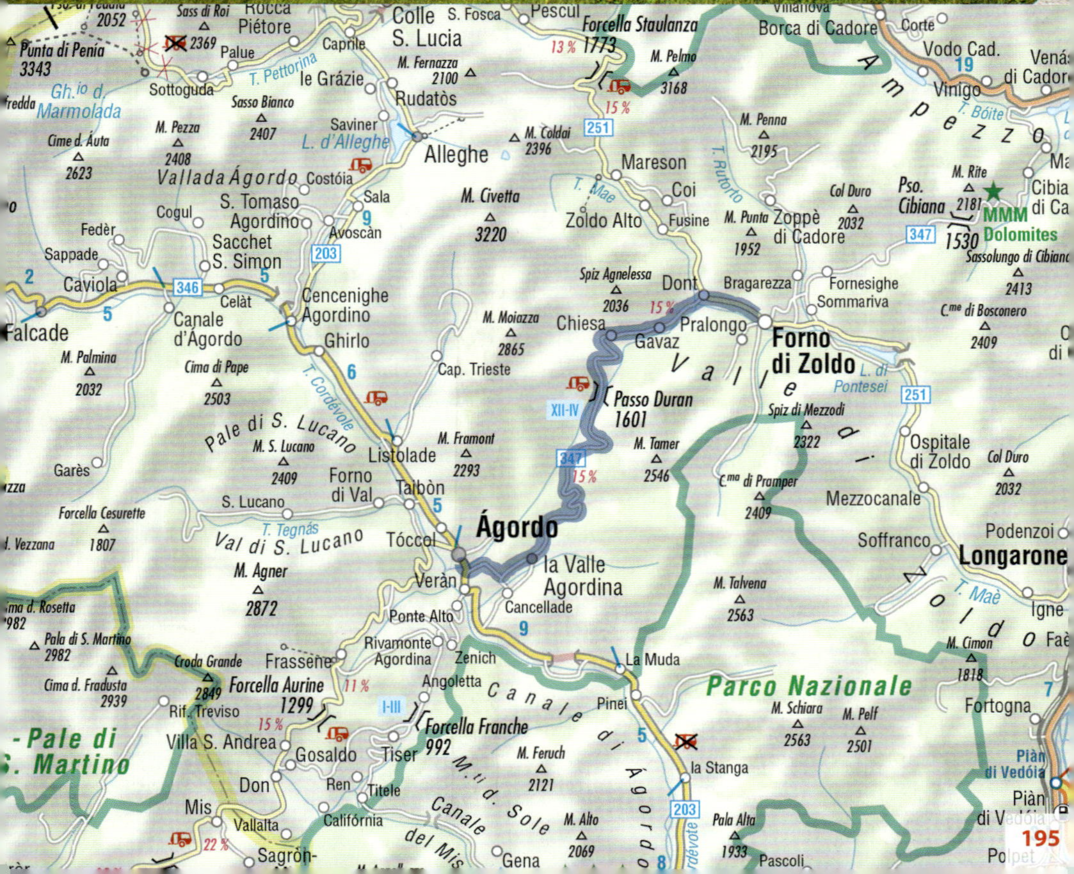

Sass di Roi
2052
Rocca Piétore
Colle S. Lucia
S. Fosca
Pescul
Forcella Staulanza
13 % 1773
Borca di Cadore
Corte
Vodo Cad.
Punta di Penía
3343
2369
Palue
Caprile
M. Fernazza
2100
M. Pelmo
3168
19
Gh.io d. Marmolada
Sottoguda
T. Pettorina
le Grázie
Rudatòs
15 %
Vinigo
T. Bóite
Ampezzo
Cime d. Áuta
2623
M. Pezza
2408
Sasso Bianco
2407
Saviner
L. d'Alleghe
Alleghe
M. Coldai
2396
251
M. Penna
2195
Vallada Ágordo
Costóia
Mareson
T. Ruttorto
M. Rite
2181
Pso. Cibiana
1530
MMM Dolomites
Cibia di Ca
Cogul
S. Tomaso Agordino
Sala
M. Civetta
3220
T. Mae
Coi
Zoldo Alto
Fusine
M. Punta
1952
Zoppè di Cadore
Col Duro
2032
347
Sassolungo di Cibiana
Fedèr
Sappade
Sacchet
S. Simon
9
Avoscàn
203
2
Caviola
346
5
Celàt
Falcade
Canale d'Ágordo
Cencenighe Agordino
Ghirlo
Spiz Agnelessa
2036
Dont
15 %
Bragarezza
Fornesighe
Sommariva
2413
C.me di Bosconero
2409
M. Moiazza
2865
Chiesa
Gavaz
Pralongo
Forno di Zoldo
L. di Pontesei
M. Palmina
2032
Cima di Pape
2503
Cap. Trieste
Val di Zoldo
6
T. Cordévole
Passo Duran
1601
XII-IV
251
Spiz di Mezzodi
2322
Pale di S. Lucano
M. S. Lucano
2409
Listolade
M. Framont
2293
M. Tamer
2546
347
15 %
Ospitale di Zoldo
Col Duro
2032
Garès
Forno di Val
Taibòn
C.ma di Pramper
2409
Mezzocanale
S. Lucano
5
Forcella Cesurette
1807
T. Tegnás
Val di S. Lucano
Tóccol
Ágordo
Podenzoi
Soffranco
Longarone
M. Agner
2872
Veràn
la Valle Agordina
M. Talvena
2563
T. Maè
Igne
Cancellade
Ponte Alto
9
M. Cimon
1818
Pala di S. Martino
2982
Croda Grande
Frassenè
Rivamonte Agordina
Zenich
La Muda
Cima d. Fradusta
2939
2849
Forcella Aurine
1299
11 %
Angoletta
Canale di Ágordo
Parco Nazionale
Rif. Treviso
I-III
Pinei
M. Schiara
2563
M. Pelf
2501
Fortogna
15 %
Forcella Franche
992
5
Pale di S. Martino
Villa S. Andrea
Gosaldo
Tiser
M. Feruch
2121
la Stanga
Piàn di Vedóia
Don
Ren
Titele
M.ti d. Sole
Mis
Vallalta
Califórnia
Canale del Mis
M. Alto
2069
203
Pala Alta
1933
22 %
Sagrón-
Gena
8
Pascoli
Polpet

132 Passo di San Pellegrino Dolomiten

Die gut 21 Kilometer lange Straße über den San Pellegrino ist gut ausgebaut und komplett asphaltiert. Vor allem die Ostrampe ist durchaus kehrenreich. Trotzdem wird sie kaum befahren, weil sich die Verkehrsströme der Regionen, die der Pass verbindet, anderweitig orientieren.

Dies gilt allerdings nicht im Winter, denn der 1918 Meter hohe Scheitel befindet sich inmitten des Skigebietes Trevalli, das dem Dolomiti Superski angeschlossen ist. Dementsprechend ist die Straße auch ganzjährig befahrbar.

Der Name hat übrigens nichts mit dem bekannten Edel-Mineralwasser zu tun, denn dessen Quelle befindet sich fast 300 Kilometer entfernt in der San Pellegrino Therme in der Lombardei.

INFOS ZUM PASS

Scheitelhöhe: 1918 m

Länge: 21 km

max. Steigung: 18 %

Wintersperre: keine

Basisorte: Moena - Falcade

Kombinationsmöglichkeiten: Rolle, Duran, Fedaia, Pordoijoch, Costalunga

133 Karerpass (Passo di Costalunga) Dolomiten

Diese Straße wurde wohl schon in der Antike, damals natürlich noch zu Fuß, genutzt. Motorisiert bietet der 17 Kilometer lange Pass, der den südtiroler Rosengarten mit den Dolomiten verbindet, heute viel Fahrvergnügen. Die Straße ist offiziell als SS 241 ausgewiesen und stellt das westliche Ende der großen Dolomitenrunde dar. Von der Passhöhe aus lohnt sich ein kleiner Abstecher (gut 4 Kilometer) nach Nordwesten, um den Karersee (Lago di Carezza) zu erreichen. Zudem kann man von hier aus alternativ auch zum Nigerpass abzweigen, um beispielsweise weiter nach Bozen zu fahren.

INFOS ZUM PASS

Scheitelhöhe: 1752 m
Länge: 17 km
max. Steigung: 16 %
Wintersperre: keine
Basisorte: Nova Levante (Welschnofen) - Fassatal
Kombinationsmöglichkeiten: Rolle, Duran, Fedaia, Pordoijoch, San Pellegrino, Nigerpass

Karerpass Blick auf den Karersee

134 Nigerpass (Passo Nigra) Dolomiten

Gleich unterhalb des Rosengartenmassivs erstreckt sich der gut 15 Kilometer lange Passo Nigra und verbindet das Städtchen St. Zyprian mit dem Karersee. Die maximale Steigung beträgt stattliche 24 Prozent. Damit gehört der Niger zu den steilsten Pässen ganz Italiens. Fahrspaß ist damit für Geübte garantiert. Hinzu kommt, dass die Straße sich in einem guten Zustand befindet. Dies liegt vermutlich vor allem daran, dass sie nur wenig genutzt wird. Oftmals hat man die Strecke fast ganz für sich alleine - was äußerst verwunderlich ist, da sie bestens ausgebaut und ganzjährig geöffnet ist.

INFOS ZUM PASS

Scheitelhöhe: 1688 m **Länge:** 15 km
max. Steigung: 24 % **Wintersperre:** keine
Basisorte: St. Zyprian - Karersee
Kombinationsmöglichkeiten: Sellajoch, Pordoijoch, San Pellegrino, Costalunga, Lavaze

135 Lavazejoch (Passo di Lavazé) Dolomiten

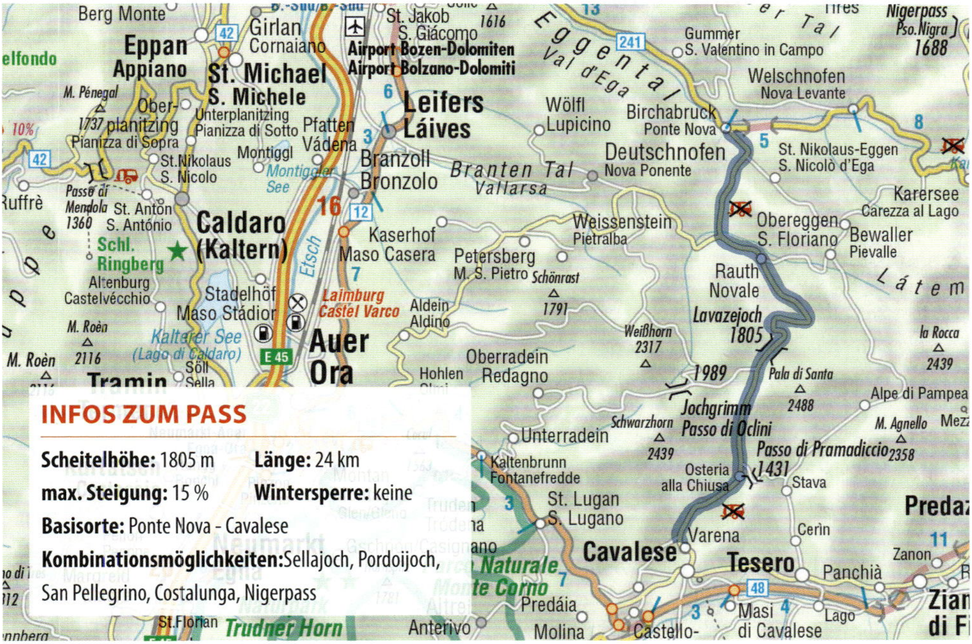

INFOS ZUM PASS

Scheitelhöhe: 1805 m **Länge:** 24 km

max. Steigung: 15 % **Wintersperre:** keine

Basisorte: Ponte Nova - Cavalese

Kombinationsmöglichkeiten: Sellajoch, Pordoijoch, San Pellegrino, Costalunga, Nigerpass

Im Vergleich zum Trubel der Sellarunde, darf man auf dieser gut 23 Kilometer langen Passstraße üblicherweise mit weit weniger Verkehr als sonst in den Dolomiten üblich rechnen. Der nördliche Ausgangsort heißt Ponte Nova und befindet sich noch in Südtirol. Von dort aus geht es auf gutem Belag schnurstracks in Richtung Süden und dann in schöner Kurvenhöhe hinauf auf den 1808 Meter hohen Scheitel.

Leider verläuft der Großteil der Strecke entlang von Waldgebieten, sodass Ausblicke ins Tal Mangelware sind. Daher sollte man sich oben angekommen an den Gipfel der westlichen Dolomiten – üblicherweise sind Weißhorn und Schwarzhorn sowie Latémar gut zu sehen – sattsehen. Schon gute 100 Meter vor der Passhöhe überquert man die Regionengrenze ins Trentino. Auf der Südrampe präsentiert sich die Straße steil und eng und kurz vor Cavalese kann man sich noch einmal von einer äußerst schönen Kurvenfolge begeistern lassen.

Redaktions-Tipp: Von der Passhöhe zweigt eine Straße zum nicht weit entfernten Jochgrimm / Passo Oclini ab.

136 Manghenpass (Passo del Manghen) Trentino

Den direkten Weg vom Val di Fiemme ins Valsugana ermöglicht der 2042 Meter hohe Passo del Manghen. Da sich die Landschaft im dichten Wald verbirgt, bleibt die Konzentration aufs Wesentliche: Kurven.

Der Manghen ist mit seiner engen Straße und seinen anmutig gewundenen Kurven eigentlich ein Muss für jede Dolomitentour. Er ist vom nördlichen Ausgangsort Castello Molina bis zum südlichen Ziel Castelnuovo gut 40 Kilometer lang. Die durchgehend asphaltierte schmale Straße hat reichlich Kurven zu bieten, insbesondere in der Scheitelregion ist die Streckenführung sehr interessant. Das Asphaltband führt auf weiten Teilen der Strecke durch dichte Wälder. Unmittelbar unterhalb der Passhöhe liegt der Lago Cadinello idyllisch in die Landschaft eingebettet, daneben gibt es eine bewirtschaftete Hütte mit Möglichkeit zu einer stärkenden Rast. Die Südrampe ähnelt fahrerisch der Nordrampe, verfügt zwar nur über zehn, dafür aber meist sehr enge Kehren.

INFOS ZUM PASS

Scheitelhöhe: 2042 m
Länge: 39 km
max. Steigung: 18 %
Wintersperre: 11-5
Basisorte: Castello Molinabis - Borgo
Kombinationsmöglichkeiten: Lavazé, Rolle, Brocon, Redebus

HOTEL TIPP

15355

Pension Serenetta

Am Fuße des Corno Nero (Schwarzhorn), etwas oberhalb von Cavalese, liegt unser Hotel auf 1180 m, in einem der ältesten Ortschaften des Trentino. Ruhe und Entspannung wird hier groß geschrieben. Unsere Küche verwöhnt Sie nach Ihrer Tour mit regionalen Spezialitäten. Eine Garage ist vorhanden.

Via Mercato 22, I-38030 Varena (TN)
Fon 0039 / 0462 / 340342, Fax 248015
E-Mail: pensione.serenetta@virgilio.it

GPS: N 46° 18´12"
E 11° 27´20"

137 Passo San Boldo Venetien

Selbst große Italienfans lassen den Passo San Baldo in Venetien oftmals links liegen. Das ist schade, denn obwohl der Scheitel mit nur knapp über 700 Metern nicht allzu hoch ist, bereitet die Fahrt auf der gut 15 Kilometer langen Strecke zwischen dem Val Belluna und dem Val Mareno durchaus Freude. Dies liegt vor allem an der Südrampe. Hier haben sich die Straßenbauer wirklich einmal ausgetobt. Sie befindet sich in einem von nahezu senkrechten Felswänden abgeschlossenen Sacktal, durch den fünf in den Felsen gesprengte enge – und übereinander liegende Kehrtunnel – sowie sechs Brücken angelegt wurden. Die Fahrt hindurch ist ein Erlebnis der besonderen

Art. Vor Ort merkt man, warum hier nicht nur ein Tempolimit von 30 km/h, sondern auch eine Höhenbegrenzung von 3,20 Metern gilt.

INFOS ZUM PASS

Scheitelhöhe: 706 m **Länge:** 15 km
max. Steigung: 15 % **Wintersperre:** keine
Basisorte: Trichiana - Tóvena
Kombinationsmöglichkeiten: Duran, Rolle, Brocon

138 Kaiserjägerstraße (Strada dell'Alpini) Trentino

Der nördliche Ausgangspunkt der legendären Kaiserjägerstraße heißt Levico Terme. Bei ihm handelt es sich um einen nach wie vor recht schmucken Kurort, der sich im Trentino an der Ostseite des Lago di Levico befindet.

Die enge, ehemalige Militärstraße ist als SP 133 ausgeschildert und begeistert mit ihren steilen Hängen und der teilweise dem Fels abgetrotzten Streckenführung. Offiziell gilt hier übrigens eine Höchstgeschwindigkeit von 30 km/h. Lang ist die Straße mit zehn Kilometern nicht, doch danach ist man garantiert hellwach.

INFOS ZUM PASS

Scheitelhöhe: 1255 m **Länge:** 10 km

max. Steigung: 12 % **Wintersperre:** keine

Basisorte: Levico Terme - Alb. Monte Rovere

Kombinationsmöglichkeiten: San Boldo, Brocon, Manghen, Redebus, Vezzana

139 Monte Baldo Höhenstraße Trentino

Klassische Gardaseeurlauber frönen an schönen warmen Tagen dem Dolce Vita am Wasser oder der gebotenen Kunst und Kultur in den Städten rund um das oberitalienische Gewässer. Motorradfans hingegen schwingen sich hinauf auf den Hausberg Monte Baldo. Ganz hinauf auf die Spitze in Höhe von 2218 Metern kommt man allerdings nicht. Außerdem ist die hier beschriebene Straße kein eigentlicher Pass. Die Fahrt lohnt sich dennoch, da man sich auf der Monte Baldo Höhenstraße – wie der Namen schon verrät - fast die ganze Zeit über in luftigen Höhen befindet. Damit sind Panoramaausblicke – und mit den sensationellen Kurven zudem auch noch mächtig Fahrspaß garantiert.

INFOS ZUM PASS

Scheitelhöhe: 1617 m
Länge: 56 km
max. Steigung: 14 %
Wintersperre: keine
Basisorte: Mori – Caprino
Kombinationsmöglichkeiten:
Passo Coe, Kaiserjägerstraße

Riva del Garda
Nago-Torbole
Mori
Isera
Brentonico
Molina di Ledro
Lago di Ledro
Pieve di Ledro
Bezzecca
Tiarno di Sotto
Tiarno di Sopra
Valle d' Ampola
Storo
Condino
Brione
Limone sul Garda
Monte Tremalzo 1974
Passo di Tremalzo 1665
Vésio
Navene
Boca di Navene 1425
S. Valentino
Malcésine
Castello Scaligero
Parco Regionale dell' Alto Garda Bresciano
Madona di M. Castello
Campione d. Garda
Tignale
Gardola
Cassone
Assenza
Cavallo di Novezza 1433
Monte Baldo
Brenzone
Castelletto di Brenzone
Mad. d. Pieve
Avio
Ala-Avio
Borghetto
Ossenigo
Gargnano
Palazzo Bettoni
Bogliaco
Navazzo
Ferrara di M. Baldo
Madona d. Corona
Spiazzi
Lago di Valvestino
Cecina
Palazzo Gonzaga
Toscolano-Maderno
Gardone Riviera
SALÒ
Portese
Isola di Garda
Torri d. Benaco
S. Zeno di Montagna
Caprino Veronese
Costermano
Villa Guarienti
Garda
S. Vigilio
San Giorgio
Bardolino
S. Zeno
Cavaion Veronese
Cisano
Lazise
Affi
Rivoli Veron.
Chiusa di Verona
S. Ambrógio di Valpolicella
S. Pietro in Cariano
Negrar
Fumane
Lago di Garda
S. Felice d. Benaco
San Felice und Audato
Manerba d. Garda
Moniga d. Garda
La Valtènesi
Castello Scaligero
Sirmione
Grotte di Catullo
San Sivino, Gabbiano
DESENZANO del Garda
Rivoltella
Villa Romana
Colombare
VENETO
LOMBARDIA
Canevaworld
Gardaland
Parco Natura Viva (Garda Zoological Park)
PESCHIERA del Garda
Castelnuovo del Garda
Bussolengo
PESCANTINA
Sona
Lugagnano
Somma-campagna
Ponti sul Mincio
Pozzolengo
CASTIGLIONE
Arche Scaligere
Arena
Verona

140 Mendelpass (Passo della Mendola) Südtirol

Südwestlich von Bozen erstreckt sich von Sigmundskron aus der Mendelpass in luftige Höhen von 1363 Metern und endet nach gut 30 Kilometern im beschaulichen Cavareno. Historisch gilt er auch als Sprachgrenze zwischen deutsch- und italienischsprachigem Südtirol. Die Straße ist auf beiden Seiten gut ausgebaut und bietet Steigungen von bis zu zehn Prozent. Auf der Nordwestrampe sollte man schwindelfrei sein, da die Straßenbauer sie – übrigens schon zum Ende des 19. Jahrhunderts – recht eng an den Felsen platziert haben. Von der Passhöhe aus lohnt sich ein Abstecher auf die kleine Stichstraße, die einen nach gut vier Kilometern auf den Penegal – und dort zu einem netten Aussichtsturm bringt.

INFOS ZUM PASS

Scheitelhöhe: 1363 m
Länge: 30 km
max. Steigung: 10 %
Wintersperre: keine
Basisorte: Appiano - Cavareno
Kombinationsmöglichkeiten: Lavazé, Palade

BOZEN
BOLZANO
Eppan
Appiano
St. Michael
S. Michele
Leifers
Láives
Caldaro
(Kaltern)
Tramin
Termeno
Kurtatsch
Cortaccia
Neumarkt
Egna
Auer
Ora
Cles
Fondo
Revó
Córedo
Tassullo
Denno
Mitterbad
Bagni di Mezzo
Laugenspitze
M.Luco
2433
Gampen-J.
Pso.Palade
1518
Senale-
Unsere liebe Frau
im Walde
St. Felix
S. Felice
Waldruh
Tret
Laurein
Laurego
Castelfondo
Dovena
Castelfondo
Malosco
Sarnónico
Cavereno
Romeno
Amblàr
Don
Ruffrè
Passo di
Mendola
1360
M. Pénegal
1737
Ober-
planitzing
Pianizza di Sopra
Unterplanitzing
Pianizza di Sotto
St.Nikolaus
S. Nicolo
St. Anton
S. António
Schl.
Ringberg
Altenburg
Castelvécchio
M. Roèn
2116
Kalterer See
(Lago di Caldaro)
Stadelhöf
Maso Stádior
Söll
Sella
Montiggl
Montiggler
See
Pfatten
Vádena
Branzoll
Bronzolo
Branten Tal
Vallarsa
Kaserhof
Maso Casera
Laimburg
Castel Varco
Aldein
Aldino
Petersberg
M. S. Pietro
Oberradein
Redagno
Hohlen
Olmi
Montan
Montagna
Glen/Gleno
Truden
Tródena
Gschnon/Casignano
Hornspitz
1781
Parco Naturale
Monte Corno
Naturpark
Trudner Horn
Altrei
Anterivo
Capriana
Gfrill/Cauria
Laag
Laghetti
Buchholz
Pochi
Halseck
Dosso di Collo
Casatta
St.Florian
Penon
Penone
Margreid
Magrè
Kurtinig
Cortina
Rungg
Ronchi
Pinzon
Pinzano
Neumarkt-Auer
Egna-Ora
Fennberg
Favogna
Roverè
della Luna
Salurner
Corno di Tres
1812
Rocca Piana
1874
Monticello
Castel Thun
Castello Brughiero
Castello
Córedo
San Romédio
Sanzeno
Tavon
Smarano
Dermullo
Sfruz
Tres
Taio
Vervò
Priò
Toss
Vigo
Anáunia
Nanno
Térres
Flavòn
Cunevo
Lóver
Altopiano della Predaia
Nonsberggruppe
Torrente Noce
Tisens
Tésimo
Prissian
Prissiano
San Giacomo
Sankt Jakob
Platzers
Plazzóles
Tschahaun
Ortler
Nals
Náiles
Festenstein
Andrian
Andriano
Vilpian
Vilpiano
Verschneid
Frassineto
Schlaneid
Salonetto
Meltina
Kreut/Novale
Terlan/Terlano
Ob.-Glaning
Siebeneich
Settequerce
Burg/Castel
Hocheppan
Ruine
Boymont
Missian
Missiano
St. Pauls/S. Páolo
Berg Monte
Girlan
Cornaiano
MORITZING
S. MAURÍZIO
Castel Firmiano
Schloss
Sigmundskron
Jenesien
S. Genésio
GRIES
Oberbozen
Soprabolzano
Erdpyramiden
Schloss
Runkelstein
Pockschin
Afing
Avigna
Weifner
Rentsch
Kardaun
Cardano
St.Heinrich
Kohlern
Colle
Stadlegg
1616
St. Jakob
S. Giácomo
Airport Bozen-Dolomiten
Airport Bolzano-Dolomiti
B.-Süd/B.-Sud
Etsch
Salten
Ultental
Tregiovo
Brez
Cloz
Dámbel
Romallo
Livo
Preghena
Tanna
M. Ori
1880
Lanza
Corte
Sálter
Casèz
Banco
Giustina
Cocul
1563
Kaltenbrunn
Fontanefredde
Predáia
Stramentizzo
Campodenno
Schl.

141 Gampenpass (Passo delle Palade) Südtirol

Der Passo delle Palade – auf Deutsch kurz Gampenjoch – gehört zum südtiroler Teil der Gebirgsgruppe Nonsberg, die sich zwischen Südtirol und dem Trentino erstreckt. Die 26 Kilometer lange Passstraße verbindet die Orte Tesimo und Fondo miteinander. Erbaut wurde die Straße während des Zweiten Weltkriegs vom italienischen Militär. Genutzt wurde die Route allerdings natürlich schon in der Frühzeit. Landschaftlich kann die Strecke bei gutem Wetter überzeugen, wenngleich sie kaum Ansprüche an geübte Fahrer legt.

INFOS ZUM PASS

Scheitelhöhe: 1518 m
max. Steigung: 9 %
Basisorte: Tesimo - Fondo
Kombinationsmöglichkeiten: Lavazé, Jaufenpass
Länge: 26 km
Wintersperre: keine

Castello Tirolo
Schloss Tirol
D.Tirol
Tirolo
Riffiano
Naifjoch
2030
2422
Mittager
M. Catino
Valdurna
Gentersberg
Astfeld
Campolastra
Nordheim
Villa
St. Cyprian
Partschins
Parcínes
Plars
Algund
Lagundo
Schenna
Scena
Meran 2000
Rabland
Rablà
Saring
MERAN
MERANO
Hafling
Avelengo
2086
Kreuzjoch
Giogo d.Croce
Sarnthein
Sarentino
Schloss Reinegg
Marling
Marlengo
Plaus
S. Prócolo
St. Prokulus
Castello Montejeone
Schloss Lebenberg
Tscherms
Cérmes
Aschl
Eschio
Möltner Joch
M.di Méltina
1733
Bundschen
Ponticino
Sarntal
2027
Rauhe Bühel
Celle Scabro
Lana
10 %
Klaus
Mariä
Himmelfahrt
Vöran
Verano
Burgstall
Póstal
Hochwart
Guárdia Alta
2608
St.Pankraz
S.Pancrázio
St. Ulrich
Mölten
Méltina
Flaas
Valas
Schlaneid
Salonetto
Salten
Tschahaun
Ortler
Platzers
Plazzóles
Tisens
Tésimo
Pockschin
Afing
Avigna
V. Sarentina
Vilpian
Vilpiano
Verschneid
Frassineto
Weifner
Mitterbad
Bagni di Mezzo
Laugenspitze
M.Luco
2433
Prissian
Prissiano
Nals
Náiles
Kreut/Novale
Terlan/Terlano
Jenesien
S. Genésio
GRIES
Oberbozen
Soprabolzano
Ultental
San Giacomo
Sankt Jakob
Gampen-J.
Pso.Palade
1518
Festenstein
Ob.-Glaning
Erdpyramiden
Schloss
Runkelstein
Senale-
Unsere liebe Frau
im Walde
Andrian
Andriano
Siebeneich
Settequerce
MORITZING
S. MAURIZIO
Dom Mariä Himmel
Rentsch
Mandelspitz
Cima Ometto
2396
St. Felix
S. Felice
8%
Waldruh
Burg/Castel
Hocheppan
Castel Firmiano
Schloss
Sigmundskron
BOZEN
BOLZANO
Kardaun
Cardano
Ruine
Boymont
Missian
Missiano
M. Ori
1880
Tret
St. Pauls/S. Páolo
St.Heinrich
Kohlern
Stadlegg
Colle
1616
Proveis
Proves
Tanna
Laurein
Lauregno
Castelfondo
Dovena
Berg Monte
B.-Süd/B.-Sud
Girlan
Cornaiano
St. Jakob
S. Giácomo
Airport Bozen-Dolomiten
Airport Bolzano-Dolomiti
Lanza
Castelfondo
Eppan
Appiano
St. Michael
S. Michele
Marcena
Corte
Fondo
M. Pénegal
1737
Ober-
planitzing
Pianizza di Sopra
Unterplanitzing
Pianizza di Sotto
Pfatten
Vádena
Leifers
Láives
Tregiovo
Brez
Malosco
10%
Sarnónico
Cloz
Cavereno
Ruffrè
Passo di
Mendola
1360
St.Nikolaus
S. Nicolo
Montiggl
Montiggler
See
Branzoll
Bronzolo
Branten
Vallarsa
Preghena
Livo
Dámbel
Romallo
St. Anton
S. António
Caldaro
(Kaltern)
Kaserhof
Maso Casera
Petersberg
M. S. Pietro
Revó
Romeno
Don
Amblàr
Schl.
Ringberg
Altenburg
Castelvécchio
Stadelhöf
Maso Stádior
Laimburg
Castel Varco
Aldein
Aldino
Banco
Casèz
Sálter
Lago di Sta. Giustina
San Romédio
M. Roèn
Kalterer See
Auer
Etsch

142 Passo del Tonale Trentino/Lombardei

Der Tonalepass ist eine sehr schöne Verbindung zwischen Lombardei und Trentino-Südtirol. Unterwegs (bzw. schon bei der Planung) hält man sich an die Beschilderung Strada Statale 42 del Tonale e della Mendola. Diese italienische Staatsstraße wurde bereits Anfang des 20. Jahrhunderts angelegt und führt sowohl über den Tonale, als auch den Mendelpass. Sowohl die West- als auch die Ostrampe lassen sich schön fahren.

Auf der 1884 Meter hohen Passhöhe kann man in einem der Hotels einkehren oder sich die Gedenkstätte für die Gefallenen des Ersten Weltkrieges ansehen.

INFOS ZUM PASS

Scheitelhöhe: 1884 m
Länge: 21 km
max. Steigung: 10 %
Wintersperre: keine
Basisorte: Vermiglio - Ponte di Legno
Kombinationsmöglichkeiten:
Gavia, Aprica, Croze Domini

M. Sobretta
3296
16%
O r t l e
del Forni
Monte Viòz
3645
Baita Venezia
Val de la Mare
Torbi
Cima Verdignana
2938
M. Sole
2350
Bagni di Rabbi
Pizzo Tresero
3594
Ghiacciaio del Forno
Cima Taviela
3615
Punta San Matteo
3678
Masi Gulneva
Cima Tremenesca
2726
a r c o
30
N a z i o n a l e
Peio
Cima Valletta
2858
Cima Vegàia
2890
Cima Mezzana
2845
Gaviapass
Passo di Gavia
2618
Peio Terme
Cógolo
Malga Vallenaia
M. Gávia
3223
Corno dei Tre Signori
3359
Anica Fonte del Peio
Valle di Pejo
Celledizzo
12
X-VI
Celentino
Menàs
3213
300
P. di Ercavallo
3063
Lago di Pian Palù
Cima Forzellina
2828
Termenago
4
Punta di Pietra Rossa
2685
3
Mezzana
e l l o S t é l v i o
M. Redival
2973
Cima di Boai
Fucine
M. Coleazzo
3006
42
Ossana
Pellizzano
Vermíglio
Cortina
Pizzano
Pezzo
P. di Albiolo
2969
V a l
Cima Mattaciul
2852
Precaságlio
Val Vermíglio
M. Gardene
2497
Ponte di Legno
25
P r e s a n e l l a
8%
Passo del Tonale
1883
Vione
Temu
Poia
11
Cima Palù
3013
2678
Stadolina
Cima di Scarpaco
3254
Cima Ginèr
2957
M. Nambino
Madonna di Campíglio
n i c a
P. di Lago Scuro
3160
3068
Cima Busazza
3325
Cima Presanella
3558
Rif. Cornisello
Malga Ritorto
Cima di Salimmo

143 Passo di Gavia Lombardei

Schon seit der Steinzeit nutzen Menschen den zwischen den Gipfeln des Corno dei Tre Signori (3360 Meter) und des Monte Gavia (3223 Meter) gelegenen Gavia als Übergang von Bormio ins Val di Sole. Die Abfahrt auf der Südrampe ist der spannendere Teil mit zahlreichen Kehren und teilweise nur knapp einspuriger Belagbreite. Hier treten auch häufiger Fahrbahnschäden auf. Kürzlich wurde ein neuer Belag aufgebracht, aber der Winter kann diesem hart zusetzen. Das Waldstück zum Abschluss birgt bei Nässe zusätzlich Gefahr auf den verbreitet niedergehenden Lärchennadeln. Ein 800 Meter langer Tunnel umgeht seit 2007 das gefährlichste Stück. Da die offiziellen Infos nicht immer zuverlässig sind, ein Tipp: In den Übergangszeiten versuchen, das Refugio telefonisch zu erreichen. Wenn es geöffnet ist, ist auch der Pass offen. Telefon: +39 0364 91806.

INFOS ZUM PASS

Scheitelhöhe: 2618 m **Länge:** 44 km
max. Steigung: 16 % **Wintersperre:** 11-5
Basisorte: Bormio - Ponte di Legno
Kombinationsmöglichkeiten: Tonale, Aprica, Berninapass, Forcola di Livigno, Foscagno, Stilfserjoch

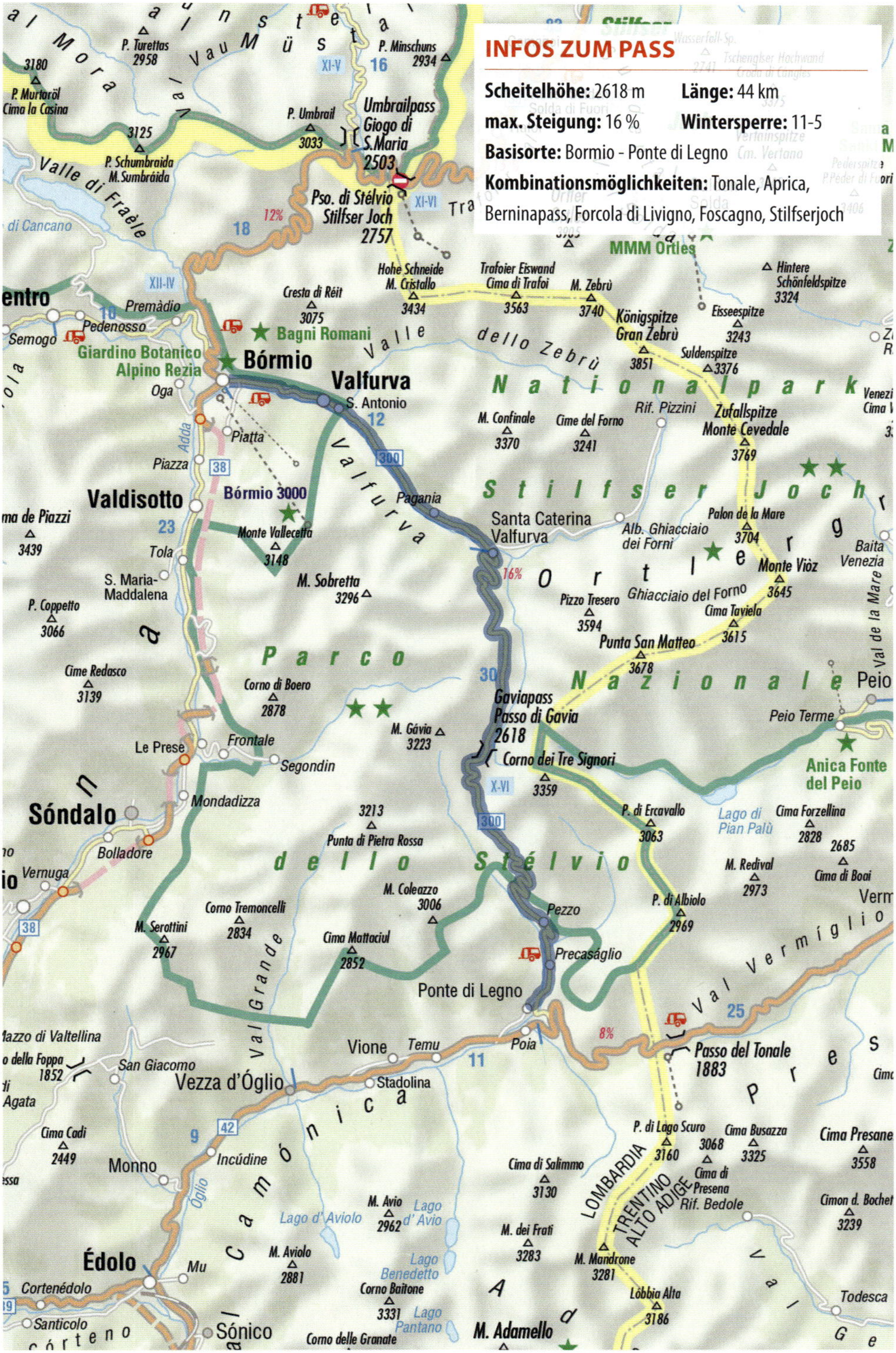

Das Stilfser Joch und der Umbrailpass

144 Stilfser Joch (Passo del Stelvio) Südtirol/Lombardei

Das Stilfser Joch ist der höchste asphaltierte Gebirgspass Italiens und gleichzeitig die Nummer Zwei in den Alpen. Die Verbindung zwischen Südtirol und der Lombardei führt durch den gleichnamigen Nationalpark vor der spektakulären Kulisse der Ortlergruppe. Die rund 50 Kilometer lange Strecke weist beeindruckende 87 Kehren auf, 48 von Prad zum Scheitel, 39 hinab nach Bormio. Kurz nach der Passhöhe zweigt der Umbrailpass ins schweizerische Val Müstair ab.

Die Kehren sind teilweise extrem eng ausgeführt, flüssiges Fahren so kaum möglich. Hinzu kommt im Sommer ein hohes Verkehrsaufkommen, das die Freude an diesem Pass durchaus trüben kann.

INFOS ZUM PASS

Scheitelhöhe: 2757 m

Länge: 45 km

max. Steigung: 12 %

Wintersperre: 11-5

Basisorte: Prad - Bormio

Kombinationsmöglichkeiten: Umbrail, Foscagno, Ofenpass (CH), Gavia

Val Minger
S-charl
Val S-charl
V.Sesvenna
P. Cristannes
3092
3099
V. di Slingia
Watles
M. Vátles
2554
Burgeis/
Burgúsio
Planeil
Planol
Planeiltal
Matscher
Val di Mázia
3074
P. Sesvenna
3205
Kloster
Marienberg
Mals/
Málles Venosta
Schleis/
Clúsio
Matsch
Mázia
Liznerspitze
Piz d'Aint
3205
P.Foraz
3092
P.Tavrü
3168
V.Tavrü
P. Mezdi
2883
V. d'Avigna
Laatsch/
Laudes
Schluderns
Sluderno
P. Nair
3010
3021
P. Vallatscha
P. Starlex
3075
Glurns/
Glorenza
Churburg
Köpfelplatte
2319
Ofenpass
Pass dal Fuorn
2149
10%
10%
23
P. Terza
2910
Taufers/
Tubre
41
Nationalpark
6
40
Gschneier
Tannas
Tanas
Lichtenberg
Montechiaro
Spondinig
Spondigna
Eyrs
Oris
18
Müstair/
Münster
17
Lü
Tschierv
28
Piz Cavalatsch
M. Cavallàccio
2768
38
Tschengls
Cengles
Etsch
Sta.Maria
i.Münstertal
St.Johann
P. Daint
2969
Fuldera
Valchava
Sielva
14 %
Stilfs
Stèlvio
Schmelz
Prad am Stilfser Joch
Prato a Stélvio
Val Mora
Val Müstair
Vau Müstair
P. Turettas
2958
XI-V
16
P. Minschuns
2934
Gomagoi
83
Stilfser
Joch
Suldental
Wasserfall-Sp.
2741
Tschenglser Hochwand
Croda di Cángles
3375
3180
P. Murtaröl
Cima la Casina
P. Umbrail
3033
Umbrailpass
Giogo di
S.Maria
2503
38
Außer Sulden
Solda di Fuori
Trafoi
Vertainspitze
Cm. Vertana
3545
Santa Maria
Sankt Maria
Pederspitze
P.Péder di Fuori
3406
3125
P. Schumbraida
M.Sumbráida
Valle di Fraèle
Lago di Cancano
12%
18
Pso. di Stélvio
Stilfser Joch
2757
XI-VI
15 %
Trafoier Tal
Ortler
Ortles
3905
V. di Solda
Sulden
Solda
MMM Ortles
Zufritt
Hohe Schneide
M. Cristallo
3434
Trafoier Eiswand
Cima di Trafoi
3563
M. Zebrù
3740
Hintere
Schönfeldspitze
3324
Eisseespitze
3243
XII-IV
Valdidentro
Premàdio
10
Cresta di Réit
3075
Königspitze
Gran Zebrù
3851
Semogo
Pedenosso
Bagni Romani
301
Giardino Botanico
Alpino Rezia
Bórmio
Valle dello Zebrù
Suldenspitze
3376
Zufallhütte
Rif. Ca
Val Viola
Oga
Valfurva
S. Antonio
12
Nationalpark
Veneziaspitze
Cima Venezia
3386
M. Confinale
3370
Cime del Forno
3241
Rif. Pizzini
Zufallspitze
Monte Cevedale
3769
Piatta
Adda
300
Piazza
38
Valfurva
Bórmio 3000
Valdisotto
23
Pagania
Stilfser Joch
Cima de Piazzi
3439
Monte Vallecetta
3148
Santa Caterina
Valfurva
Alb. Ghiacciaio
dei Forni
Palon de la Mare
3704
Baita
Venezia
Tola
S. Maria-
Maddalena
M. Sobretta
3296
16%
Ortler
Monte Viòz
3645
P. Coppetto
3066
Pizzo Tresero
3594
Ghiacciaio del Forno
Cima Taviela
3615
Punta San Matteo
Val de la Mare
Parco

145 Umbrailpass (Passo dell'Umbrail) Lombardei/Schweiz

Rund drei Kilometer hinter dem Stilfser Joch befindet sich rechts der Abzweig zum Umbrailpass, mit 2 503 Metern der höchste Schweizer Straßenpass. Die gut 14 Kilometer lange Strecke ist mittlerweile durchgängig asphaltiert. Die zwischen Mai und November befahrbare Strecke bildet die Verbindung zwischen der Südwestrampe des Stilfser Jochs und dem nicht nur für Kulturinteressierte empfehlenswerten UNESCO Weltkulturerbe Val Müstair in Graubünden. Der Grenzübergang liegt unmittelbar am Abzweig, der Scheitelpunkt nur wenige hundert Meter weiter nördlich. Die 33 Kehren des Umbrailpasses hinunter ins Val Müstair bieten mindestens den gleichen Reiz wie die Westrampe des Stilfser Jochs nach Bormio. Die Grenzstation ist infolge des 2008 erfolgten Beitritts der Schweiz zum Schengener Abkommen nicht mehr besetzt, Kontrollen finden nur noch stichprobenweise statt. Infolgedessen entfiel auch die frühere Nachtsperre

zwischen 22:00 und 6:30 Uhr. Wer sich am Stilfser für die Weiterfahrt nach Bormio entscheidet, darf sich glücklich schätzen: 39 weitere Kehren sind der Lohn!

INFOS ZUM PASS

Scheitelhöhe: 2503 m **Länge:** 14 km
max. Steigung: 12 % **Wintersperre:** 11-5
Basisorte: Stelvio (I) - Val Müstair (CH)
Kombinationsmöglichkeiten: Stilfserjoch, Foscagno, Ofenpass (CH), Gavia

Glurns/
Glorenza
Sluderno
Churburg
Taufers/
Tubre
Nationalpark
Gschneier
Spondinig
Spondigna
Lichtenberg
Montechiaro
Ofenpass
Pass dal Fuorn
2149
P. Starlex
3075
P. Terza
2910
Müstair/
Münster
St.Johann
Piz Cavalatsch
M. Cavallàccio
2768
Tschengls
Céngles
Tschierv
Lü
Sta.Maria
i.Münstertal
Fuldera
Valchava
Sielva
Schmelz
Stilfs
Stèlvio
Prad am Stilfse
Prato a Stélvio
P. Daint
2969
P. Nair
3010
P. Vallatscha
Val Mora
Val Müstair
P. Turettas
2958
P. Minschuns
2934
Gomagoi
Stilfser
Wasserfall-Sp.
2741
3180
P. Murtaröl
Cima la Casina
Giacomo
di Fraele
Lago di
Giácomo
P. Umbrail
3033
Umbrailpass
Giogo di
S.Maria
2503
Außer Sulden
Solda di Fuori
Trafoi
Joch
Suldental
3125
P. Schumbraida
M.Sumbráida
Valle di Fraèle
Pso. di Stélvio
Stilfser Joch
2757
Trafoier Tal
Ortler
Ortles
3905
Sulden
Solda
V.di Solda
MMM Ortles
Lago di Cancano
Hohe Schneide
M. Cristallo
3434
Trafoier Eiswand
Cima di Trafoi
3563
M. Zebrù
3740
Valdidentro
Cresta di Réit
3075
Königspitze
Gran Zebrù
3851
Eisseespitze
3243
Premàdio
Pedenosso
Semogo
Bagni Romani
Giardino Botanico
Alpino Rezia
Bórmio
Valfurva
Valle dello Zebrù
Suldenspitze
3376
Nationalpa
Oga
S. Antonio
Val Viola
M. Confinale
3370
Cime del Forno
3241
Rif. Pizzini
Zufallspitze
Monte Cevedale
3769
Piatta
Piazza
Valdisotto
Bórmio 3000
Pagania
Stilfser J
Palon de la Mare

146 Passo di Foscagno Südtirol

Der Foscagno bildet eine interessante Zufahrt nach Livigno, und zwar von Bormio kommend. Wer aus dem Abstecher in den Zollausschlussbezirk eine gelungene Rundtour machen möchte, nutzt nach dem Foscagno den ebenfalls noch auf dieser Strecke liegenden Passo d'Eira, der weitere 2208 Höhenmeter zur eigenen Sammlung hinzufügt, und verlässt Livigno schließlich über den Forcola.

Ein weiterer lohnenswerter Abstecher führt bei Valdidentro nordwärts auf den Passo Torri di Fraele und weiter zu den Stauseen Lago di Cancano und Lago di San Giacomo. Bis zu diesen beiden Gewässern ist der einstige Schotterpass auch durchgehend asphaltiert.

INFOS ZUM PASS

Scheitelhöhe: 2291 m
Länge: 37 km
max. Steigung: 12 %
Wintersperre: keine
Basisorte: Bormio - Livigno
Kombinationsmöglichkeiten: Stilfserjoch, Umrail, Ofenpass (CH), Bernina (CH)

Italien
Susch/Süs
Zernez
Val Sarsura
P. d'Urezza
2906
P. d'Arpiglias
3027
P. Nuna
3124
Val Sampuoir
S e s v e n n a
P. Plavna Dadaint
3166
2317
Il Fose
Val Minger
P. Laschadurella
3046
P. Murtera
3012
P.Foraz
3092
S-charl
V. Tavrü
Val S-charl
V.Sesvenna
P. Madlain
3099
P. Cristannes
3092
P. Sesvenna
3205
V. di Slingia
P. Mezdi
2883
P. Tavrü
3168
3021
P. Vallatscha
P. Nair
3010
P. Starlex
3075
V. d'Avigna
Taufers/
Tubre
41
P. Terza
2910
Müstair/
Münster
St.Johann
Ova Spin
A l p e n
Schweizerischer
Nationalpark
Punt la Drossa
Munt-la-Schera-
Tunnel
3500 m
20-8 h
Spöl
Ofenpass
Pass dal Fuorn
2149
10%
23
28
12
6
4
8 %
P. Quattervals
3165
P. dal Diavel
3062
3127
P. d'Esan
P. Serra
3093
P. dal Acqua
3118
Lago di Livigno/
Lago del Gallo
P. Saliente
3048
P. Chaschauna
3071
Lü
Tschierv
Fuldera
Sta.Maria
i.Münstertal
Valchava
Sielva
14 %
P. Daint
2969
Cima del Serraglio
2685
Val Mora
Val Müstair
Val Vau
P. Turettas
2958
P. Minschuns
2934
XI-V
16
17
M. Cassa del Ferro
3140
ZOLLFREIE ZONE
ZONA FRANCA
Valle di Livigno
S.Maria
Livigno
2929
Chaschanella
S. Giacomo
di Fraele
Lago di
S. Giácomo
3180
P. Murtaröl
Cima la Casina
3125
P. Schumbraida
M.Sumbráida
P. Umbrail
3033
Umbrailpass
Giogo di
S.Maria
2503
Pso. di Stélvio
Stilfser Joch
2757
XI-VI
Passo d'Eira
2210
12%
Trepalle
S.
Rocco
M. della Neve
2785
C.Ables
Valle di Fraèle
Lago di Cancano
P. Lavirun
3058
San Florino
Trepalle
10%
Valdidentro
XII-IV
18
12%
Hohe Schneide
M. Cristallo
3434
Cresta di Réit
3075
Premàdio
Pedenosso
Semogo
Giardino Botanico
Alpino Rezia
Bagni Romani
Bórmio
Valle
Valfurva
S. Antonio
Oga
Passo
di Foscagno
2291
12%
15
301
10
Arnoga
Val Viola
SCHWEIZ
ITALIA
Parco Regionale
del Livignese
Campacciolo
ZOLLFREIE ZONE
ZONA FRANCA
18
3104
La Stretta
10%
Corna di Capra
3313
Pizzo Filone
3133
Pizzo Zembrasca
3090
Forcola di Livigno
2315
12%
XI-VI
20-6 h
Bernina
Piz Paradisin
Pizzo Paradisino
3302
Piatta
Piazza
38
Adda
300
Valfurva
Pagania
Bórmio 3000
Valdisotto
23
Monte Vallecetta
3148
Cima de Piazzi
3439
Tola
S. Maria-
Maddalena
M. Sobretta
3296
La Rösa
Corno di Dosdè
3233
Pizzo di Dosdè
3280
Val da Camp
12%
Pisciadel
Cima di Saoseo
3263
Lago
Negro
Cima Viola
3374
P. Coppetto
3066
Cime Redasco
3139
Val Grosina
Parco
Corno di Boero
2878
M. Gávia
3223
P. Sena
3075
Sasso Campana
2913
Le Prese
Frontale
Segondin
Robbia
Ravisce
30
Filo della
Veglia
2854
Roasco
Val Grosina
Sóndalo
Mondadizza
3213
Punta di Pietra Rossa
Fusino
Bolladore
Grósio
Vernuga
dello
M. Coleazzo
3006
Prada
29
Canton
Lago di
Poschiavo
Le Prese
Cima de li
Grandi Rossi
2831
Dosso Cornin
2775
Banderola
Grosotto
38
Corno Tremoncelli
2834
M. Serottini
2967
Cima Mattaciul
2852

147 Forcola di Livigno Lombardei/Schweiz

Der recht unspektakulär verlaufende Pass weiß vor allem mit seiner Höhe zu punkten. Allerdings geht es in weiten Teilen recht gut ausgebaut und ohne nennenswerte Kehren in das schweizerische Zollausschlussgebiet Livigno, das im Winter auch gerne als Skigebiet genutzt wird. Ein Anlass für einen Besuch sind sicher die günstigen Preise für Sprit, Tabak, Spirituosen und Kosmetik – ähnlich wie in Samnaun. Die Grenzkontrolle erfolgt auf der Passhöhe.

Der Abstecher wird auch gerne mit einem Ritt über den schweizerischen Berninapass verbunden, von dessen Südrampe der Forcola di Livigno abzweigt.

Die Zufahrt ist von 6 bis 22 Uhr möglich.

INFOS ZUM PASS

Scheitelhöhe: 2315 m **Länge:** 18 km
max. Steigung: 12 % **Wintersperre:** 11-5
Basisorte: Livigno (I) – La Motta (CH)
Kombinationsmöglichkeiten: Berninapass (CH), Ofenpass (CH), Umbrail, Foscagno

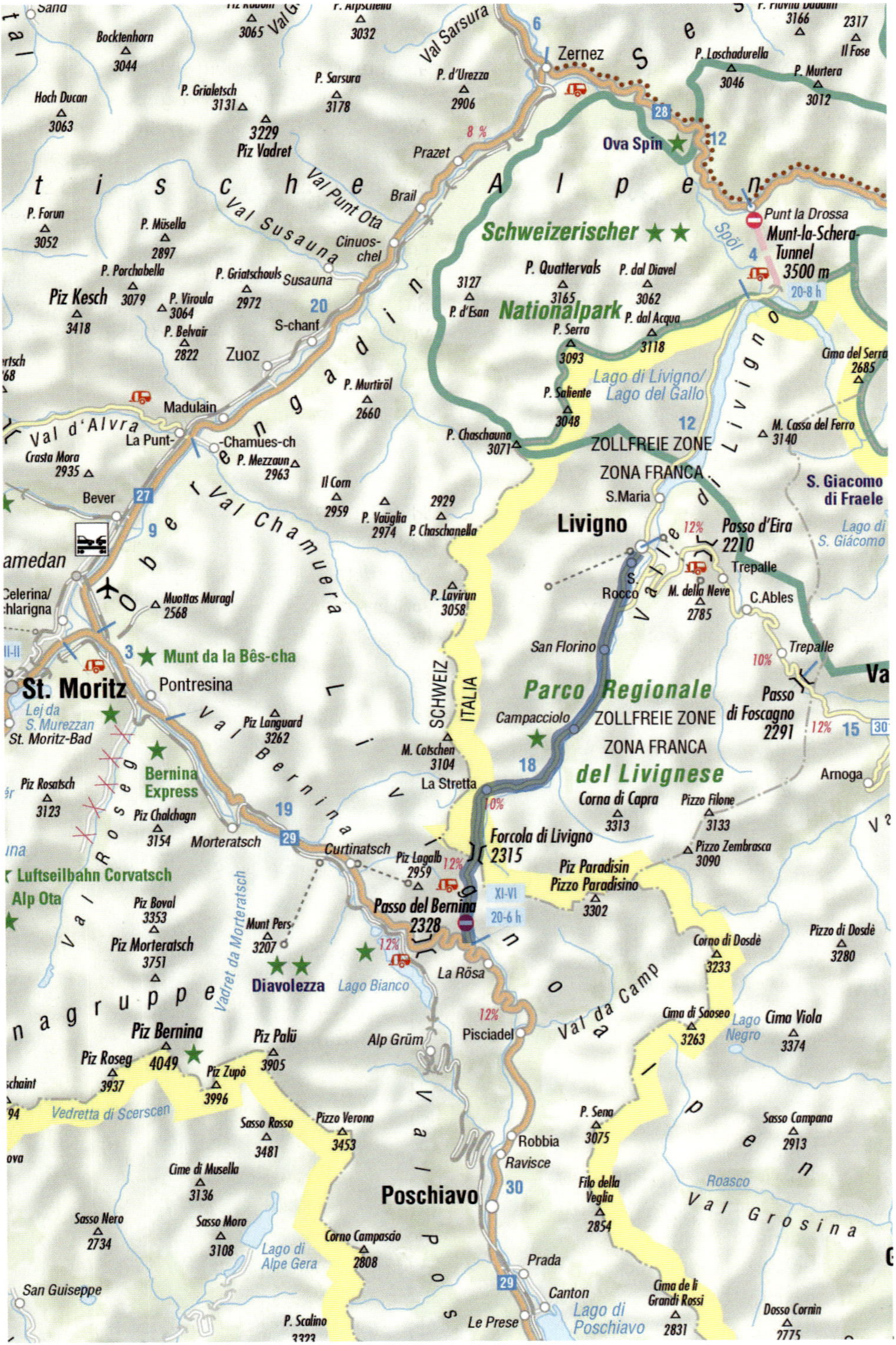
Zernez
Val Sarsura
P. d'Urezza
2906
P. Sarsura
3178
Bocktenhorn
3044
Hoch Ducan
3063
P. Grialetsch
3131
3229
Piz Vadret
Prazet
8 %
Brail
Val Punt Ota
Val Susauna
Cinuos-chel
Susauna
S-chanf
Zuoz
Madulain
La Punt-
Chamues-ch
Val d'Alvra
Crasta Mora
2935
Bever
amedan
Celerina/
Schlarigna
St. Moritz
Pontresina
Lej da S. Murezzan
St. Moritz-Bad
P. Forun
3052
P. Müsella
2897
P. Porchabella
Piz Kesch
3418
3079
P. Viroula
3064
P. Belvair
2822
P. Griatschouls
2972
P. Mezzaun
2963
P. Murtiröl
2660
Il Corn
2959
P. Vaüglia
2974
2929
P. Chaschanella
Val Chamuera
Muottas Muragl
2568
Munt da la Bês-cha
Ober Engadin
Schweizerischer Nationalpark
P. Quattervals
3165
P. dal Diavel
3062
3127
P. d'Esan
P. dal Acqua
3118
P. Serra
3093
P. Saliente
3048
P. Chaschauna
3071
Lago di Livigno/
Lago del Gallo
ZOLLFREIE ZONE
ZONA FRANCA
S.Maria
Livigno
Valle di Livigno
Ova Spin
P. Laschadurella
3046
P. Murtera
3012
3166
2317
Il Fose
Punt la Drossa
Munt-la-Schera-Tunnel
3500 m
20-8 h
Spöl
Cima del Serra
2685
M. Cassa del Ferro
3140
S. Giacomo di Fraele
Lago di S. Giácomo
Passo d'Eira
2210
12%
Trepalle
S. Rocco
M. della Neve
2785
C.Ables
Trepalle
10%
Passo di Foscagno
2291
12%
Arnoga
San Florino
P. Lavirun
3058
SCHWEIZ
ITALIA
Parco Regionale del Livignese
Campacciolo
ZOLLFREIE ZONE
ZONA FRANCA
M. Cotschen
3104
La Stretta
10%
Forcola di Livigno
2315
Corna di Capra
3313
Pizzo Filone
3133
Pizzo Zembrasca
3090
Piz Paradisin
Pizzo Paradisino
3302
Piz Lagalb
2959
12%
XI-VI
20-6 h
Passo del Bernina
2328
La Rösa
12%
Pisciadel
Val da Camp
Corno di Dosdè
3233
Pizzo di Dosdè
3280
Cima di Saoseo
3263
Lago Negro
Cima Viola
3374
Piz Languard
3262
Val Bernina
Bernina Express
Piz Rosatsch
3123
Piz Chalchagn
3154
Morteratsch
Curtinatsch
Val Roseg
Luftseilbahn Corvatsch
Alp Ota
Piz Boval
3353
Piz Morteratsch
3751
Munt Pers
3207
Vadret da Morteratsch
Diavolezza
Lago Bianco
12%
Alp Grüm
Berninagruppe
Piz Bernina
4049
Piz Roseg
3937
Piz Palü
3905
Piz Zupò
3996
Vedretta di Scerscen
Sasso Rosso
3481
Pizzo Verona
3453
Cime di Musella
3136
Val Poschiavo
Robbia
Ravisce
Poschiavo
P. Sena
3075
Filo della Veglia
2854
Sasso Campana
2913
Livigno Alpen
Roasco
Val Grosina
Sasso Nero
2734
Sasso Moro
3108
Lago di Alpe Gera
Corno Campascio
2808
Prada
Canton
Lago di Poschiavo
Le Prese
Cima de li Grandi Rossi
2831
Dosso Cornin
2775
San Guiseppe
P. Scalino

148 Passo dell'Aprica Lombardei

Namensgebend für diesen Pass in der Lombardei ist der Ort Aprica. Genau dort befindet sich auf einer Höhe von 1176 Metern auch die Passhöhe.

Aufgrund der Bebauung ist sie als solches allerdings kaum zu erkennen, zumal auch kein richtiges Passschild aufgestellt ist. Da das Gebiet ein bei den Italienern beliebtes Wintersportgebiet ist, es im Normalfall keine Wintersperre.

Die Straße verbindet das Veltlin in Norditalien (an der Grenze zur Schweiz) mit dem Valcamonica. Sie ist breit ausgebaut und wird vor allem unter der Woche auch von Lkw befahren. Motorradspaß ist streckenweise auf ihr trotzdem geboten.

INFOS ZUM PASS

Scheitelhöhe: 1176 m
Länge: 24 km
max. Steigung: 9 %
Wintersperre: keine
Basisorte: Edolo - Tresenda
Kombinationsmöglichkeiten: Tonale, Gavia, Foscagno, Forcola di Livigno, Berninapass (CH)

149 Passo di Croce Domini

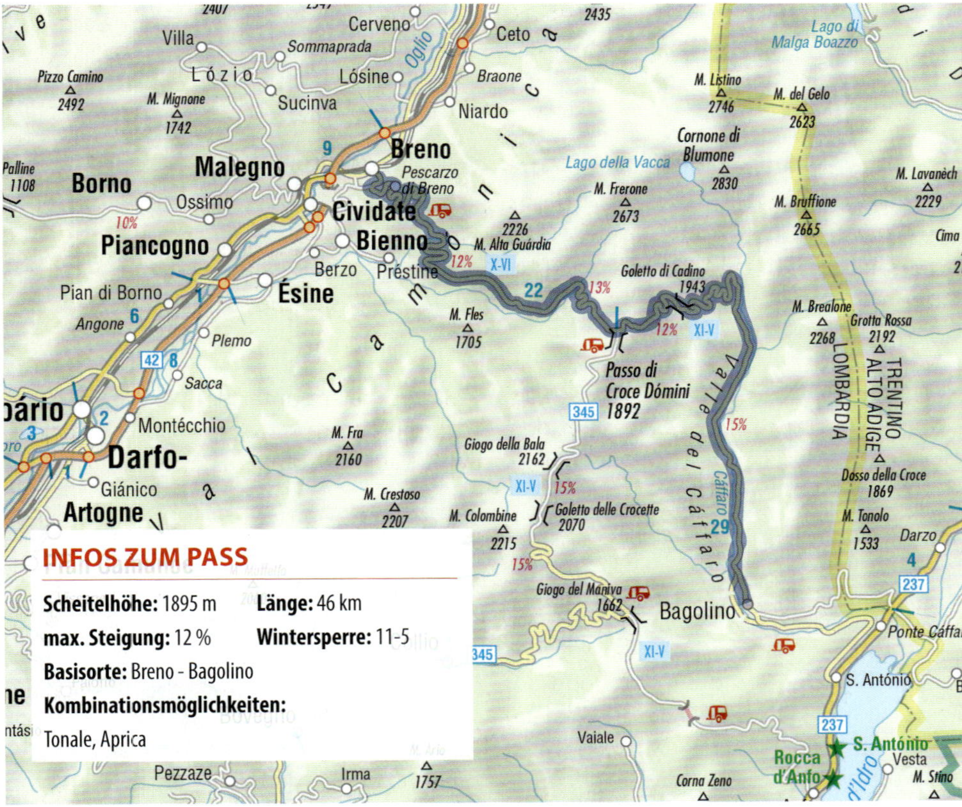

INFOS ZUM PASS

Scheitelhöhe: 1895 m **Länge:** 46 km
max. Steigung: 12 % **Wintersperre:** 11-5
Basisorte: Breno - Bagolino
Kombinationsmöglichkeiten:
Tonale, Aprica

Dieser Pass in der Lombardei setzt gleich ein paar Ausrufezeichen. Die über 46 Kilometer lange Scheitelstrecke über den 1895 Meter hohen Passo di Croce Domini verbindet Caffaro am Lago d'Idro mit Breno im Westen. Höchster Punkt dieser Strecke ist allerdings nicht der Croce Domini, sondern der 1943 Meter hohe Goletto di Cadino, der vom Lago d'Idro kommend etwa einen Kilometer zuvor erreicht wird. Allerdings sucht man vergebens nach einem Passschild. Das findet man am Croce Domini auf jeden Fall – und dazu viele Motorradfahrer am Bikertreff. Ein Grund für die Popularität des Passes ist sicher seine Vielfältigkeit. Er kann von Westen und Südosten gleichermaßen von jedermann angefahren werden. Ordentlicher Asphalt

und wenig Verkehr sind die Garanten für hinreichend Fahrspaß. Außerdem befindet sich auf der Passhöhe der Einstieg in die Tre-Valli-Höhenstraße.

Tipp: Auf der Südostrampe kurz unterhalb der Passhöhe unbedingt eine kurze Pause in der rustikalen Malga Cadino della Banca einplanen.

150 Kleiner Sankt Bernhard (Colle del Piccolo San Bernardo / Col du Petit Saint Bernard) Aostatal/Savoien

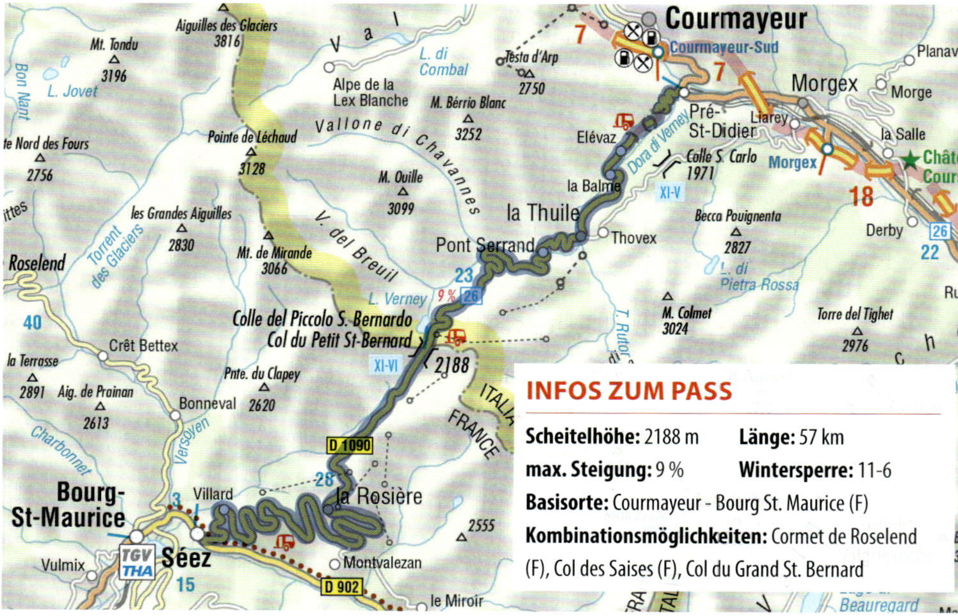

INFOS ZUM PASS

Scheitelhöhe: 2188 m
Länge: 57 km
max. Steigung: 9 %
Wintersperre: 11-6
Basisorte: Courmayeur - Bourg St. Maurice (F)
Kombinationsmöglichkeiten: Cormet de Roselend (F), Col des Saises (F), Col du Grand St. Bernard

Auf der 2188 Meter hohen Passhöhe des Kleinen Sankt Bernhard verläuft die Landesgrenze zwischen Italien und Frankreich. Deshalb hat er auch in beiden Landessprachen seine eigene Bezeichnung: Colle del Piccolo San Bernardo und Col du Petit Saint Bernard. Während des Zweiten Weltkrieges fanden rund um dieses Gebiet zahlreiche Kämpfe statt, bei denen mehrere hundert Zivilisten ums Leben kamen. Auf der französischen Seite lohnt sich kurz vor der Passhöhe eine Pause an dem eindrucksvollen Monolithen. Darauf befindet sich die Statue des Heiligen Bernhard von Menthon, der hier einst ein Hospiz gegründet haben soll. Lediglich eine Ruine ist heute davon noch zu finden. Die Straße ist breit und gut ausgebaut und sorgt mit insgesamt 52 Kehren für mächtig Fahrspaß.

151 Colle della Maddalena/Col de Larche Piemont/F

Dieser Grenzpass verbindet die Orte Vinadio (im italienischen Piemont) mit Jausiers (in den französischen Seealpen) miteinander. Nicht verwirren lassen sollte man sich durch die unterschiedliche Namensgebung. In Frankreich heißt er Col de Larche und in Italien Colle della Maddalena. Die gut 62 Kilometer lange Strecke ist bestens ausgebaut und verfügt über erstaunlich breite Fahrbahnen. Diese sind offensichtlich auch nötig, da diese Straße gerne von Lkw genutzt wird. Der Fahrspaß stellt sich daher vor allem am Wochenende ein, da die Strecke dann nur wenig befahren wird. Auf der französischen Seite geht es erst einmal gemächlich los, da nur recht wenig Kehren vorhanden sind. Dafür beträgt die Steigung stellenweise bis zu zwölf Prozent. Interessanter wird die Fahrt dann nach dem Grenzübergang: Knapp unterhalb der Passhöhe, quert man in einer Höhe von immer noch stattlichen 1974 Metern den 360 Meter lange Lago della Maddalena. Danach kommen dann auch endlich die richtigen Kehren.

INFOS ZUM PASS

Scheitelhöhe: 1991 m **Länge:** 62 km

max. Steigung: 12 % **Wintersperre:** bei Bedarf

Basisorte: Jausiers (F) - Vinadio

Kombinationsmöglichkeiten: Col Agnel (F), Restefond/Bonnette (F), Lombarde (F)

Pässe und Panoramastraßen in der

SCHWEIZ

Betten
KS
TV71

152 Ofenpass Graubünden

Auf 36 Kilometern verbindet der Ofenpass die Orte Zernez und Santa Maria. Sein Name leitet sich von den Schmelzöfen ab, die es in der Region noch bis ins späte Mittelalter gab. Eine Nachbildung eines dieser Öfen ist an der Passhöhe zu finden.

Die Straße ist bestens ausgebaut und befindet sich in einem guten Zustand. Vor allem die Fahrt auf der Südrampe macht aufgrund der vielen tollen Serpentinen einen Heidenspaß. Rund um den Ofenpass herrscht ein besonders mildes Klima. Außerdem zählt es zu den niederschlagärmsten im schweizerischen Hochgebirge. Außerdem ist die Schneegrenze hier hoch, so dass der Pass im Normalfall ganzjährig befahren werden kann.

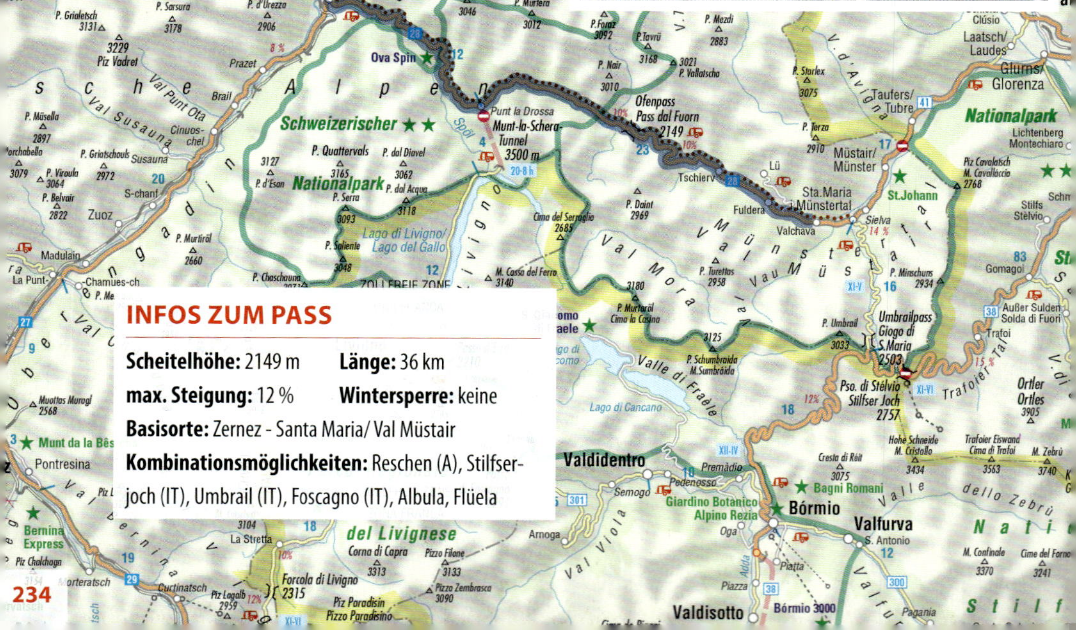

INFOS ZUM PASS

Scheitelhöhe: 2149 m **Länge:** 36 km
max. Steigung: 12 % **Wintersperre:** keine
Basisorte: Zernez - Santa Maria/ Val Müstair
Kombinationsmöglichkeiten: Reschen (A), Stilfserjoch (IT), Umbrail (IT), Foscagno (IT), Albula, Flüela

153 Flüela Pass Graubünden

Kein von West nach Ost verlaufender Pass wird jemals dieselbe entscheidende Bedeutung erlangen wie die schon immer wichtigeren Nord-Süd-Verbindungen über die Alpen. Nur der Flüela macht da eine Ausnahme. Er verdankt seine Bedeutung nämlich dem Umstand, dass er die kürzeste Strecke zwischen dem Rheintal und dem Unterengadin ist.

Seit Davos zum weltbekannten Kurort wurde, lockt auch das weite und sonnige Gelände entlang der Bergstrecke zu allerlei Freizeitaktivitäten – mit all ihren unerfreulichen Nebenerscheinungen. Dies verhindert auch nicht der Umstand, dass der Flüelapass wegen seiner bekannt hohen Schneemengen oft Monate lang geschlossen ist.

INFOS ZUM PASS

Scheitelhöhe: 2383 m
Länge: 30 km
max. Steigung: 10 %
Wintersperre: 12-4
Basisorte: Davos - Susch
Kombinationsmöglichkeiten: Albulapass, Julierpass, Ofenpass, Reschenpass (AT), Schanfiggerstraße

154 Schanfiggerstrasse Graubünden

Das wilde Bergtal zwischen Arosa und Chur hat seinen ursprünglichen Charakter und die kulturellen Besonderheiten bis heute bewahrt. Es erstreckt sich von der Plessur im Talgrund bis hoch aufs Matjischhorn und hinein in die malerischen Seitentäler Fondei und Sapün. Die mächtigen Berggipfel scheinen das Tal förmlich zu bewachen und bilden eine imposante Kulisse. Dazu erstrecken sich im Sommer sattgrüne Wiesen bis hinauf zu den Gipfeln.

INFOS ZUM PASS

Scheitelhöhe: 1775 m **Länge:** 32 km

max. Steigung: 12 % **Wintersperre:** keine

Basisorte: Arosa – Chur

Kombinationsmöglichkeiten:

Glaspass, Flüelapass, Albula Pass

Die wunderbare Schanfiggerstrasse lässt auch Motorradfahrer all dies genießen. Dankenswerterweise kommt sie auf ihrer Strecke von gut 30 Kilometern auch noch äußerst kurvenreich daher. Offiziell eröffnet wurde sie zu Beginn des 20. Jahrhunderts und seither stetig ausgebaut. Um sie den heutigen Bedürfnissen in Bezug auf Übersichtlichkeit, Kurvenradien und Straßenbreite anzupassen, wird sie voraussichtlich ab dem Frühling 2019 saniert werden.

155 Glaspass Graubünden

INFOS ZUM PASS

Scheitelhöhe: 1846 m **Länge:** 14 km

max. Steigung: 15 % **Wintersperre:** keine

Basisorte: Thusis – Innerglas (Sackgasse)

Kombinationsmöglichkeiten:

Schanfiggerstraße, Flüelapass, Albula Pass

Ein Pass, an dessen Passhöhe Schluss ist. Solche Straßen sind in den Alpen zwar selten, aber durchaus zu finden. Zu dieser Kategorie gehört der Schweizer Glaspass im Grunde genommen auch – auch wenn es hier nach dem Scheitel immer noch 1,5 Kilometer weiter in westlicher Richtung gehen könnte, um zum offiziellen Endpunkt Innerglas zu kommen. Die eigentliche Westrampe ist nur ein kleiner Pfad, dem ein offizielles Fahrverbot auferlegt wurde. Daher stellt sich die Frage: Warum sollte man sich das antun? Nun, weil die 14 Kilometer, die man von der Gemeinde Thusis in schön gewundenen Kehren in die Höhen der Region Viamala hinauf fahren kann, ordentlich zu genießen sind. Und im Anschluss im Berggasthaus Beverin einzukehren, bevor man sich auf den Rückweg macht, ist immer eine gute Idee.

156 Albula Pass Graubünden

Die schmale Straße über den Albulapass hat seit Eröffnung der Albulabahn kaum noch Bedeutung.

Daher ist sie auch von Oktober bis Juni, vor allem wegen Lawinengefahr, gesperrt. In der übrigen Zeit ist der Pass aber gerade bei Motorradfahrern wegen seiner landschaftlichen Vielfalt und der abwechslungsreichen Streckenführung sehr beliebt. Das könnte sich aber ändern, wenn die Bahn wie angekündigt nach der kommenden Wintersaison die Autoverladung durch den Tunnel einstellt.

Doch 1700 Fahrzeuge mehr werden auch nicht so ins Gewicht fallen. Tipp: an einem sonnigen Tag vor dem Hospiz eine Portion Spaghetti genießen.

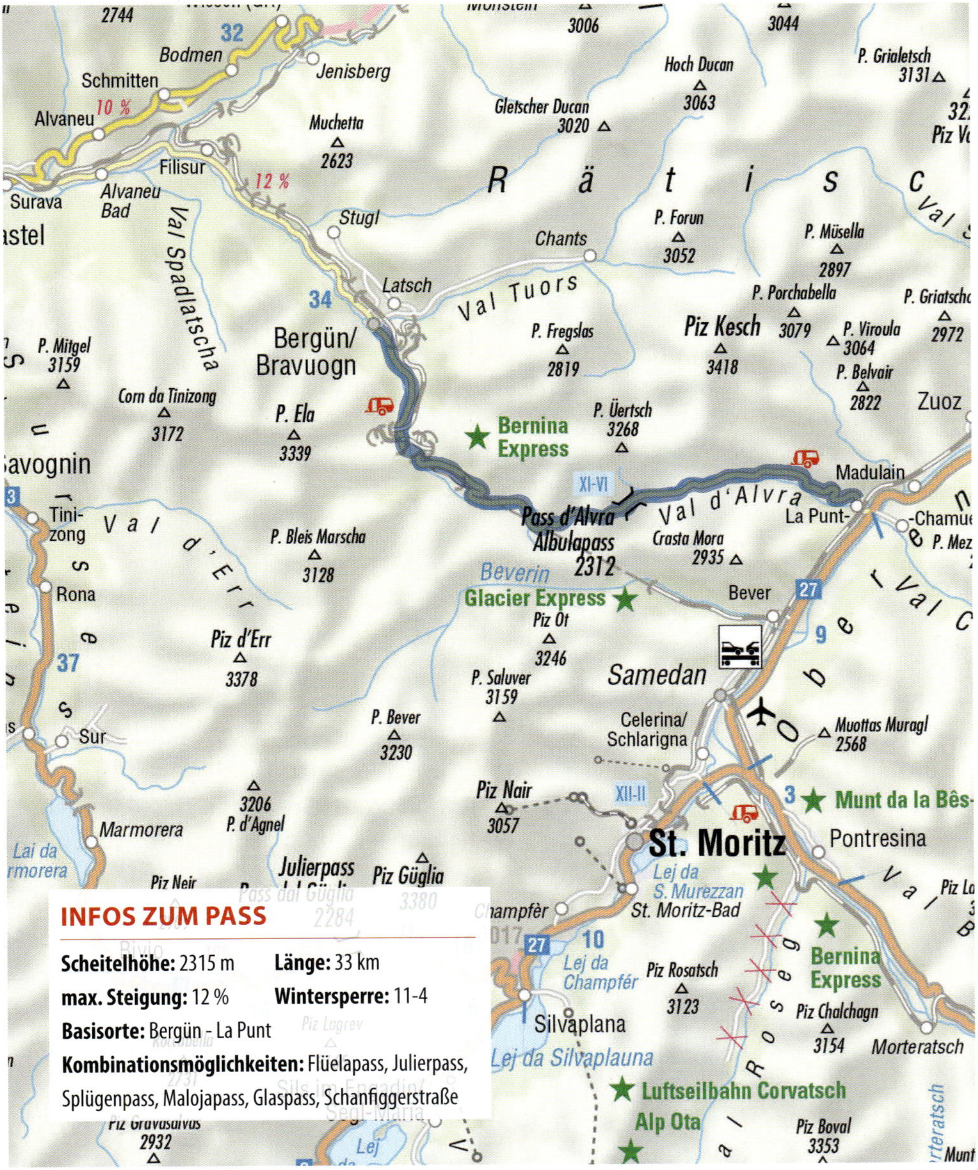

INFOS ZUM PASS

Scheitelhöhe: 2315 m **Länge:** 33 km
max. Steigung: 12 % **Wintersperre:** 11-4
Basisorte: Bergün - La Punt
Kombinationsmöglichkeiten: Flüelapass, Julierpass, Splügenpass, Malojapass, Glaspass, Schanfiggerstraße

13815

HOTEL TIPP

Hotel Preda Kulm ***

Unser Hotel Preda Kulm liegt in einer reizenden Talmulde, mitten in einer gewaltigen Gebirgsszenerie, umgeben von blumigen Wiesen und dunklen Wäldern. Preda ist ein kleiner, idyllischer Ort am Albulapass auf 1800 Meter über Meer, 7 km oberhalb von Bergün. Ausgangspunkt vieler verschiedener Motorradtouren.

CH-7482 Preda, Preda 155
Fon 0041 (0) 81 / 4071146
www.preda-kulm.ch

GPS: N 46°35´21"
E 9°46´33"

157 Berninapass Graubünden

Der Oberengadiner Pass zählt zu den schönsten Übergängen der Schweiz und wird möglichst ganzjährig offen gehalten.

Er hatte schon immer auch eine wirtschaftliche Bedeutung, wenn auch nie so wie seine Nachbarn: der Maloja- und der Ofenpass.

Auf der Westseite ist die Trasse der Berninabahn ein ständiger Begleiter der Straße. Beim Bernina Hospiz erreichen die Gleise 2253 Meter, die mithin höchste Alpentransversale überhaupt.

Der zur Wasserkraftgewinnung genutzte Lago Bianco wird von gleich zwei Mauern gestaut. Er liegt eingebettet in ein prächtiges Bergpanorama, dass auch den Blick auf gleich mehrere Gletscher freigibt.

INFOS ZUM PASS

Scheitelhöhe: 2328 m **Länge:** 33 km
max. Steigung: 12 % **Wintersperre:** keine
Basisorte: Pontresina - Poschiavo
Kombinationsmöglichkeiten: Forcola di Livigno (IT), Malojapass, Albulapass, Julierpass

A
JACQUET
1910 2010
52
BERNINA

Der Bernina-Express überquert die Nordrampe des Berninapasses

158 Julierpass Graubünden

Mit einer Scheitelhöhe von 2284 Metern verbindet der Pass die Täler Oberhalbstein und Engadin. Nach Möglichkeit wird der Pass ganzjährig offen gehalten. Die Route der zwischen 1820 und 1826 erbauten Straße führt von Tiefencastel entlang des Flusses Julia über Savognin, Marmorera, Bivio – wo der Weg zum Septimerpass abzweigt – zur Passhöhe und weiter nach Silvaplana.

Die gut ausgebaute Verbindung überwindet eine Höhendifferenz von 1433 Metern, die maximale Steigung beträgt dabei zehn Prozent. Der griffige Belag ist durchgängig breiter als fünf Meter und relativ einfach zu befahren. Typisch für den landschaftlich reizvollen Streckenverlauf, besonders auf der 36 Kilometer langen Nordrampe von Tiefencastel zum Pass hinauf, sind flache Teilstücke, die immer wieder von kurzen „Treppen" mit einigen steileren Kehren unterbrochen werden. Viel kürzer ist die nur sieben Kilometer lange Südrampe von Silvaplana aus; allerdings beträgt der Höhenunterschied hier auch nur 469 Meter.

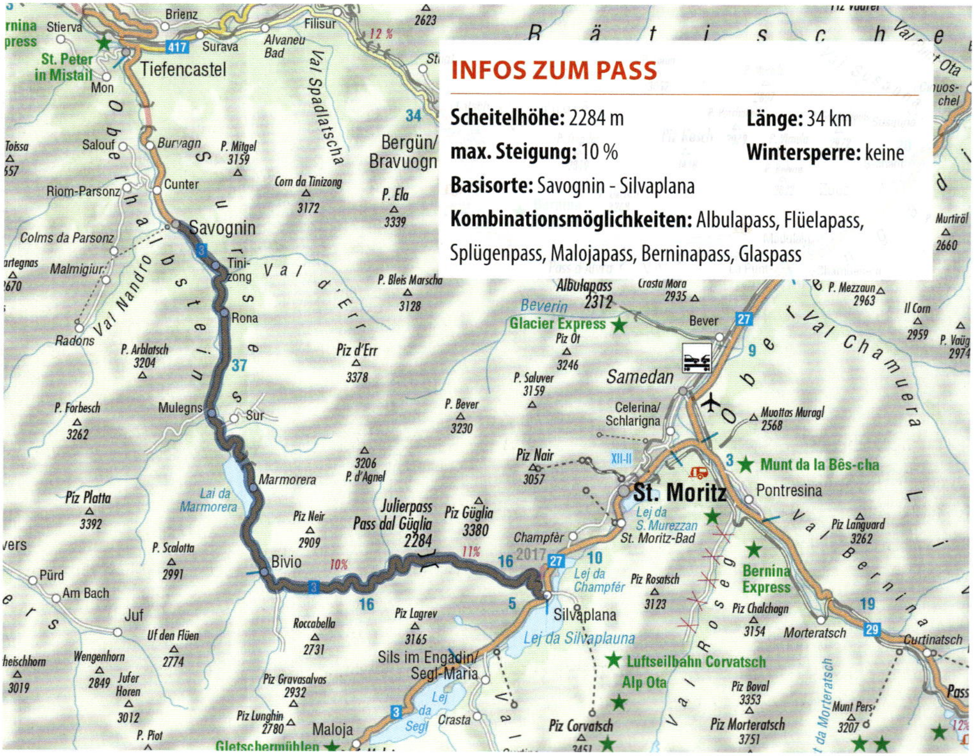

INFOS ZUM PASS

Scheitelhöhe: 2284 m
Länge: 34 km
max. Steigung: 10 %
Wintersperre: keine
Basisorte: Savognin - Silvaplana
Kombinationsmöglichkeiten: Albulapass, Flüelapass, Splügenpass, Malojapass, Berninapass, Glaspass

159 Malojapass (Passo del Maloja) Graubünden

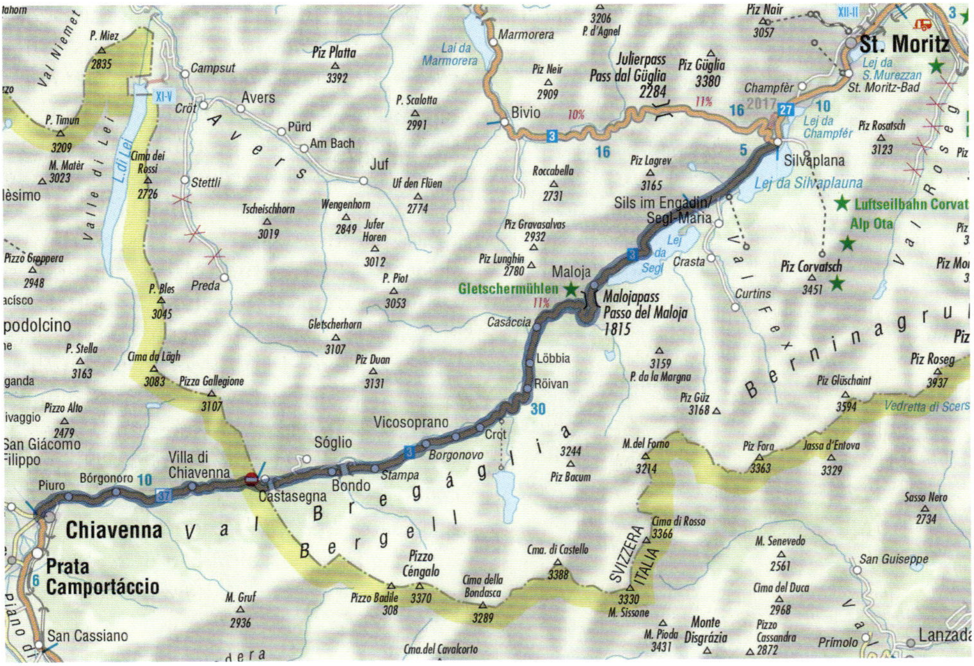

Dieser Pass ist definitiv ein Kuriosum: Er hat nur eine Rampe – und zwar auf der Südwestseite. Von Chiavenna nach Maloja steigt er auf rund 33 Kilometern um fast 1.500 Meter an.

Die Grenze zwischen Schweiz und Italien befindet sich im hübschen Dörfchen Castasegna, wo durchaus eine Kaffeepause eingelegt werden sollte.

Auf der anderen Seite des Passes geht es von St. Moritz aus zumeist recht flach an diversen Seen vorbei. Aufgrund der fehlenden Höhenunterschiede kann hier nur schwerlich von einer Rampe gesprochen werden.

Lohnenswert ist die Fahrt aufgrund der vielen Postkartenmotive aber dennoch, zumal die Straße bestens ausgebaut ist.

INFOS ZUM PASS

Scheitelhöhe: 1815 m
Länge: 42 km
max. Steigung: 12 %
Wintersperre: keine
Basisorte: Silvaplana - Chiavenna (I)
Kombinationsmöglichkeiten: Berninapass, Splügenpass, Julierpass, Albulapass

160 Splügenpass Graubünden

Der über die Grenze zu Italien führende Splügenpass verbindet Graubünden mit der Lombardei.

Von Chiavenna aus kann man weiter zum Comer See fahren und bei Lugano wieder in die Eidgenossenschaft zurückkehren. Schon die Anfahrt ist beeindruckend. Sie fädelt von Chur aus kommend bei Thusis in die alte San Bernardino Straße über die legendäre Via Mala mit ihrer faszinierend engen Schlucht ein. In Splügen Dorf ist dann der eigentliche Anfang des Passes. Das Dorf ist in seinem Urzustand erhalten und weist noch alte Holzhäuser auf. Bei der Zufahrt zum Pass selbst bietet die kehrenreiche Nordrampe auf Schweizer Seite viel Fahrspaß.

Die Südrampe ist zwar etwas schlechter ausgebaut, geizt aber dennoch nicht mit Kurven, von denen ein Teil in Tunneln oder Galerien liegt.

INFOS ZUM PASS

Scheitelhöhe: 2113 m **Länge:** 42 km
max. Steigung: 13 % **Wintersperre:** 11-4
Basisorte: Chiavenna – Splügen (CH)
Kombinationsmöglichkeiten: San Bernardino, Malojapass, Julierpass, Albulapass, Glaspass

Zervreila-see
Fanellahorn
3124
Canaltal
Lorenzhorn
3048
Valser Horn
2886
2929
Hinterrhein
Hinter-rhein
S. Bernardino Pass
Nufenen
Medels im Splügen
Rheinwald
Medels
Splügen
Hinterrhein
Rheinwald
E43
13
10 %
12%
XI-V
Splügenpass
Pso. dello Spluga
2113
Rofla
Cresta
P. dil Gurschus
2880
Ausser-ferrera
Val Ferrera
Hüreli
2855
Innerferrera
Surettahorn
3027
Val Niemet
P. Miez
2835
Campsut
Avers
Cröt
Aver
Hinterrhein
Pso. del S. Bernardino
2065
9%
Galleria del S.Bernardino
6596 m
P. Uccello
2724
P. de la Lumbreida
2983
Val Curciusa
P. Tambo
3279
Cima de Val Loga
3004
M. Spluga
L. di M.Spluga
M. Cardine
2467
2721
Spadolazzo
Stuetta
P. Timun
3209
Zapporthorn
3152
P. de Mucia
2967
San Bernardino
San Bernardino
San Bernardino
P. di Pian
3158
Ísola
17
M. Matèr
3023
Madèsimo
Valle di Lei
L. di Lei
Cima dei Rossi
2726
Stettli
Tscheischl
3019
Rodond
2830
Calancasca
Moesa
P. Pian Grand
2689
Pian S.Giacomo
Pian San Giacomo
Cima de Barna
2862
M. Tignoso
2376
P. de Montagnia
Pianazzo
Pizzo Groppera
2948
Corti
Fracísco
P. Bles
3045
Preda
Valbella
Mesocco-Nord
Mesocco
2718
Campodolcino
Prestone
Cima de Gagela
2805
Mesocco-Süd
P. Corbet
3025
2967
P. Stella
3163
Cima da Lägh
3083
Pizza Gallegione
3107
Rossa
Áugio
Castello di Misox
Soazza
L. del Truzzo
Cimaganda
Gallivaggio
Santa Domenica
P. de l'Ardion
3507
Ri di Buffalora
P. Pmbi
Pizzo del Torto
2723
S.Bernardo
Pizzo Alto
2479
San Giácomo Filippo
Val San Giácomo
Val Calanca
Val Mesolcina
Fil de Nomnom
2633
Cauco
Olmo
Piuro
Bórgonoro
Villa di Chiavenna
Selma
Cabbiolo
P. de Groven
2694
Lostallo
Lostallo
Pizzo della Fórcola
2675
Bette
Chiavenna
Arvigo
Brággio
Menarola
Mese
Prata Camportáccio
Gordona
M. Gruf
Sass Castell
18

161 San Bernardino Graubünden

Mit dem San Bernardino überquert man auch die innerschweizer Sprachgrenze zwischen Deutsch und Italienisch.

Seinen Namen verdankt der Pass einer Kapelle aus dem 15. Jahrhundert, errichtet zu Ehren des Heiligen Bernhardin von Siena. Die zwischen 1818 und 1823 erbaute und bis heute dem Verkehr dienende Route folgt dem Wegverlauf von 1770, entschärft die Steigungen an beiden Rampen aber mit zahlreichen, flüssig zu fahrenden Kehren. Auf dem Pass herrscht kaum Verkehr, seit der 6,6 Kilometer lange Straßentunnel in den 1960ern in Betrieb genommen und bis 2006 grundlegend erweitert wurde. Ein Grund mehr, der historischen Route zu folgen.

INFOS ZUM PASS

Scheitelhöhe: 2065 m
Länge: 65 km
max. Steigung: 10 %
Wintersperre: 11-4
Basisorte: Hinterrhein - Bellinzona
Kombinationsmöglichkeiten: Splügenpass, Lucomagno (IT),

S. Bernardino Pass
Hinterrhein
Rheinwald
Nufenen
Medels
Splügenpass
Pso. dello Spluga
2113
Pso. del S. Bernardino 2065
Galleria del S.Bernardino 6596 m
San Bernardino
Pian San Giacomo
Mesocco
Mesocco-Nord
Mesocco-Süd
Castello di Misox
Soazza
Ri di Buffalora
Cabbiolo
Lostallo
Cama
Leggia
Grono
Roveredo
San Vittore
Lumino
Bellinzona-Nord
Bellinzona Nord
BELLINZONA
Castelgrande
Giubiasco
Sementina
Monte Carasso
Gorduno
Arbedo
Castione
Gnosca
Claro
Preonzo
Móleno
Cresciano
Osogna
Lodrino
Iragna
Biasca
Santi Pietro e Paolo
Pollégio
Bodio
Malvaglia-Chiesa
Semione
Ludiano
Motto
Dóngio
Acquarossa
Lottigna
Torre
Dángio
Áquila
Olivone
Solario
Lavorceno
Camperio
Campra
San Nicolao
Sóbrio
Pontirone
Val Pontirone
Valle Malvaglia
Dandrio
Val Calanca
Rossa
Áugio
Santa Domenica
Cauco
Selma
Arvigo
Brággio
Buseno
Verdábbio
Sta. Maria
Castaneda
Valle Mesolcina
V. Traversagna
Monte Laura
Madèsimo
Ísola
Campodolcino
Prestone
Cimaganda
Gallivaggio
San Giácomo Filippo
Val San Giácomo
Chiavenna
Prata Camportáccio
Mese
Gordona
San Cassiano
Pra Pince
Valle Bodengo
Samólaco
Sórico
Trezzone
Montemezzo
Dáscio
Lago di Mezzola
Valle di Livo
Piano di Chiavenna
M. Spluga
L. di M.Spluga
Stuetta
Innerferrera
Valle di Lei
Val Niemet

162 Alpe di Neggia Tessin

Der schmale und sehr kurvenreiche Gebirgsübergang Alpe di Neggia liegt ein wenig versteckt östlich des Lago Maggiore. Die Straße beginnt in Vira, am Ostufer des beliebten Gewässers, dessen Uferstraße üblicherweise sehr stark sowohl von Einheimischen als auch Touristen befahren wird.

INFOS ZUM PASS

Scheitelhöhe: 1395 m **Länge:** 19 km
max. Steigung: 10 % **Wintersperre:** 11-4
Basisorte: Vira – Indemini
Kombinationsmöglichkeiten:
Lukmanier, San Bernardino

Von dort aus geht es auf stattliche 1395 Meter hinauf. Die Passhöhe hat sogar ein kleines Skigebiet zu bieten. Die Straße selbst bietet Fahrspaß pur. Geht es auf der Nordrampe eher gemächlich zu, kann sie auf der Südseite mit 33 Kehren und einer Steigung von bis zu zehn Prozent überzeugen.
Kurz hinter dem Ort Indemini kann man dann gleich weiter nach Italien fahren, um beispielsweise noch den Passo Forcora mitzunehmen.

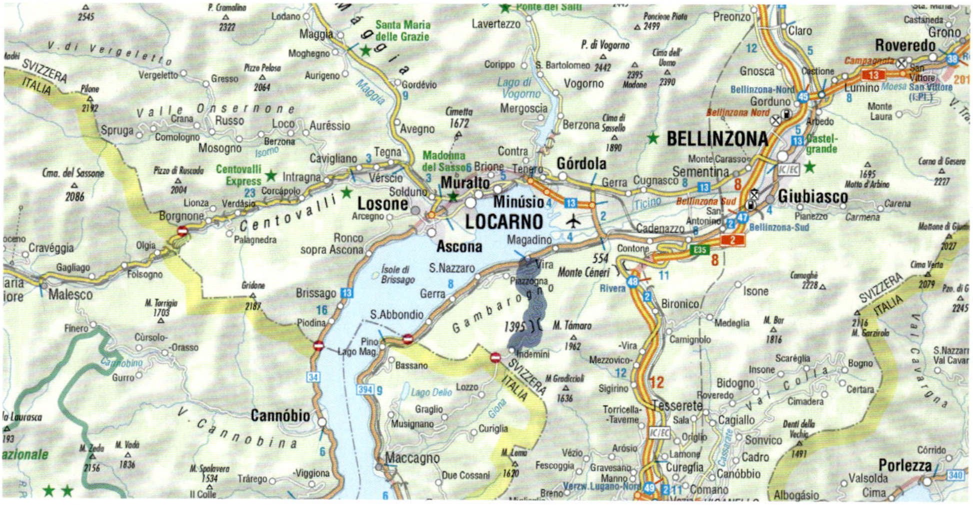

Morteratschgletscher vom Berninapass

163 Lukmanier (Passo del Lucomagno) Graubünden

Auch dieser innerschweizer Pass verbindet zwei Kantone. Den nördlich gelegenen Kanton Graubünden mit dem südlichen Tessin. Die Kantonsgrenze verläuft genau auf der Passhöhe. Vom Norden her führt die Straße ins auch als Sonnental bekannte Bleniotal. Er liegt landschaftlich wunderbar eingebettet zwischen idyllischen Alpweiden und tollen Panoramausblicken – und ist in einer offiziell anerkannten Naturlandschaft, mit biologischen, geomorphologischen und kulturhistorischen Schätzen eingebettet. Genutzt wird die Route schon seit Jahrhunderten. Der Legende nach handelt es sich bei dem Lukmanier um den Lieblingspass für die Alpenüberquerung des legendären Barbarossa. Dank seiner geringen Höhe ist der Lukmanierpass ganzjährig geöffnet. In der flachen magischen Ebene bei Campra, kurz nach der Passhöhe auf der Südseite, liegt das größte nordische Skizentrum des Tessins.

INFOS ZUM PASS

Scheitelhöhe: 1914 m **Länge:** 65 km
max. Steigung: 19 % **Wintersperre:** keine
Basisorte: Disentis - Biasca
Kombinationsmöglichkeiten: Oberalppass, Gotthardpass, San Bernardino

Ausblick vom Furka- in Richtung Grimselpass

164 Pragelpass Glarus/Schwyz

Der Pragelpass ist verbindet die Kantone Schwyz mit Glarus. Von Muotathal in Schwyz steigt die Straße erstaunlich steil an. Der Maximalwert liegt bei einer Steigung von 18 Prozent.
Da der Pass auf diesem Abschnitt nur einspurig verläuft, ist daher eine vorsichtige Fahrweise unbedingt angeraten.

Für Motorräder besteht ein Wochenendfahrverbot – übrigens schon seit 1978! Daher kann dieser Pass samstags und sonntags nicht als Verbindung zwischen Glarnerland und Innerschweiz genutzt werden. Eine Alternative ist der Klausenpass, der parallel zum Pragelpass verläuft.

INFOS ZUM PASS

Scheitelhöhe: 1550 m **Länge:** 35 km
max. Steigung: 18 % **Wintersperre:** 10-6
Basisorte: Muotathal - Glarus
Kombinationsmöglichkeiten: Klausenpass, Ibergeregg, Sattelegg,

165 Klausenpass Uri

INFOS ZUM PASS

Scheitelhöhe: 1948 m
Länge: 54 km
max. Steigung: 9 %
Wintersperre: 11-4
Basisorte: Altdorf - Linthal
Kombinationsmöglichkeiten:
Pragelpass, Sustenpass, Ibergeregg, Sattelegg,

Aufgrund seiner Streckenführung darf der Klausenpass als anspruchsvoll eingestuft werden. Ungeübte Alpenfahrer sollten hier große Vorsicht walten lassen – oder ihn ganz meiden. Vor allem der als „Lini" bekannte und nur mäßig gesicherte Abschnitt hat mit seinen unübersichtlichen Kurven bei schmaler Fahrbahn bereits zu einigen tödlichen Unfällen geführt. Bereits seit 2003 bemüht sich ein Verein hier um Entschärfung.

Die landschaftliche Schönheit und der grandiose Blick auf Urnerboden locken dennoch zahlreiche Motorradfahrer auf den Pass – und zu einem Kaffee auf der Sonnenterrasse des Hotels Klausenpasshöhe!

166 Ibergeregg Schwyz

Schon im Spätmittelalter führte ein kleiner Saumpfad, der auch Schwyzerweg genannt wurde, über den Ibergeregg-Pass im Schweizer Kanton Schwyz. Der wurde im Laufe der Jahrhunderte stetig ausgeweitet und verläuft auf einer Länge von gut 27 Kilometern zwischen den beiden Gewässern Sihlsee und Lauerzer See. Bevor man sich von nördlicher Seite aus auf den Weg zur 1406 Meter hohen Passhöhe begibt, lohnt sich am Sihlsee zunächst noch eine kurze Einkehr im Ort mit dem lustigen Namen Einsiedeln, denn das dortige Barockkloster gleichen Namens ist wirklich sehenswert. Mit göttlichen Weihen gestärkt kann man sich dann auf den Weg zu den 17 gut ausgebauten Kehren machen, die einen im Anschluss erwarten. Sie sorgen für Fahrspaß pur, aber auch der Blick auf die umliegenden Almen lohnt die Fahrt hinunter zur Kantonshauptstadt Schwyz, die sich drei Kilometer östlich des Lauerzer Sees hübsch in der alpinen Landschaft erstreckt.

INFOS ZUM PASS

Scheitelhöhe: 1406 m **Länge:** 27 km
max. Steigung: 13 % **Wintersperre:** keine
Basisorte: Sihlsee – Lauerzer See
Kombinationsmöglichkeiten: Pragelpass, Sustenpass, Sattelegg,, Klausenpass

167 Sattelegg Schwyz

INFOS ZUM PASS

Scheitelhöhe: 1190 m **Länge:** 18 km
max. Steigung: 11 % **Wintersperre:** keine
Basisorte: Siebnen – Willerzell
Kombinationsmöglichkeiten: Schwägalpstraße, Pragelpass, Sustenpass, Klausenpass, Ibergeregg

Die Satteleggstraße stellt zwar nicht die schnellste, dafür aber die spannendste Verbindung der beiden Schweizer Seen Zürichsee und Sihlsee dar. Im Mittelalter nutzten die Menschen diesen Übergang bereits als Pilgerweg zum Kloster Einsiedeln. Die heutige Straße stammt aus dem Zweiten Weltkrieg und wurde seinerzeit ausschließlich vom Militär genutzt. Da das Sattelegg auch ein kleines Skigebiet bietet, ist die Straße ganzjährig befahrbar. Direkt neben der Passhöhe befindet sich außerdem die 1976 eingeweihte Muttergottes- und Bruderklausenkapelle, die heute Teil des immer noch existierenden Pilgerwegs ist. Von Mai bis Oktober werden an jedem zweiten und letzten Sonntag im Monat Gottesdienste in ihr gehalten.

168 Hulftegg St. Gallen / Zürich

Zwischen den Ortschaften Mühlrüti (gehört zur Gemeinde Mosnang) und Steg (Gemeinde Fischenthal) verläuft die gut acht Kilometer lange Passstraße über den Hulftegg. Sie ist damit auch eine gute Verbindungsstraße zwischen den Schweizer Kantonen St. Gallen und Zürich. Die Passhöhe befindet sich auf 954 Metern und noch vollständig auf St. Gallener Gebiet. Mit dem Gasthaus Hulftegg bietet sie eine schöne Einkehrmöglichkeit. Wer sich ein wenig die Beine vertreten möchte, kann direkt vom hoteleigenen Parkplatz ausgehend ein paar Meter durch den schattigen und nicht ganz ernst gemeinten „Witzweg" gehen. Außerdem genießt man hier tolle Ausblicke ins Toggenburg, in die Hügellandschaft des Appenzellerlands und bei gutem Wetter sogar bis zum Bodensee. Zudem ist der 1292 Meter hohe Gipfel des Schnebelhorn, der höchste Berg im Kanton Zürich, gut zu erkennen.

Die Straße ist gut ausgebaut, bietet nur moderate Steigungen von maximal zehn Prozent und ist im Normalfall ganzjährig zu befahren. Die moderne Trassierung stammt aus dem 19. Jahrhundert. Einen ersten Transportweg hat es aber schon zwei Jahrhunderte zuvor gegeben. Dieser diente hauptsächlich dem Transport von Baumwolle, die über Italien kommend nach Zürich gebracht wurde. Dieser Tatsache verdankt der Pass übrigens auch seinen Namen: Mundartlich bezeichnete „Hulfteren" einen wolligen Schneeball.

INFOS ZUM PASS

Scheitelhöhe: 954 m
Länge: 8 km
max. Steigung: 10 %
Wintersperre: bei Bedarf
Basisorte: Mühlrüti – Steg
Kombinationsmöglichkeiten:
Ruppenpass

169 Ruppenpass Appenzell / St. Gallen

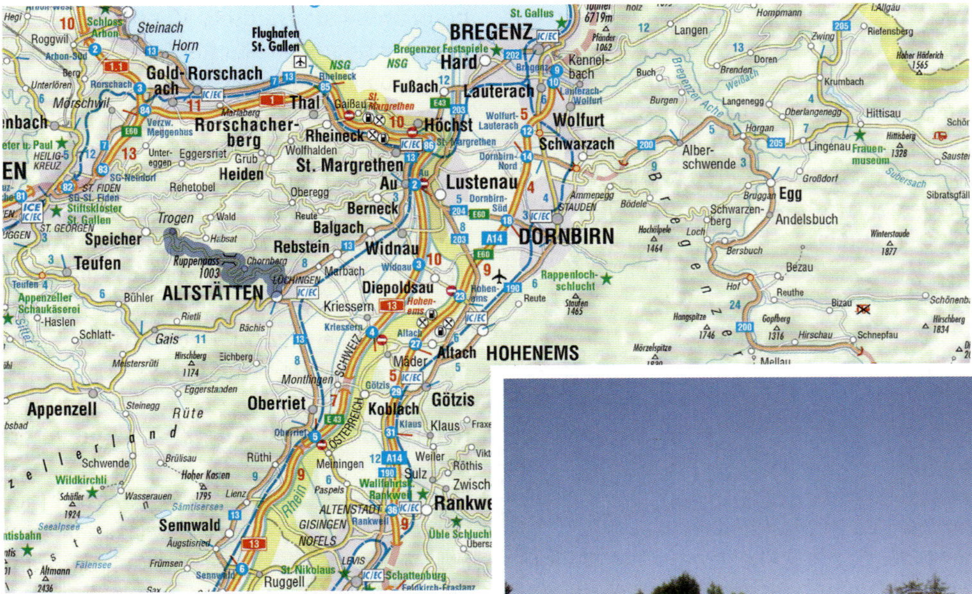

Der Ruppenpass befindet sich zwischen den Orten Trogen und Altstätten und verbindet damit die beiden Schweizer Kantone Appenzell Ausserrhoden und St. Gallen. Die Passhöhe liegt auf 1003 Metern und komplett auf Appenzell Ausserrhodener Gebiet. Sie ist allerdings nicht der höchste Punkt in dem Gebiet, da der Scheitel noch etwa zehn Meter höher liegt. Er ist etwa 500 Meter von der Passhöhe entfernt und gehört schon zum Nachbarkanton.

Weiter Richtung St. Galler Rheintal passiert man während der Fahrt das Miniatur-Dorf Ruppen, dem der Pass seinen Namen verdankt. Bereits im Mittelalter hat ein Saumpfad hier die beiden Kantone miteinander verbunden. Die heutige Straßenführung entstand im 19. Jahrhundert und war eine Zeit lang durchaus wichtig. Heute hat der Pass vor allem regionale Bedeutung. Außerdem ist er bei den Schweizer Töff-Fahrern in den Sommermonaten sehr beliebt. Das dürfte auch an der Tatsache liegen, dass die Straße perfekt ausgebaut und in einem hervorragenden Zustand ist und sich dabei in moderater Steigung in die Höhe schraubt. Außerdem genießt man während der Fahrt schöne Ausblicke auf die umliegenden Berge.

Wer noch mehr Lust auf schöne Aussichten verspürt, plant zusätzlich den kleinen Abstecher in Richtung Sankt Anton zum Aussichtspunkt „Frohe Aussicht“ ein, da man hier einen Panoramaplatz über dem Bodensee und dem Appenzeller Land hat.

INFOS ZUM PASS

Scheitelhöhe: 1003 m **Länge:** 13 km
max. Steigung: 7 % **Wintersperre:** bei Bedarf
Basisorte: Trogen – Altstätten
Kombinationsmöglichkeiten: Hulftlegg

170 Schwägalpstraße St. Gallen/Appenzell

Die Schwägalp zählt zu den schönsten und beliebtesten Töff-Treffs der Eidgenossenschaft. Gemeint ist aber nicht der gleichnamige Pass, sondern eben die Hochalpe. Diese ist von der eigentlichen Passhöhe auf 1299 Metern über einen Stich erreichbar und liegt noch einmal gut 80 Meter höher. Wer sich nicht auskennt, düst gerne vorbei – und verpasst ganz sicher etwas.

Zunächst zur Straße: Sie verbindet Nesslau im Kanton St. Gallen und Urnäsch im Kanton Appenzell Ausserrhoden miteinander. Die Passhöhe liegt kurz vor der Kantonsgrenze, stellt aber nicht den Scheitel dar. Der wiederum liegt am Abzweig zur eigentlichen Alpe auf 1299 Metern.
Wer diesen Abstecher wagt, wird nicht nur von einem wunderbaren Gasthof mit Sonnenterrasse begrüßt, sondern kann vom 30. April bis zum Almabtrieb im Oktober in einer Schaukäserei bei der Produktion zusehen. Zu probieren gibt es natürlich auch etwas – und zu kaufen. Da lohnt sich eine Kühltasche im Topcase.
Tipp: Das absolute Highlight einer Schwägalp-Runde ist ein Gondeltrip auf den Gipfel des gleich hinter der Alpe aufsteigenden Säntis, der sich auf 2502 Meter erhebt. Das kostet zwar ein paar Fränkli, lohnt sich aber!

INFOS ZUM PASS

Scheitelhöhe: 1299 m **Länge:** 22 km
max. Steigung: 12 % **Wintersperre:** keine
Basisorte: Nesslau – Urnäsch
Kombinationsmöglichkeiten: Pragelpass, Sustenpass, Klausenpass, Ibergeregg

Schweiz
Oberbüren
Wilen
Rickenbach
Schwarzenbach
Uzwil
Niederwil
Andwil
ST. GALLEN
Wildpark Peter u. Paul
HEILIG-KREUZ
Meggenhus
Unter-eggen
Eggersriet
berg
Grub
Heiden
UZWIL
Jonschwil
Oberuzwil
Gossau
Gaiserwald
SG-Kreuzbleiche
ST. FIDEN
SG-St. Fiden
SG-Neudorf
Rehetobel
Kirchberg
Bazenheid
Flawil
GOSSAU
SG-Winkeln
LACHEN
Stiftskloster St. Gallen
ST. GEORGEN
Trogen
Wald
BRUGGEN
Speicher
Habsat
Gähwil
Lütisburg
Kloster Magdenau
HERISAU
Teufen
Ruppenpass 1003
Chornberg
Müselbach
Wolfertswil
Ganterschwil
Degersheim
Stein
Appenzeller Schaukäserei
Bühler
ALTSTÄTTEN
Mühlrüti
Nassen
Mogelsberg
Hundwil
Haslen
Rietli
Mosnang
Waldstatt
Schlatt-
Gais
Bächis
Bütschwil
Schwellbrunn
Engenhütten
Dottingen
Ober-helfenschwil
Hundwiler Höhi 1306
Meistersrüti
Hirschberg 1174
Eichberg
Lichtensteig
Brunnadern
Dicken
Gonten
Eggerstanden
Libingen
Schönengrund
Appenzell
Steinegg
Rüte
Oberriet
Krinau
Lichtensteig-Wattwil
St. Peterzell
Urnäsch
Jakobsbad
Wattwil
Hemberg
Bächli
Schönau
Brülisau
Rüthi
Chrüzegg 1265
Heiterswil
Kronberg 1663
Schwende
Hoher Kasten 1795
Lienz
Hintergoldingen
Appenzellerland
Wildkirchli
Hochalp 1530
Schäfler 1924
Wasserauen
Sämtisersee
Kappel
Walde
Ricken
Bendel
Schwägalp
Säntisbahn
Seealpsee
Sennwald
Ebnat-
Krummenau
Säntis 2501
Altmann 2436
Fälensee
Frümsen
Ruggell
Kloster Berg Sion
Gommiswald
Regelstein 1315
Ennetbüel
Bernhalden
Silberplatte 2158
Sax
Salez
Uznach
Neu St. Johann
Nesslau
Alpstein
Rieden
FELDK
Mauren
Steinenbrücke
Steiner Berg
Chüeboden
Wildhaus
Gasenzen
Gams
Haag
Eschen
Benken
Stein (Toggenburg)
Tobelsäge
Grabser Riet
Nendeln
Horb
Unterwasser
1090
19 %
Speer
Rhein

171 Oberalppass (Cuolm d'Ursera) Graubünden

Gut ausgebaut verbindet der Oberalppass Andermatt mit Disentis/Muster.

Die Scheitelhöhe mit dem See hat einen ausgesprochen hochalpinen Charakter. Dort angekommen, zweigt zudem noch eine der geschotterten Anfahrten zum Pia Calmut ab. Die Hauptstrasse 19, die über die Passhöhe führt, wird im Winter nicht offen gehalten; die Wintersperre beginnt aber immer erst recht spät – meist erst im Dezember.

INFOS ZUM PASS

Scheitelhöhe: 2045 m **Länge:** 23 km
max. Steigung: 8 % **Wintersperre:** 12-4
Basisorte: Andermatt - Sedrun
Kombinationsmöglichkeiten: Lukmanierpass, Gotthardpass, Nufenenpass, Furkapass, Sustenpass

Einige der Galerien an der Westrampe haben in den letzten Jahren gelitten und geben reichlich Tropfwasser ins Innere ab. Dadurch werden sie auch im Sommer zu gefährlich glatten Abschnitten auf dem Weg nach Adermatt.

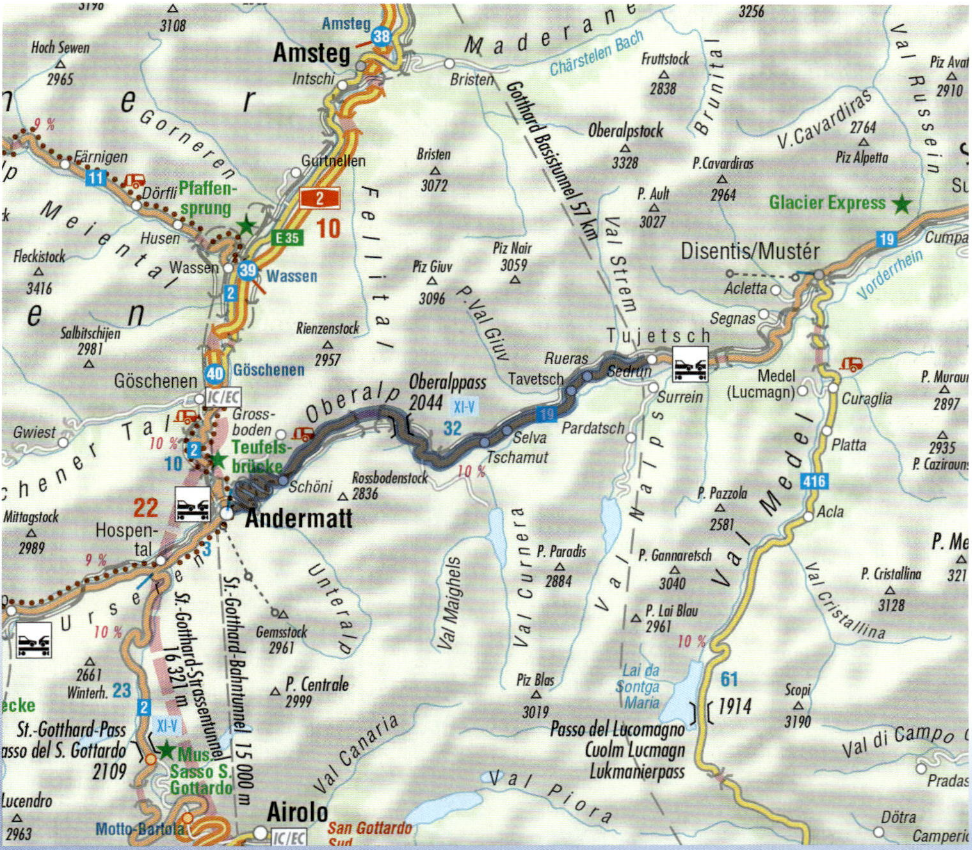

Amsteg
Intschi
Bristen
Maderaner
Chärstelen Bach
Fruttstock 2838
Brunital
3256
Val Russein
Piz Avat 2910
Hoch Sewen 2965
3108
Gornerental
Gurtnellen
Gotthard Basistunnel 57 km
Oberalpstock 3328
V. Cavardiras
2764
Piz Alpetta
P. Cavardiras 2964
Färnigen
Dörfli
Pfaffensprung
Meiental
Husen
Wassen
E 35
10
Bristen 3072
Fellital
P. Ault 3027
Glacier Express
Disentis/Mustér
Cumpa
Vorderrhein
Acletta
Segnas
Fleckistock 3416
Piz Giuv 3096
Piz Nair 3059
P. Val Giuv
Val Strem
Rienzenstock 2957
Salbitschijen 2981
Göschenen
IC/EC
Tujetsch
Rueras
Sedrun
Tavetsch
Surrein
Medel (Lucmagn)
Curaglia
P. Muraun 2897
Oberalppass 2044
XI-V
32
Gwiest
Grossboden
Oberalp
Teufelsbrücke
Selva
Tschamut
Pardatsch
Platta
2935
P. Caziraun
Schöni
Rossbodenstock 2836
10 %
Val Nalps
Val Medel
416
22
Mittagstock 2989
Hospental
Andermatt
P. Pazzola 2581
Acla
P. Me
Urseren
Unteralp
Val Curnera
P. Paradis 2884
P. Gannaretsch 3040
P. Cristallina 3128
Val Cristallina
St.-Gotthard-Strassentunnel 16 321 m
St.-Gotthard-Bahntunnel 15 000 m
Gemsstock 2961
Val Maighels
P. Lai Blau 2961
2661
Winterh.
23
P. Centrale 2999
Piz Blas 3019
Lai da Songta Maria
61
1914
Scopi 3190
St.-Gotthard-Pass
Passo del S. Gottardo
2109
Mus.
Sasso S. Gottardo
Val Canaria
Passo del Lucomagno
Cuolm Lucmagn
Lukmanierpass
Val di Campo
Pradas
Val Piora
Lucendro 2963
Motto-Bartola
Airolo
San Gottardo Sud
Dötra
Camperio

172 Sankt Gotthard (P. d. San Gottardo) Tessin / Uri

Dieser legendäre Pass war seit dem Mittelalter die wichtigste Nord-Süd-Verbindung der Alpen.

Nach Öffnung des Autobahntunnels 1980 hat die alte, als Tremolastraße bekannte Trasse – auch heute noch teilweise mit Granitsteinpflaster belegt – zusammen mit Teufelsbrücke und Schöllenenschlucht herausragende touristische Bedeutung.

Bei nassem Wetter gilt es diese Strecke aber zu meiden, auch wenn ihre Streckenführung einfach grandios ist.

INFOS ZUM PASS

Scheitelhöhe: 2106 m
Länge: 27 km
max. Steigung: 10 %
Wintersperre: 11-5
Basisorte: Andermatt - Airolo
Kombinationsmöglichkeiten: Oberalppass, Lukmanierpass, Nufenenpass, Furkapass, Oberaar

Motorradfahrer nutzen die Tremola am Gotthard gerne gemeinsam mit Furka- und Nufenenpass zu einer Runde über einige der schönsten und höchsten Bergpässe der Eidgenossenschaft.

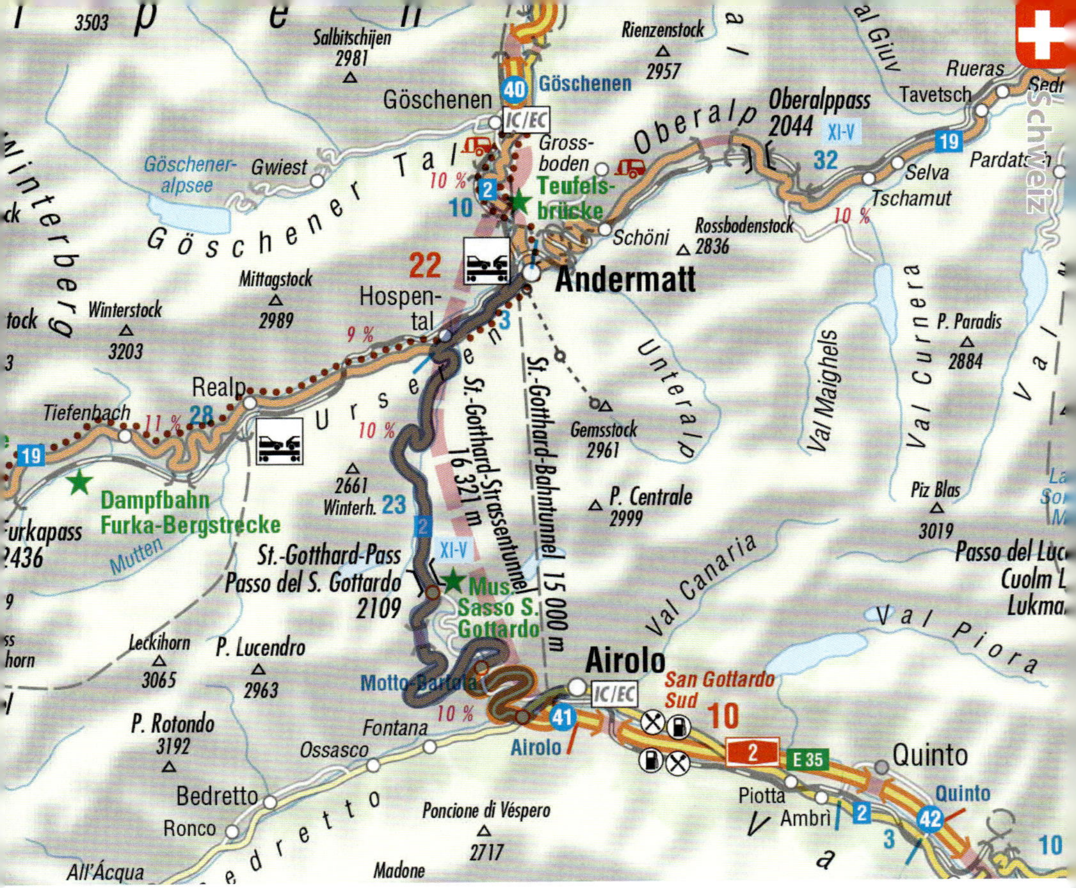
3503
Salbitschijen
2981
Göschenen
40
Göschenen
Rienzenstock
2957
IC/EC
Oberalppass
2044
XI-V
Rueras
Tavetsch
Sedr
Schweiz
Göschener-
alpsee
Gwiest
Göschener Tal
10 %
2
10
Gross-
boden
Teufels-
brücke
Oberalp
32
19
Selva
Pardatsch
Tschamut
10 %
Schöni
Rossbodenstock
2836
22
Andermatt
Hospen-
tal
3
Mittagstock
2989
Winterstock
3203
Winterberg
9 %
Realp
Tiefenbach
11 %
28
19
Urseren
10 %
St.-Gotthard-Strassentunnel
16 321 m
St.-Gotthard-Bahntunnel 15 000 m
Unteralp
Gemsstock
2961
P. Centrale
2999
Val Maighels
Val Curnera
P. Paradis
2884
Piz Blas
3019
Dampfbahn
Furka-Bergstrecke
Furkapass
2436
Mutten
2661
Winterh.
23
2
XI-V
St.-Gotthard-Pass
Passo del S. Gottardo
2109
Mus.
Sasso S.
Gottardo
Val Canaria
Passo del Lucomagno
Val Piora
Leckihorn
3065
P. Lucendro
2963
Motto-Bartola
Airolo
IC/EC
San Gottardo
Sud
10
10 %
41
Airolo
2
E 35
Quinto
Fontana
Ossasco
P. Rotondo
3192
Bedretto
Ronco
Piotta
Ambrì
Quinto
2
42
3
10
Poncione di Véspero
2717
Madone
All'Ácqua
Bedretto

173 Nufenenpass (Passo della Novena) Wallis / Tessin

Er ist der höchstgelegene innerschweizer Straßenpass und nach dem Grenzpass Umbrail der zweithöchste der Eidgenossen insgesamt. Die Passhöhe liegt auf 2478 Metern. Im Norden dominieren die Berner Alpen mit dem Finsteraarhorn das Panorama, gen Süden fasziniert der Griesgletscher. Der gesamte Pass ist nur wenig erschlossen und präsentiert sich Besuchern in nahezu urspünglichem Zustand. Erst Mitte der 1960er Jahre gebaut, bildet die Straße mit bis zu zehn Prozent Steigung die einzige Direktverbindung der Kantone Wallis und Tessin. Seine Höhenlage lässt aber lediglich vier bis maximal fünf Monate Befahrbarkeit zu.

INFOS ZUM PASS

Scheitelhöhe: 2478 m **Länge:** 42 km
max. Steigung: 10 % **Wintersperre:** 11-5
Basisorte: Ulrichen - Airolo
Kombinationsmöglichkeiten: Gotthardpass, Furkapass, Grimselpass, Sustenpass, Oberaar

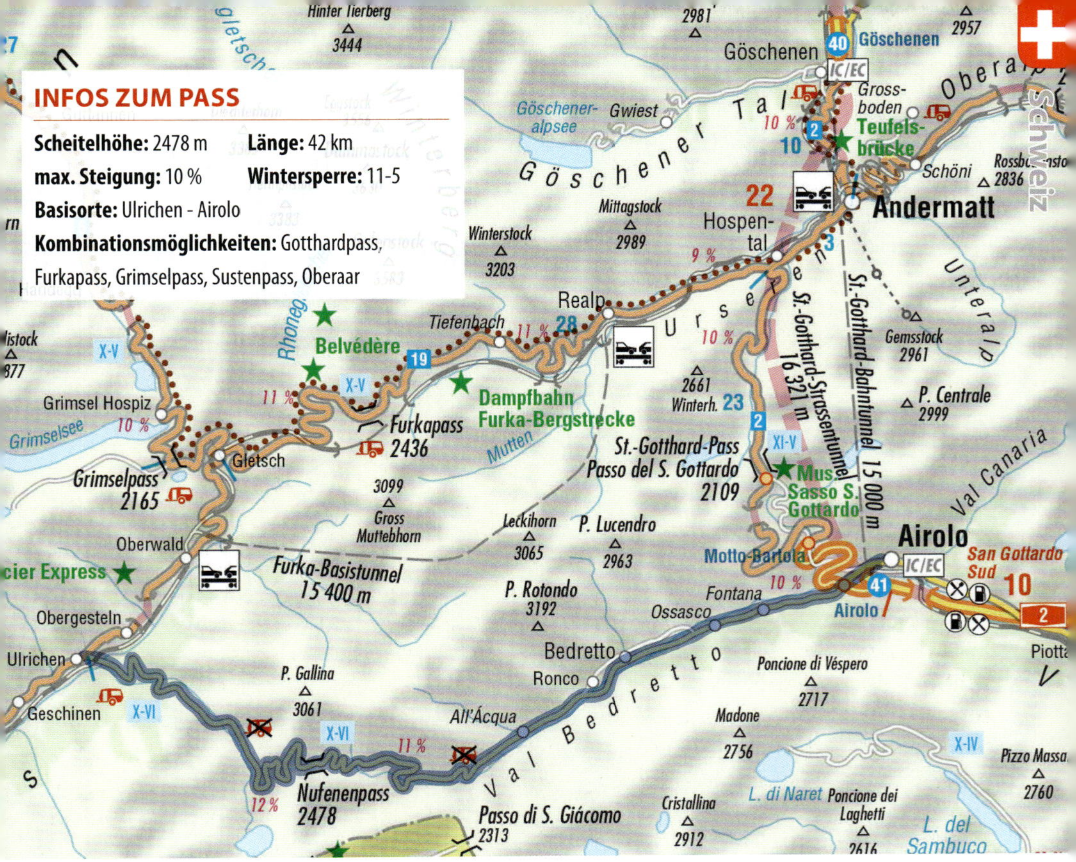

Sankt Gotthard Blick auf die Tremola an der Südrampe

174 Grimselpass Bern

Die Straße ist zu weiten Teilen „nah am Wasser“ gebaut. Jedenfalls kommt der Eindruck anhand der zahlreichen Bergseen auf, die über den Grimsel erreichbar sind.

Was auf dem Scheitel mit dem Totensee beginnt, findet seinen Höhepunkt nach den sechs Panoramakilometern entlang der Stichstraße zum Oberaarsee. Am Anfang dieses Abstechers in die Berner Bergriesenwelt eröffnet sich ein grandioser Blick hinab auf das Grimselhospiz.

Die 33 Kilometer lange Strecke ist gut ausgebaut. Selbst die Serpentinen der Südrampe, die spektakulär am Hang zu kleben scheinen, stellen auch ungeübte Fahrer kaum vor größere Probleme.

INFOS ZUM PASS

Scheitelhöhe: 2165 m **Länge:** 34 km
max. Steigung: 10 % **Wintersperre:** 11-4
Basisorte: Innertkirchen - Gletsch
Kombinationsmöglichkeiten: Sustenpass, Furkapass, Gotthardpass, Nufenenpass, Oberaar

175 Oberaar Panoramastraße Bern

INFOS ZUM PASS

Scheitelhöhe: 2500 m **Länge:** 13 km
max. Steigung: 12 % **Wintersperre:** 10-06
Basisorte: Grimselpass– Oberaarsee (Sackgasse)
Kombinationsmöglichkeiten: Sustenpass, Furkapass, Gotthardpass, Nufenenpass

Die Grimselwelt im Berner Oberland bietet nicht nur den sensationellen Grimselpass, sondern mit der Oberaar Panoramastraße eine Straße, die sich den Beinamen redlich verdient hat – obwohl sie nur gut 13 Kilometer lang ist. Sie beginnt in der obersten Kehre der Nordrampe des Grimselpasses und zweigt von dort aus nach Westen ab. Da zieht sie sich entlang der Bergflanke bis zum Südufer des Oberaarstausees, der sich optisch äußerst beeindruckend förmlich an den Fuß des mächtigen Unteraargletschers anzuschmiegen scheint. Die Straße ist in einem hervorragenden Zustand und durchgängig asphaltiert. Allerdings ist sie auch dermaßen schmal, dass sie jeweils nur in einer Richtung befahren werden darf (vom Grimselpass nach Oberaar immer die ersten 10 Minuten jeder Stunde und retour in den Minuten 30-40 jeder Stunde. Das Parken ist im Oberaar-Gebiet auch für Motorräder gebührenpflichtig und kostet zurzeit 5 CHF (Tagesticket, Stand 2019). Die Oberaar Panoramastraße wird jeweils im Juli geöffnet und bleibt je nach Witterung üblicherweise bis Ende September offen.

Meiringen
Aareschlucht
XI-VI
11
Nessental
Wiler
Innertkirchen
lligen
Gadmen
Sustenpass
2224
Radlefshorn
2603
Giglistock
2900
Kl. Sustenhorn
3318
Stucklistock
3308
Fleckistock
3416
Meiental
Huse
Dör.
Sustenhorn
3503
Mährenhorn
2923
A l p e n
Salbitschijen
2981
Urbachtal
27
Trifgletscher
Hinter Tierberg
3444
Gösche
Gallauistöck
2869
Guttannen
Diechterhorn
3385
Eggstock
3556
Winterberg
Dammastock
3630
Göschener-alpsee
Gwiest
Göschener Tal
10
Hangend-gletscherh.
3292
Ritzlihorn
3282
6
Tieralplistock
3383
Galenstock
3583
Winterstock
3203
Mittagstock
2989
22
Hospental
9 %
Steinlauihorn
3162
Handegg
Rhonegletscher
Belvédère
Tiefenbach
11 %
28
Realp
Urseren
10 %
schneehorn
3329
Hienderstock
3307
Bächlistock
3247
Alplistock
2877
X-V
19
Dampfbahn Furka-Bergstrecke
2661
Winterh.
23
2
Grimsel Hospiz
Grimselsee
10 %
11 %
Furkapass
2436
Mutten
St.-Gotthard-Pass
Passo del S. Gottardo
2109
Unteraargletscher
Zinggenstock
2915
Gletsch
Grimselpass
2165
3099
Gross Muttenhorn
Leckihorn
3065
P. Lucendro
2963
Scheuchzerhorn
3462
Oberaarsee
Oberwald
Motto Bart
Glacier Express
Furka-Basistunnel
15 400 m
Löffelhorn
3095
P. Rotondo
3192
Fontana
Ossasco
Obergesteln

176 Furkapass Wallis / Uri

Dieser Pass ist vor allem aufgrund seines herausragenden Panoramas hinab ins Rhônetal beliebt.

Hinzu kommen 24 fahrspaßige Kehren auf den beiden gut ausgebauten Rampen. Auf 2272 m Höhe steht das Hotel Belvédère, das auch den Zugang zum heutigen Ende des Rhônegletschers bietet. Der hat in nur zwei Jahrhunderten viel von seiner einstigen Größe verloren.

Ist der Pass gesperrt, können Kraftfahrzeuge mit der Furkabahn durch den Tunnel transportiert werden. Die alte, oberirdische Zahnradbahntrasse wurde erhalten und wird seit Sommer 2010 wieder auf ganzer Länge von einer Museums-Dampfbahn befahren.

INFOS ZUM PASS

Scheitelhöhe: 2436 m **Länge:** 35 km
max. Steigung: 11 % **Wintersperre:** 11-5
Basisorte: Realp - Ulrichen
Kombinationsmöglichkeiten: Grimselpass, Sustenpass, Gotthard, Nufenenpass, Oberaar

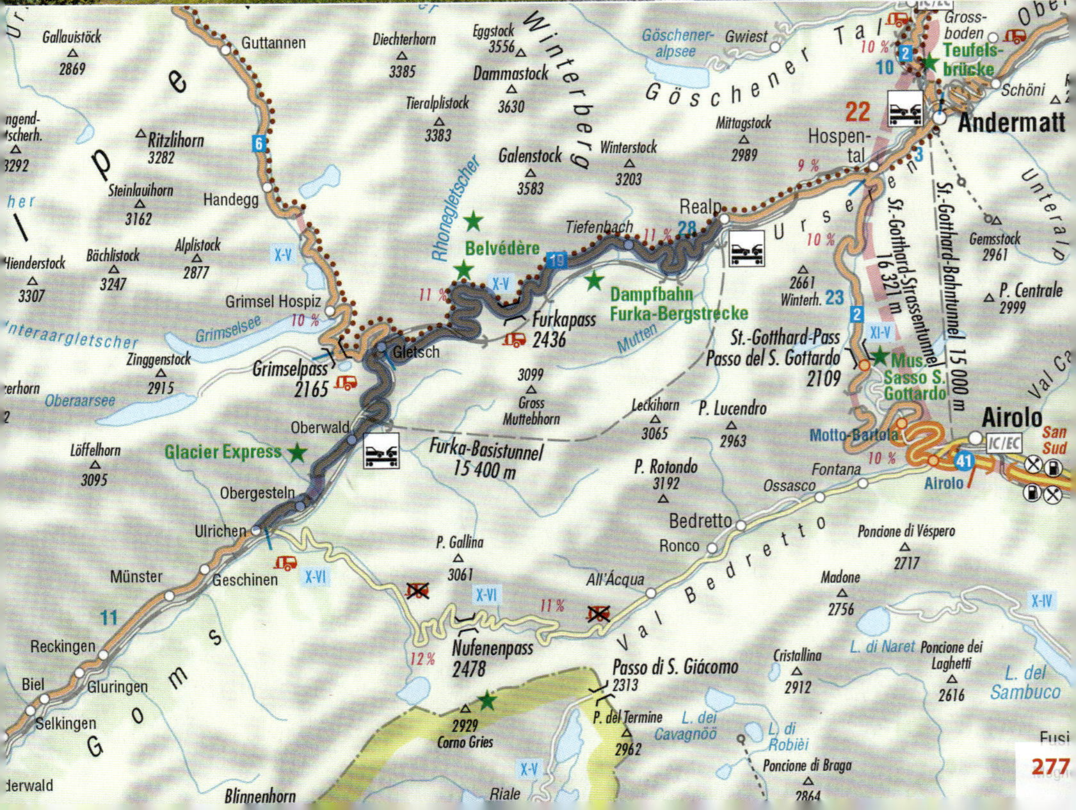
Gallauistöck
2869
Guttannen
Diechterhorn
3385
Eggstock
3556
Winterberg
Göscheneralpsee
Gwiest
Göschener Tal
Gross-
boden
Teufels-
brücke
Schöni
Andermatt
Dammastock
3630
Tieralplistock
3383
Ritzlihorn
3282
Galenstock
3583
Winterstock
3203
Mittagstock
2989
Hospen-
tal
22
10 %
9 %
Steinlauihorn
3162
Handegg
Rhonegletscher
Tiefenbach
Realp
28
Urseren
St.-Gotthard-Strassentunnel
16 321 m
St.-Gotthard-Bahntunnel 15 000 m
Unteralp
Gemsstock
2961
Bächlistock
3247
Alplistock
2877
Belvédère
19
11 %
10 %
2661
Winterh.
23
P. Centrale
2999
Grimsel Hospiz
Grimselsee
Unteraargletscher
Dampfbahn
Furka-Bergstrecke
Furkapass
2436
Mutten
St.-Gotthard-Pass
Passo del S. Gottardo
2109
Mus.
Sasso S.
Gottardo
Zinggenstock
2915
Grimselpass
2165
Gletsch
3099
Gross
Muttenhorn
Leckihorn
3065
P. Lucendro
2963
Oberaarsee
Oberwald
Furka-Basistunnel
15 400 m
Motto-Bartola
Airolo
Löffelhorn
3095
Glacier Express
P. Rotondo
3192
Fontana
Ossasco
Obergesteln
Bedretto
Ronco
Ulrichen
Poncione di Véspero
2717
P. Gallina
3061
Münster
Geschinen
All'Ácqua
Val Bedretto
Madone
2756
11
11 %
Reckingen
Goms
Nufenenpass
2478
12 %
Passo di S. Giácomo
2313
Cristallina
2912
L. di Naret
Poncione dei
Laghetti
2616
L. del
Sambuco
Biel
Gluringen
Selkingen
2929
Corno Gries
P. del Termine
2962
L. dei
Cavagnöö
L. di
Robièi
Poncione di Braga
Blinnenhorn
Riale

177 Sustenpass Uri / Bern

Der alte Saumpfad, einst ein wichtiger Handelsweg, hat viel von seiner Bedeutung verloren. Da er nur noch touristischen Zwecken dient, wird er im Winter auch nicht geräumt. Die Besonderheit am Susten ist der Tunnel, der den eigentlichen Scheitelpunkt unterquert. Die Serpentinen des Passes bilden die Grundlage für wunderbares Fahrvergnügen in einer Traumumgebung. Mit Grimsel-, Nufenen- und dem Sankt-Gotthard lässt sich der

Sustenpass zu einer ausgedehnten Tagesrunde verbinden. Tipp: die Stichstraße zu Steinsee und Steingletscher nehmen (Parkgebühren: CHF 5).

Info: ganzjährige Nachtsperre von 18:00 – 08:00 Uhr.

INFOS ZUM PASS

Scheitelhöhe: 2224 m **Länge:** 26 km
max. Steigung: 9 % **Wintersperre:** 11-5
Basisorte: Innertkirchen - Wassen
Kombinationsmöglichkeiten: Furkapass, Gotthardpass, Nufenenpass, Oberaar, Engslenalp, Brüningpass

178 Engstlenalp Bern

€ Maut

Entlang von Bergen, Alpweiden, mehr oder weniger frei herumlaufenden Tieren und mächtigen Wasserfällen hält man sich in Innertkirchen zunächst an die Beschilderung zum Sustenpass. Erst zwei Kilometer nach dem kleinen Dörfchen Wiler beginnt linkerhand die Engstlenstraße, die sich in schönen Kurven zur sehenswerten Engstlenalp auf 18347 Metern emporschlängelt.
Es handelt sich um eine kleine, aber feine Privatstraße der Weggenossenschaft Mühletal-Engstlenalp (www.wgme.ch).
Für die Befahrung müssen Motorradfahrer zurzeit 4 CHF zahlen (Stand 2019). Die Gebühren werden beim Restaurant Wagenkehr einkassiert.

Oben angekommen, kann man sich je nach Gusto mit den kulinarischen Kostbarkeiten des Hotels Engstlenalp stärken, die interessante Schaukäserei besichtigen oder zu Fuß eine Runde um den idyllischen See drehen.

INFOS ZUM PASS

Scheitelhöhe: 1834 m **Länge:** 19 km
max. Steigung: 12 % **Wintersperre:** 11-05
Basisorte: Innertkirchen- Engstlenapl (Sackgasse)
Kombinationsmöglichkeiten: Furkapass, Oberaar, Brüningpass, Sustenpass

179 Ächerli Nidwalden / Obwalden

INFOS ZUM PASS

Scheitelhöhe: 1458 m **Länge:** 20 km
max. Steigung: 16 % **Wintersperre:** 11-04
Basisorte: Dallenwil-Schwandi
Kombinationsmöglichkeiten: Engslenalp, Sustenpass, Bürgenstock, Glaubenbergpss

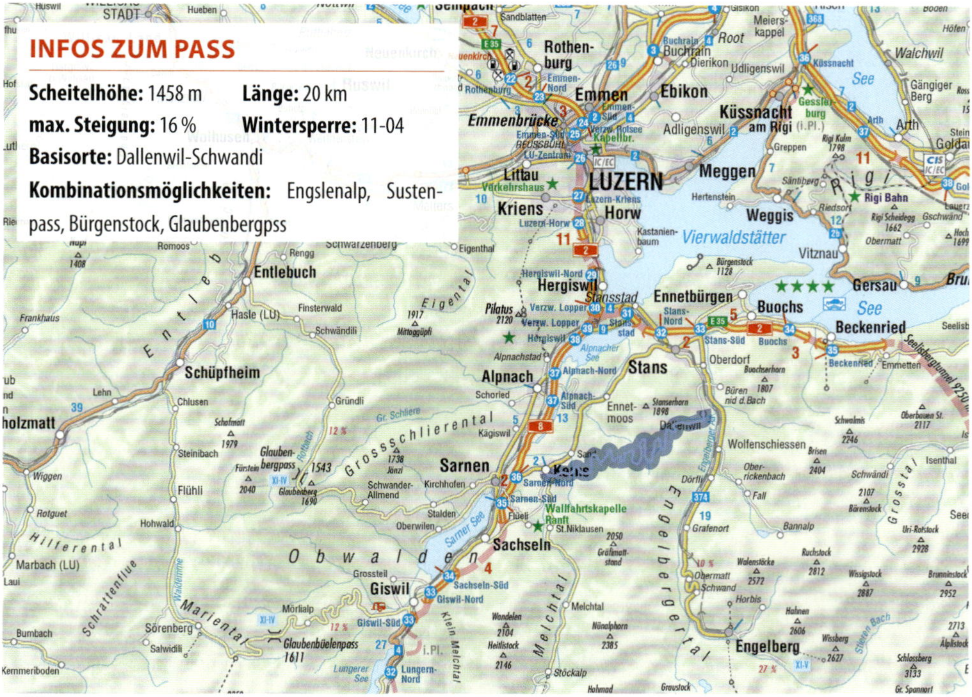

Die schmale und kurvige Straße über den Ächerlipass verbindet das Städtchen Dallenwil, etwa 20 Kilometer südlich von Luzern entfernt und noch im Kanton Nidwalden gelegen mit Schwandi, das sich bereits im Kanton Obwalden befindet.
Die gut 20 Kilometer lange und durchgehend asphaltierte Straße ist schmal und kurvenreich, aber wenig befahren und bietet ein schönes Panorama auf den Vierwaldstättersee sowie auf Rigi und Titlis.

Der höchste Punkt der Strecke befindet sich nicht an der „offiziellen" Passhöhe, sondern liegt einen knappen Kilometer südwestlich, am sogenannten Scharti.

180 Bürgenstock Nidwalden / Luzern

Scheinbar direkt aus dem Vierwaldstättersee heraus erhebt sich der Bürgenstock, ein zwölf Kilometer langer Bergrücken, der vom Norden, Osten und Südosten vom Gewässer umschlossen ist, spektakulär in die Höhe. Die gleichnamige Panoramastraße verläuft von der Gemeinde Bürgenstock in südwestlicher Richtung bis nach Stansstadt, ebenfalls am See gelegen.

Die Region hat sich schon im 19. Jahrhundert zu einem beliebten Urlaubsgebiet entwickeln können. Dies liegt vor allem an dem 1873 eröffneten Grand Hotel Kurhaus. Heute sind mehrere Luxushotels hier zu finden.

Leider führt dies dazu, dass die stellenweise sehr enge Straße stark frequentiert wird. Nicht nur von Pkws, sondern auch Lkw, die das Fahrvergnügen immer wieder trüben. Offiziellen Angaben nach nutzen rund 3000 Fahrzeuge täglich die Straße. Zwischen 2016 und 2017 wurde sie stellenweise verbreitert, weitere Sanierungsmaßnahmen sollen ab 2019 folgen.

INFOS ZUM PASS

Scheitelhöhe: 881 m **Länge:** 12 km

max. Steigung: 10 % **Wintersperre:** keine

Basisorte: Bürgenstock – Stansstad

Kombinationsmöglichkeiten: Ächerlipass, Engslenalp, Sustenpass, Glaubenbergpss

Am Furkapass mit Blick auf die Südrampe des Grimselpasses

181 Brünigpass Berner Oberland / Obwalden

Dieser Pass verbindet die Schweizer Kantone Bern und Obwalden. Von Brienz geht es über Meiringen nach Giswil in Obwalden. Die Kantonsgrenze verläuft circa 350 Meter nordöstlich der Passhöhe.

Eröffnet wurde der Pass schon 1861. Lange war die Straße eine wichtige Verbindung zwischen der Innerschweiz und Oberitalien.

Spannend ist, dass die Südwestrampe (Hauptstrasse 4) von Brienzwiler und die bis zu 13 Prozent steile Südostrampe von Meiringen sich erst auf 918 Höhenmeter zu einer gemeinsamen Südrampe vereinigen. Von der Passhöhe aus kann man noch einen Abstecher in Richtung Osten auf die Straße zum Haselberg einplanen. Durchaus idyllisch präsentiert sich die Landschaft auf der Nordseite dieses Passes: Auf 712 Höhenmeter erstreckt sich der schöne Lungerersee, wo man eine Pause einlegen sollte, bevor man sich auf die Bergabfahrt macht.

INFOS ZUM PASS

Scheitelhöhe: 1008 m **Länge:** 16 km
max. Steigung: 13 % **Wintersperre:** keine
Basisorte: Lungern - Brienz
Kombinationsmöglichkeiten: Glaubenbüelen, Glaubenbergpass, Ächerlipass, Engslenalp, Bürgenstock

182 Glaubenbüelen (Glaubenbielen) Luzern / Obwalden

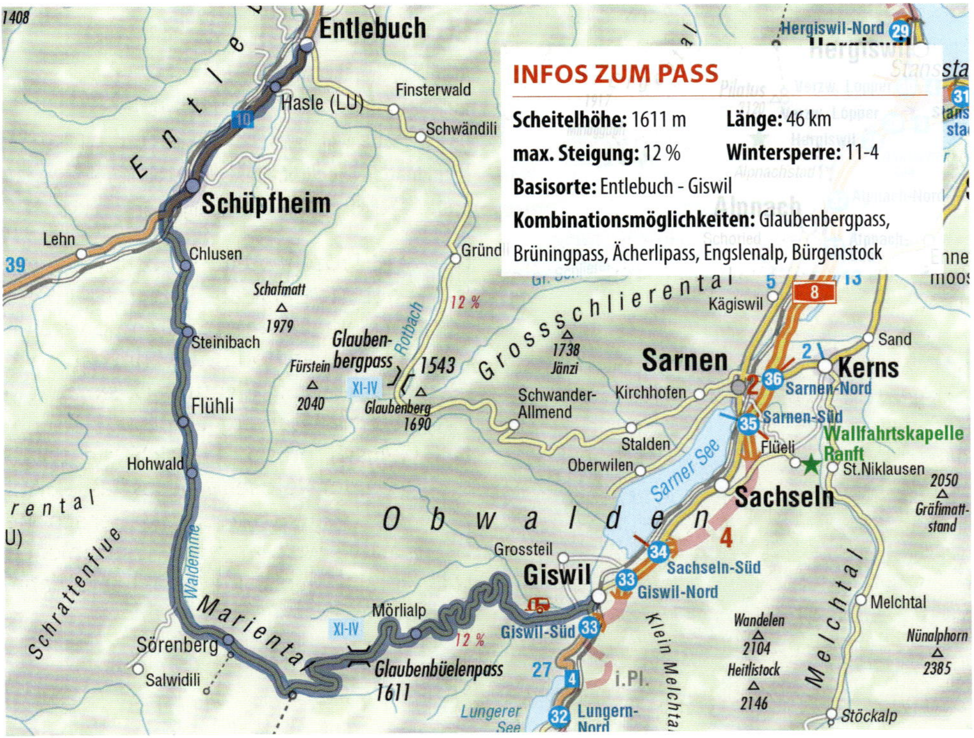

INFOS ZUM PASS

Scheitelhöhe: 1611 m **Länge:** 46 km
max. Steigung: 12 % **Wintersperre:** 11-4
Basisorte: Entlebuch - Giswil
Kombinationsmöglichkeiten: Glaubenbergpass, Brüningpass, Ächerlipass, Engslenalp, Bürgenstock

Stolze 46 Kilometer misst die Scheitelstrecke des allzu oft übersehenen Glaubenbielenpasses zwischen den beiden Ausgangspunkten Entlebuch im kleinen Emmental und Giswil. Am Sarner See entlang geht es nach Giswil, wo der Abzweig zu der grandiosen Panoramastrecke erfolgt. Das Stück bis Mörlialp ist ein prächtiges Kurvenfeuerwerk, die enge und teilweise eckige Streckenführung ist nichts für Knieschleifer, sondern für Genussfahrer. Von der Passhöhe auf 1611 Metern schweift der Blick weit bis zum Sustenhorn und etlichen weiteren Dreitausendern. Gerne würde man hier länger verweilen.

Leider gibt es aber keine Bewirtschaftung am Scheitel, was angesichts des Beinamens „Die Panoramastraße" für diesen Pass doch recht merkwürdig erscheint.

183 Glaubenbergpass Luzern / Obwalden

Die Orte Entlebuch und Sarnen werden durch den Pass Glaubenberg miteinander verbunden. Mittlerweile ist die Befahrung problemlos möglich, da die Straße im Jahre 2010 vollständig asphaltiert wurde.
Die Passhöhe befindet sich auf 1543 Metern. Eine richtige Wintersperre existiert nicht, allerdings kann in diesen Monaten der Pass nicht vollständig befahren werden.

INFOS ZUM PASS

Scheitelhöhe: 1543 m **Länge:** 32 km
max. Steigung: 11 % **Wintersperre:** keine
Basisorte: Entlebuch -Sarnen
Kombinationsmöglichkeiten: Glaubenbüelen, Brüningpass, Ächerlipass, Engslenalp, Bürgenstock

Von Sarnen aus bleibt die Straße ganzjährig geöffnet, allerdings gilt eine Sperre von Gfellen bis Langis. In Langis lohnt sich eine Pause im örtlichen Restaurant.
Wer ein wenig wandern möchte: Fürstein, der höchste Gipfel der Region Glaubenberg, ist zu Fuß gut erreichbar. Nicht wundern sollte man sich über Knallgeräusche: Auf dem Glaubenberg befinden sich mehrere Schiessplätze der Schweizer Armee.

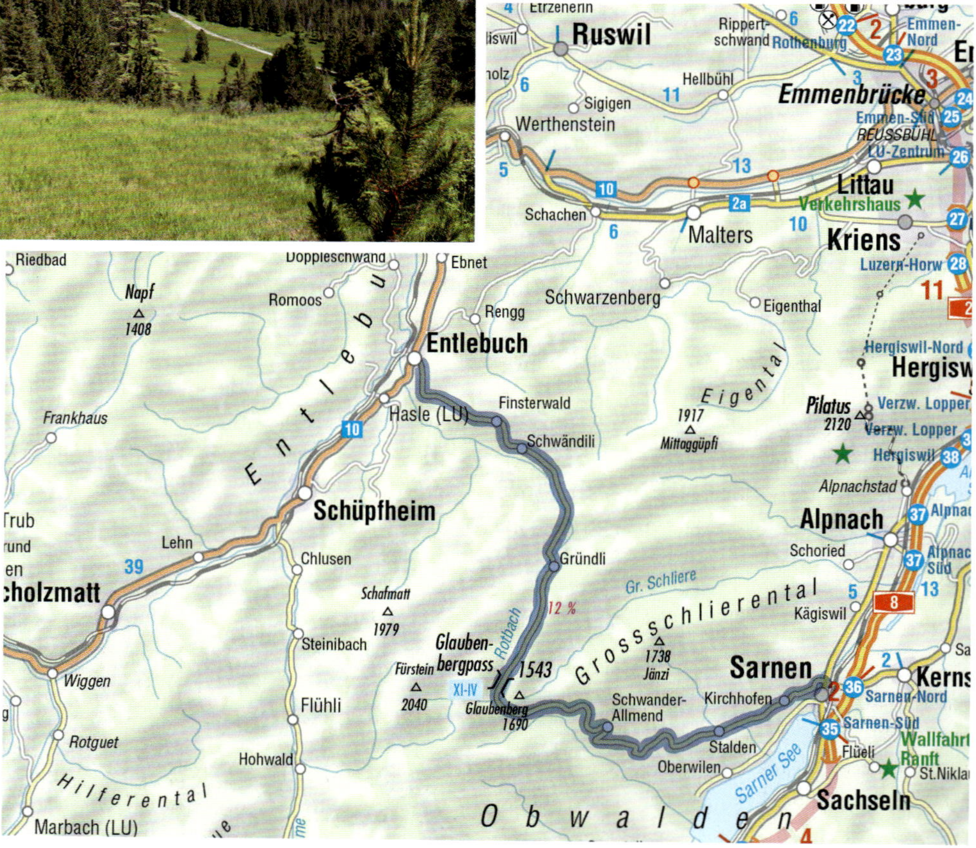

184 Schallenberg Berner Oberland

Ein schöner Ausgangspunkt für die Fahrt über den Schallenberg ist der südwestlich von ihm gelegene Thunersee. Die Straße ist vollständig asphaltiert und verläuft auf den ersten Kilometern naturgemäß vornehmlich im Flachland. Doch dann steigt sie in schön geschwungenen Kehren bis auf 1167 Meter an.

Der Scheitel befindet sich in den Emmentaler Alpen, die sich über die Schweizer Kantone Bern, Luzern, Ob- und Nidwalden erstrecken. Genau dort hat das Schallenberg Restaurant Gabelspitz seine Tore immer vom 1. Mai bis Ende Oktober als äußerst beliebter Bikertreff geöffnet.

INFOS ZUM PASS

Scheitelhöhe: 1167 m **Länge:** 28 km
max. Steigung: 8 % **Wintersperre:** keine
Basisorte: Thun-Schangnau
Kombinationsmöglichkeiten: Gurnigel, Glaubenbüelen, Brüningpass, Griesalpe

185 Gurnigel Bern

Südlich von Bern lockt die kehrenreiche Passstraße über den Gurnigel, der nicht nur bei den Schweizer Hauptstädtern als Naherholungsziel äußerst beliebt ist. Die Straße beginnt von Norden aus gesehen in Rüti bei Riggisberg und zieht sich von dort zum Scheitelpunkt an der Stierehütte hinauf.

INFOS ZUM PASS

Scheitelhöhe: 1609 m **Länge:** 14 km
max. Steigung: 14 % **Wintersperre:** keine
Basisorte: Rüti bei Riggisberg- Schwefelbergbad
Kombinationsmöglichkeiten:
Schallenbergpass, Jaunpass, Griesalpe

Ausgebaut wurde die Strecke zu Beginn des 20. Jahrhunderts auf Initiative des Besitzers vom Hotel Gurnigelbad, das zu jener Zeit sehr mondän gewesen ist, heute aber leider nicht mehr existiert. Dafür findet in den Sommermonaten an der Unteren Gantrischhütte jeden Dienstag ab 18 Uhr ein „Töfftreff“ statt. Während des Bergrennens Gurnigel ist die Strecke für Hobbyfahrer gesperrt. Es wird üblicherweise im September ausgetragen. Genaue Termine gibt es auf der Website des Veranstalters (www.gurnigelrennen.ch).

186 Griesalp Bern

INFOS ZUM PASS

Scheitelhöhe: 1425 m **Länge:** 22 km
max. Steigung: 28 % **Wintersperre:** 11-04
Basisorte: Reichenbach im Kandertal – Griesalp
Kombinationsmöglichkeiten: Schallenbergpass, Gurnigel, Jaunpass

Reichenbach im Kandertal ist Ausgangspunkt für eine der spektakulärsten PostAuto-Fahrten, denn dort startet die Kiental-Griesalp-Linie. Mit einer Steigung von bis zu 28 Prozent (und nie weniger als 20 %) ist sie die steilste PostAuto-Strecke Europas. Vor der mächtigen Kulisse des Blüemlisalphorns liegt die Griesalp, welche sich bereits im Gebiet des UNESCO-Welterbe Schweizer Alpen Jungfrau-Aletsch befindet.

Natürlich muss man sich nicht zwingend in das PostAuto setzen, denn selbstverständlich ist diese Bergstraße, die zudem mit 20 exzellenten Haarnadelkurven begeistern kann, auch mit dem Motorrad befahrbar. Das Rekordstück befindet sich zwei Kilometer vor dem Berghaus Griesalp. Da die Stelle nicht nur steil, sondern auch sehr eng ist, und zudem auch hohe Strafen drohen, sollte man sich unbedingt an die Hinweisschilder ab Tschingel halten. Auf ihnen ist zu sehen, zu welchen Uhrzeiten das Fahren auf der Strecke verboten ist. Zudem ist die Strecke hier im Einbahnverkehr geregelt. Das PostAuto fährt zwischen Mai und Oktober. Im Winter ist die Strecke gesperrt.

Bis 2010 wurde auf der Strecke eine Maut erhoben. Diese ist nun nicht mehr fällig, dafür wird für das ganze Tal eine Parkplatzgebühr erhoben. Dankenswerterweise dürfen Motorräder allerdings gratis abgestellt werden.

187 Jaunpass (Col de Bellegarde) Freiburg / Bern

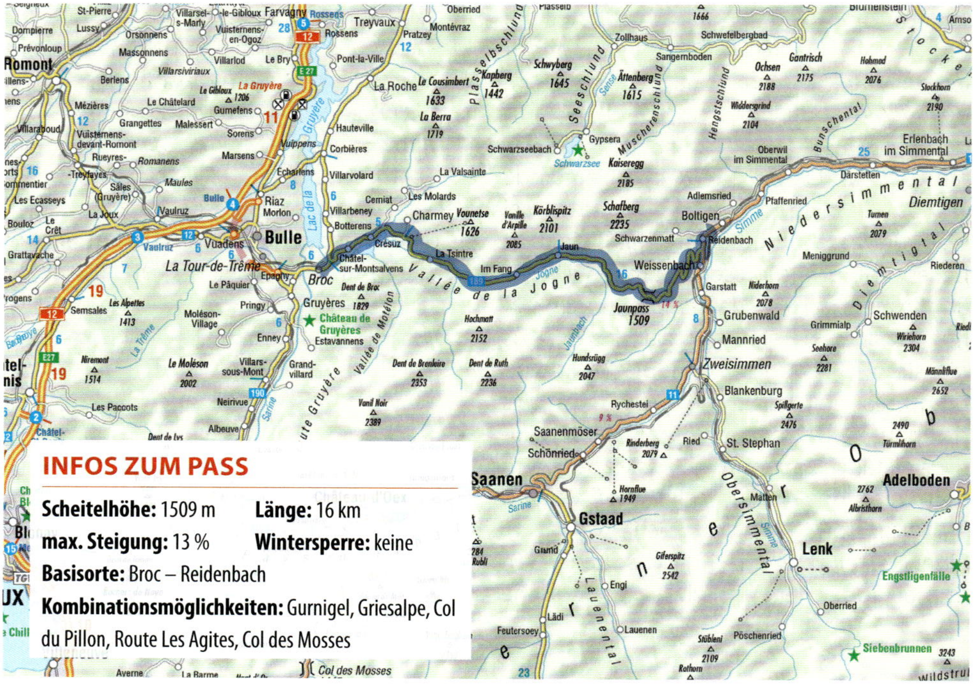

INFOS ZUM PASS

Scheitelhöhe: 1509 m **Länge:** 16 km
max. Steigung: 13 % **Wintersperre:** keine
Basisorte: Broc – Reidenbach
Kombinationsmöglichkeiten: Gurnigel, Griesalpe, Col du Pillon, Route Les Agites, Col des Mosses

Schon seit dem Ende des 19. Jahrhunderts führt eine Straße über den Jaunpass (franz. Col de Bellegarde). Kurz nach dem Deutsch-Französischen Krieg wurde mit dem Bau begonnen, um die in dieser Region einst wichtigen militärischen Zentren zu verbinden.

Heute geht es vom Städtchen Jaun, östlich des Lac de la Gruyère im freiburgischen Greyerzerland gelegen, auf die schön geschwungene Alpenstraße. Rund um die 1508 Meter hohe Passhöhe hat sich ein kleines, aber feines Skigebiet etabliert, das unter anderem dafür sorgt, dass die Straße üblicherweise ganzjährig befahrbar bleibt. Auf der Nordostrampe wird es dann mit zehn Kehren richtig spaßig. Der Pass bildet zudem die deutsch-französische Sprachgrenze zwischen den Kantonen Fribourg und Bern.

188 Col des Mosses Waadt

Über die Hauptstraße 11 verläuft der Col des Mosses im Schweizer Kanton Waadt in den Waadtländer Voralpen. Rund um den 1445 Meter hohen Scheitel hat sich der beliebte Urlaubsort Les Mosses herausgeputzt. Dieser gehört zur Gemeinde Ormont-Dessous und ist im Sommer bei Wanderern sowie im Winter als Skigebiet beliebt. Aufgrund dieser Tatsache wird die Straße auch bei Schnee geräumt und ist damit ganzjährig befahrbar. Darüber hinaus gilt sie als wichtige Verbindung zwischen dem Rhônetal bei Aigle und dem Pays d'Enhaut in der Nähe des Kurortes Château-d'Oex. Stark frequentiert wird sie außerdem von Reisenden, die vom Berner Oberland ins Unterwallis gelangen möchten.

Einen ersten Saumpfad gab es hier schon in prähistorischer Zeit, wie archäologische Funde beweisen. Der heutige Col des Mosses wurde ab 1868 gebaut. Schon ein Jahr später verkehrten auf ihm die ersten Pferdekutschen, die mittlerweile von modernen Postautos abgelöst wurden. Die gut 45 Kilometer lange Strecke ist bestens ausgebaut und bietet wunderbare Ausblicke in die umgebenden Landschaften. In der imposanten Voralpenlandschaft sind unter anderem eine tiefe Schlucht, steile Waldhänge, ein romantischer Bergsee und natürlich stattliche Berggipfel zu bewundern.

INFOS ZUM PASS

Scheitelhöhe: 1445 m **Länge:** 45 km
max. Steigung: 10 % **Wintersperre:** bei Bedarf
Basisorte: Ormont-Dessous – Château-d'Oex
Kombinationsmöglichkeiten:
Jaunpass, Col de la Croix, Col du Pillon

189 Col de la Croix Waadt

Der Col de la Croix ist einer der formidabelsten Pässe der Westschweiz. Seinen Ausgangspunkt nimmt er in Villars-sur-Ollon, an den östlichen Hängen des Rhônetals gelegen. Die Strecke ist vor allem als Zugang zu einem Skigebiet typisch französischer Prägung gedacht. Daher ist sie gut ausgebaut und wäre fahrerisch etwas langweilig, wenn sie nicht immer wieder diese faszinierenden Ausblicke auf die Bergwelt der Westschweiz eröffnen würde. Ab der Passhöhe auf 1778 Metern wird es noch besser. Der Abschnitt nach Les Diablerets hinab ist mit Kurven durchsetzt und sehr schön ins Landschaftsbild eingebettet. Auch hier ergeben sich tolle Fernsichten, so etwa auf das Diablerets-Massiv im Norden und die südwestlich gelegenen Dents du Midi. In Gegenrichtung befahren gibt es eine Alternativabfahrt über Gyron bis nach Bex. Dabei besteht die Möglichkeit, einen Salzstock sowie das Bergwerksmuseum zum Salzabbau in dieser Region zu besuchen.

INFOS ZUM PASS

Scheitelhöhe: 1778 m **Länge:** 19 km
max. Steigung: 12 % **Wintersperre:** 12-4
Basisorte: Les Diablerets - Villars-sur-Ollon
Kombinationsmöglichkeiten: Col du Pillon, Route Les Agites, Sanetschpass, Croix de Coeur, Col des Mosses

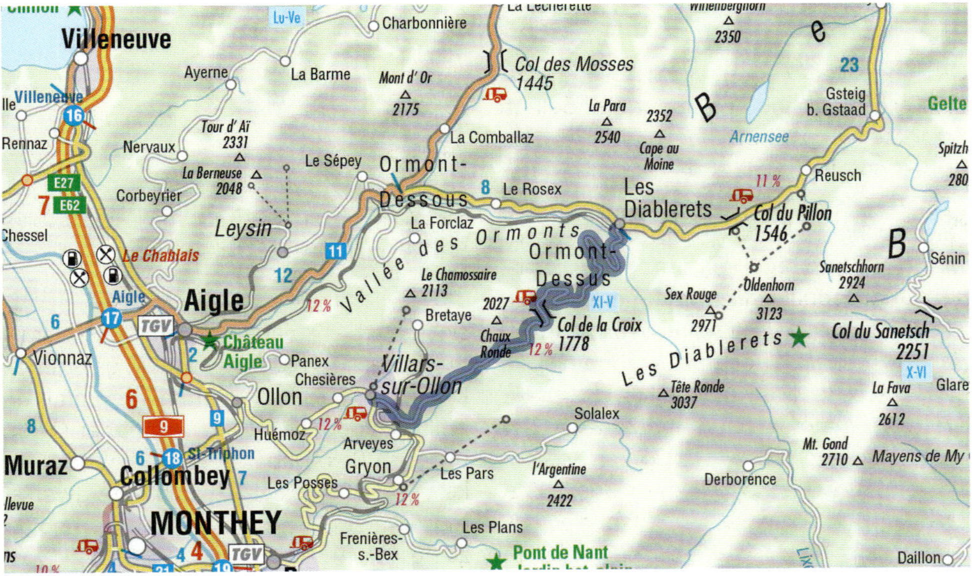
Villeneuve
Charbonnière
La Lécherette
Ayerne
La Barme
Mont d'Or
2175
Col des Mosses
1445
2350
23
Gsteig b. Gstaad
Gelte
Villeneuve
16
Tour d'Aï
2331
Nervaux
La Comballaz
La Para
2540
2352
Cape au Moine
Arnensee
Spitzh
280
Rennaz
La Berneuse
2048
Le Sépey
Ormont-Dessous
8
Le Rosex
Les Diablerets
11 %
Reusch
E27
E62
Corbeyrier
Leysin
La Forclaz
Col du Pillon
1546
Chessel
Le Chablais
11
Vallée des Ormonts
Ormont-Dessus
12
Sanetschhorn
2924
Sénin
Aigle
Aigle
Le Chamossaire
2113
Sex Rouge
Oldenhorn
3123
12 %
Bretaye
2027
XI-V
2971
TGV
Chaux Ronde
Col de la Croix
1778
Col du Sanetsch
2251
Vionnaz
Château Aigle
Panex
12 %
Les Diablerets
X-VI
Chesières
Villars-sur-Ollon
Tête Ronde
3037
La Fava
2612
Glare
Ollon
6
9
Huémoz
12 %
Solalex
9
Arveyes
Muraz
St-Triphon
18
Gryon
Les Pars
l'Argentine
2422
Mt. Gond
2710
Mayens de My
Collombey
Les Posses
12 %
Derborence
MONTHEY
Frenières-s.-Bex
Les Plans
TGV
Pont de Nant
Daillon

190 Col du Pillon Bern

Die ersten Kilometer vom Ausgangsort Les Diablerets sind äußerst eng angelegt. Entsprechende Fahrerfahrung ist hier also unbedingt erforderlich.

Leichter wird es erst hinter der Passhöhe. Zwar wird auch hier mit Kurven nicht gegeizt, sie sind aber viel breiter ausgebaut. Zudem fällt die Straße nur relativ flach ab. Von der Scheitelhöhe aus kann man alternativ auch den Col de la Croix unter die Räder nehmen. Zudem kann der Col du Pillon bestens mit dem Col des Mosses kombiniert werden.

INFOS ZUM PASS

Scheitelhöhe: 1546 m — **Länge:** 12 km

max. Steigung: 9 % — **Wintersperre:** keine

Basisorte: Gsteig - Les Diablerets

Kombinationsmöglichkeiten: Col des Mosses , Col de la Croix, Col des Mosses, Route Les Agites, Sanetschpass

191 Sanetschpass (Col de Sénin) Wallis

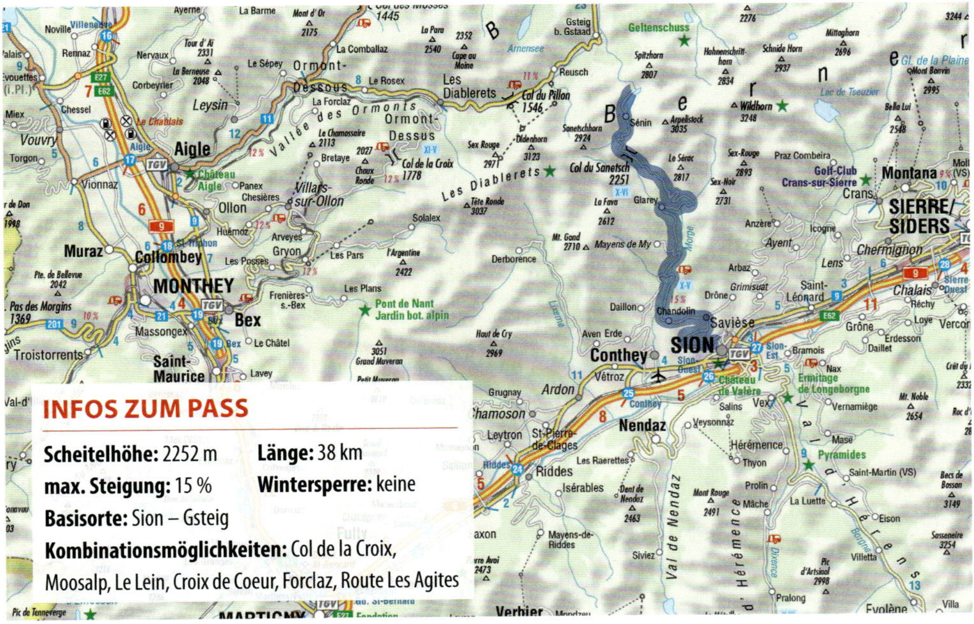

INFOS ZUM PASS

Scheitelhöhe: 2252 m

Länge: 38 km

max. Steigung: 15 %

Wintersperre: keine

Basisorte: Sion – Gsteig

Kombinationsmöglichkeiten: Col de la Croix, Moosalp, Le Lein, Croix de Coeur, Forclaz, Route Les Agites

Der Pass, der keiner ist – so könnte man den Sanetschpass, auch Col de Sénin genannt, umschreiben. Gebraucht wurde er ursprünglich für die Zufahrt tief in das gleichnamige Hochtal, weil dort ein Stausee entstehen sollte. Allerdings gab es durchaus Pläne, ihn bis ins Berner Oberland fortzuführen. Doch daraus wurde nichts, also blieb er der Unvollendete.

Gerade das macht ihn heute für Motorradfahrer so interessant, denn solche Stichstraßen werden noch immer von den meisten Alpenbesuchern verschmäht. Die positive Folge: Es herrscht kaum Verkehr. Höchstens im Hochsommer, wenn es am Wochenende Einheimische an den Stausee und in die Berge oberhalb des Gewässers zieht, gibt es schon mal Parkplatz-Knappheit. Für Motorräder findet sich aber immer irgendwo noch ein Plätzchen.

Die in Sion abzweigende Strecke verfügt auf ihren 38 Kilometern bis zum Pass über alle Ingredienzien einer richtig tollen Alpenstraße. Etwa auf halben Wege ist ein unterhaltsames Kehrengewusel eingepflegt. Das war einst nötig, um in dieser Hanglage Höhe zu gewinnen, lässt aber heutzutage das Biker-Herz aufgehen.

Leider ist die Passhöhe ebenso unvollendet wie der Pass selbst – was die Infrastruktur betrifft. Die aber findet sich nur wenige Kilometer weiter am Ende der Ausbaustrecke, nämlich am Staudamm des Lac du Sénin. Hier wartet ein Bergrestaurant nebst kleiner Kapelle auf die Besucher. Die können übrigens noch auf anderem Wege aus dem Berner Oberland kommen: per Seilbahn.

192 Route Les Agites Waadt

Wer den Passübergang Route Les Agites im Schweizer Kanton Waadt einmal befahren möchte, muss gut planen. Denn bei dieser Alpenstraße, die sich westlich des Genfersees in den Himmel zieht, ist zwar nicht mit einer Wintersperre zu rechnen, dafür mit ohrenbetäubenden Schüssen – und zwar ganzjährig. Das Geheimnis dahinter: Die Ostrampe, die kurz hinter dem Ausgangsort La Lècherette beginnt und oberhalb des Lac de l'Hongrin über insgesamt 47 Brücken führt, befindet sich in einem Schweizer Militärgebiet. An den hier befindlichen Waffenplätzen werden nach wie vor regelmäßig Schießübungen ausgeführt, meist an Wochentagen. Zu diesen Zeiten ist die Straße dann für sämtliche Zivilisten gesperrt. Aktuelle Informationen gibt es unter www.hongrin.ch.
Wenn die Soldaten sich aber gerade nicht fit machen, können Motorradfahrer die herrlichen Ausblicke auf den Genfer See und die umliegenden Berggipfel genießen. Bevor es auf die mit schönen Kehren gespickte Südrampe geht, gilt es allerdings noch einmal die Nerven zu bewahren, denn die Straße führt durch einen unbeleuchteten Tunnel, der zudem so schmal ist, dass er immer nur im 30-Minuten-Takt von einer Seite aus befahren werden darf.

INFOS ZUM PASS

Scheitelhöhe: 1525 m **Länge:** 46 km
max. Steigung: 10 % **Wintersperre:** bei Bedarf
Basisorte: La Lècherette – Aigle
Kombinationsmöglichkeiten: Col de la Croix, Sanetschpass, Le Lein, Croix de Coeur, Forclaz, Col du Pillon

193 Moosalp Wallis

INFOS ZUM PASS

Scheitelhöhe: 2048 m **Länge:** 24 km
max. Steigung: 11 % **Wintersperre:** keine
Basisorte: Stalden – Bürchen
Kombinationsmöglichkeiten:
Sanetschpass, Simplonpass, Croix de Coeur

In sonniger Terrassenlage über dem Rhônetal und dem Verkehrsknotenpunkt Visp verbirgt sich die Moosalpregion in der Feriendestination Bürchen im Kanton Wallis. Die Südostrampe beginnt kurz hinter Stalden. Zunächst geht es recht steil den Hang hinauf, doch kurze Zeit später findet man sich in einer mehr als hübschen Almlandschaft wieder. Die Straße ist hier zwar recht schmal, aber in einem hervorragenden Zustand. Auf der Nordseite geht es dann gemählicher zu: Man passiert einen dichten Wald und fährt dann für einige Kilometer parallel zum Rhônetal.

Die Moosalpregion ist bei Urlaubern ganzjährig beliebt, sodass die Straße auch im Winter befahrbar bleibt.

Ein Besuch lohnt sich dennoch vor allem in den Sommermonaten. So findet immer im Juni der Alpaufzug statt, bei dem über 100 Kühe zur Passhöhe hinaufgebracht werden. Die parallel stattfindenden Ringkuhkämpfe sind ein Spektakel ohnegleichen. Richtig voll wird es dann immer am letzen Juli-Sonntag: Zum traditionellen Älplerfest mit einem folkloristischen Umzug kommen jährlich bis zu 5000 Besucher.

194 Simplonpass (Sempione) Wallis / Piemont

Mit dem Simplonpass erreicht man durchaus spektakulär vom Rhônetal im Schweizer Kanton Wallis das Ossolatal im italienischen Piemont und beispielsweise auch den Lago Maggiore.

Eine erste Straße wurde hier schon im 17. Jahrhundert angelegt, und zwar um auf Maultieren Waren von einem Tal in das andere zu schaffen. Dieser historische Pfad existiert noch heute und gehört mit dem Namen Via Stockalper (der Name bezieht sich auf den Erbauer Kaspar Stockalper) zum „historischen Verkehrsweg von nationaler Bedeutung".
Eine befestigte Passstraße kam allerdings erst durch Napoleon. Unterwegs können einem die traditionellen Schweizer Postautos begegnen. Auch diese nutzen den Pass werktäglich.

INFOS ZUM PASS

Scheitelhöhe: 2006 m **Länge:** 78 km
max. Steigung: 10 % **Wintersperre:** keine
Basisorte: Brig - Val d'Ossola /Domodossola (I)
Kombinationsmöglichkeiten: Moosalpe, Nufenen

195 Le Lein Wallis

INFOS ZUM PASS

Scheitelhöhe: 1658 m **Länge:** 28 km
max. Steigung: 10 % **Wintersperre:** bei Bedarf
Basisorte: Saxon - Sembrancher
Kombinationsmöglichkeiten: Col de la Forclaz, Großer St. Bernard, Croix de Coeur, Col de Champex

Dieser Pass entpuppt sich als eine wunderbare Alternative für die Anfahrt zum Großen Sankt Bernhard.

Anstatt nämlich über Martigny und im Hauptverkehrsstrom der Heimat der Bernardiner entgegen zu streben, lässt sich die Anfahrt über den Lein-Pass wirklich genießen.

Die Zufahrt im verbauten Rhône-Tal ist allerdings nicht ganz einfach zu finden. Sie zweigt in Saxon von der Route du Simplon ab. Dann ist gut zehn Kilometer lang höchster Kurvenspaß angesagt. Ein kurzes Stück über den 1658 Meter hohen Scheitel ist geschottert, aber sicher befahrbar.

Wer mehr losen Untergrund genießen möchte, biegt hier zum Col des Planches ab. Diese Route ist zwar länger, führt aber ebenso ans Ziel in Sembrancher.

Asphalt-Piloten werden es bevorzugen, die etwas weiter schwingende, aber kaum weniger kurvenreiche Abfahrt über Levron zu genießen, die teilweise grandiose Ausblicke auf die Walliser Alpen zulässt.

196 Col de la Croix de Coeur Wallis

INFOS ZUM PASS

Scheitelhöhe: 2174 m **Länge:** 30 km
max. Steigung: 11 % **Wintersperre:** bei Bedarf
Basisorte: Verbier – Riddes
Kombinationsmöglichkeiten: Col de la Forclaz, Gr. St. Bernard, Le Lein, Col de Champex,

Für die Fahrt hinauf auf den 2174 Meter hohen Col de la Croix de Coeur im Schweizer Kanton Wallis benötigt man etwas Erfahrung auf Schotter und ein entsprechendes Fahrzeug. Schon auf der Südrampe beginnt kurz nach dem Städtchen Verbier die Route de la Croix de Coeur. In weiten Teilen handelt es sich um eine Naturstraße, die aber gut befahrbar ist. Die Passhöhe bietet nicht nur herrliche Panoramablicke, sondern auch ein Restaurant gleichen Namens, in dem man gut einkehren kann. Auch im weiteren Verlauf der Straße sind noch Naturstraßenpassagen zu meistern und es geht noch ein Stückchen durch den Wald. Auf den letzten Kilometern hinunter nach Riddes ist die Straße dann aber wieder asphaltiert, sodass man die letzten Kehren mit flotterem Tempo genießen kann.

197 Col de la Forclaz (Montets) Wallis/ Savoie

Dieser Pass führt von der Stadt Martigny im Schweizer Kanton Wallis mitten hinein in die französische Skiregion rund um den mondänen Ort Chamonix-Mont-Blanc.

Die Straße ist bestens ausgebaut. Dies ist wenig verwunderlich, da es sich bei ihr um eine der wichtigsten Verkehrsverbindungen zwischen Schweiz und Frankreich handelt. Daher kann sie leider auch gerne einmal überlaufen sein.
Ursprünglich erbaut wurde der Pass schon im Jahre 1824. Sein jetziges Aussehen stammt aber aus dem Ende der 1950er Jahre, als er umfassend saniert wurde. Die Staatsgrenze befindet sich im Örtchen Le Châtelard.

Auf der Schweizer Seite blickt man zunächst über Kilometer auf hübsche Weinberge, in Frankreich hingegen vor allem auf Waldlandschaften.

Egal von welcher Seite aus: Den mächtigen, meist schneebedeckten Mont-Blanc hat man fast immer im Blick.

INFOS ZUM PASS

Scheitelhöhe: 1528 m **Länge:** 42 km
max. Steigung: 12 % **Wintersperre:** keine
Basisorte: Martigny - Chamonix (F)
Kombinationsmöglichkeiten:
Gr. St. Bernard, Le Lein, Col de Champex, Croix de Coeur

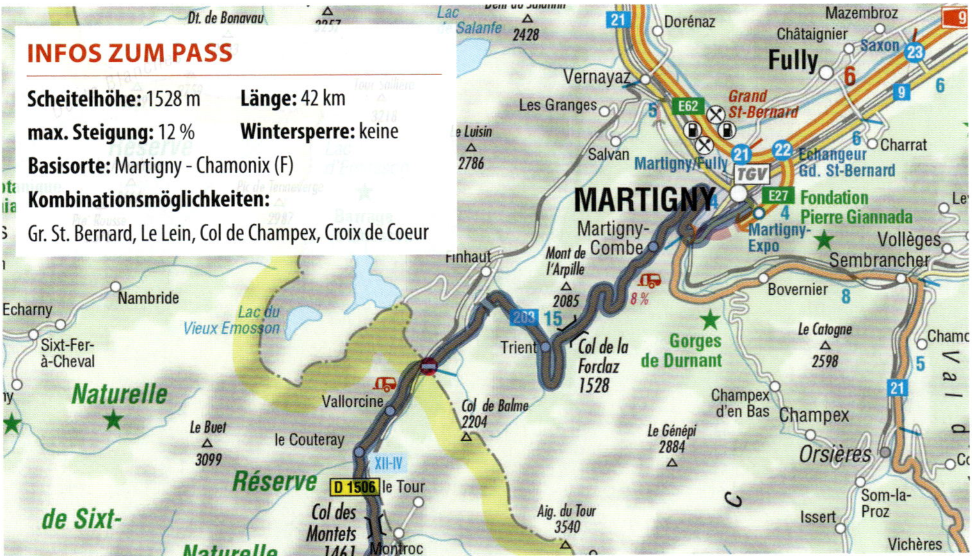
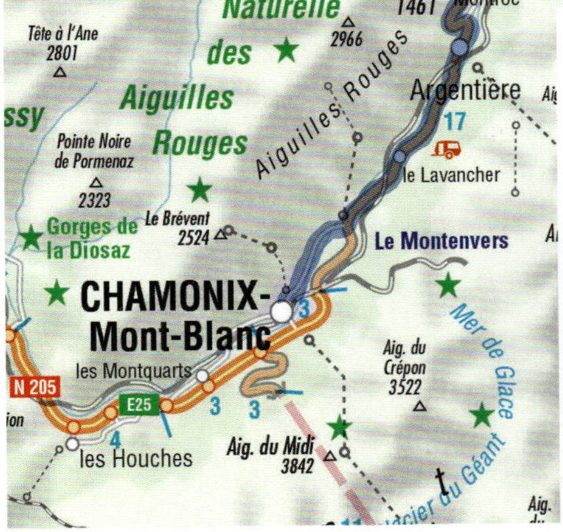

198 Col de la Gueulaz Waadt

Ausgangspunkt dieser ungemein kurvenreichen Strecke ist das Dörfchen Châtelard im Schweizer Kanton Wallis. Es ist nicht einmal einen Kilometer von der schweizerisch-französischen Grenze entfernt. Über Finfaut geht es auf den 1960 Meter hohen Scheitel des Col de la Gueulaz hinauf, der sich unmittelbar oberhalb der Staumauer des Emosson-Stauwerks befindet. Dieses zwischen 1969 und 1975 angelegte künstliche Gewässer in mit seinem Volumen von 227 Millionen Kubikmeter der zweitgrößte Stausee der ganzen Schweiz. Zudem hat er ein weiteres Superlativ zu bieten: Mit 180 Metern Höhe besitzt er – nach der Grande-Dixence- und der Mauvoisin-Staumauer – die dritthöchste Staumauer im Wallis.

Über viele radfahrende Zeitgenossen sollte man sich unterwegs nicht wundern, da dieser Pass 2016 erstmals Teil der Tour de France gewesen ist und Hobbyradler nun den Profis nacheifern. Beste Panoramaaussichten auf das Mont-Blanc-Massiv sind vom Panoramarestaurant Barrage d'Emosson aus zu bewundern. Dass es sich bei dieser Straße um eine Sackgasse handelt, man also auf dem gleichen Weg wieder zurückfahren muss, tut dem Genuss keinen Abbruch. Ganz im Gegenteil: Auf dem Rückweg sind die Perspektiven noch einmal ganz anders. Das Zeitfenster zur Befahrung ist recht eng. Je nach Witterung ist die Straße meist nur zwischen Mitte Mai bis Mitte Oktober geöffnet. Für die restliche Zeit gilt dann eine Wintersperre.

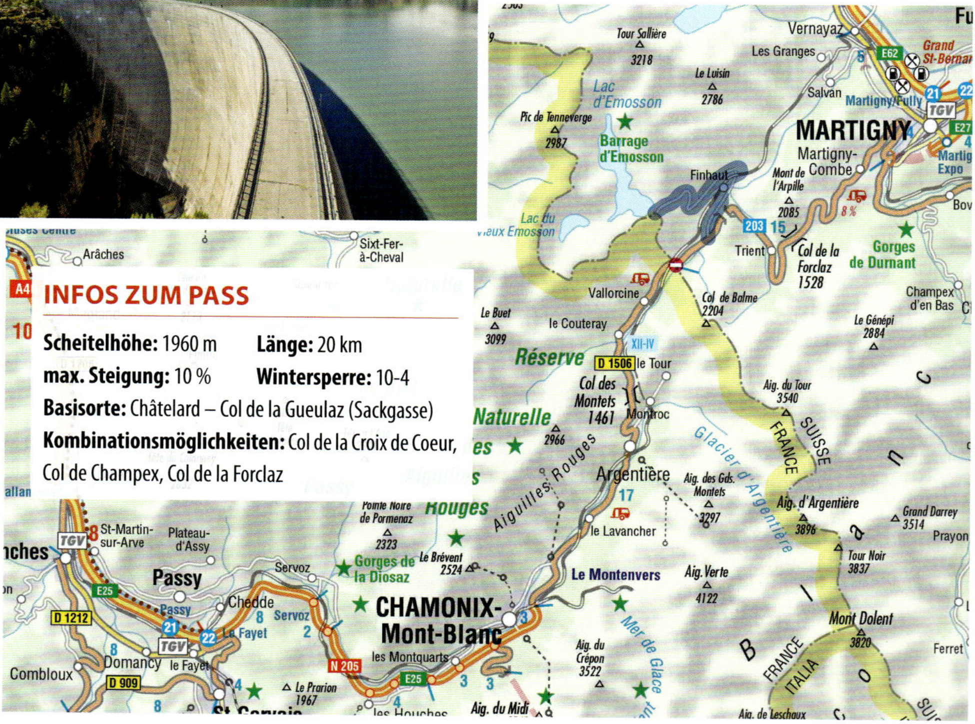

INFOS ZUM PASS

Scheitelhöhe: 1960 m **Länge:** 20 km

max. Steigung: 10 % **Wintersperre:** 10-4

Basisorte: Châtelard – Col de la Gueulaz (Sackgasse)

Kombinationsmöglichkeiten: Col de la Croix de Coeur, Col de Champex, Col de la Forclaz

199 Col de Champex Wallis

INFOS ZUM PASS

Scheitelhöhe: 1498 m **Länge:** 23 km
max. Steigung: 10 % **Wintersperre:** keine
Basisorte: Orsières – Les Valettes
Kombinationsmöglichkeiten: Col de la Forclaz, Gr. St. Bernard, Le Lein, Croix de Coeur

Im französischsprachigen Gebiet des Kanton Wallis verbindet der Col de Champex die Gemeinden Orsières und Les Valettes. Vor allem die Nordrampe hat es – mit 20 Kehren – in sich. Die Ostrampe hat dagegen lediglich neun vorzuweisen.

Wer sich von Norden aus auf den Weg zur 1498 Meter hohen Passhöhe macht, wird also direkt gefordert und sollte sich nicht von den Ausblicken in die darunter liegende Durnandschlucht ablenken lassen. Um diese zu genießen, sollte an den Parkbuchten angehalten werden. Alternativ kann man sich auch per Pedes hinuntermachen, denn die Felsenschlucht ist begehbar und gilt als eine der beliebtesten Outdoorsehenswürdigkeiten im Wallis.

Die Passhöhe selbst ist optisch vernachlässigbar. Sehr viel spannender ist eine weitere Pause unmittelbar südlich des Sattels, wo das Dorf Champex mit einem idyllischen See und vielen kleinen Chalets eine wahre Postkartenidylle verströmt.

200 Gr. St. Bernhard (Gran San Bernardo) Wallis / Aostatal

Schon seit Römerzeiten verbindet die Straße über den Col du Grand-Saint-Bernard Martigny im Schweizer Kanton Wallis mit dem italienischen Aostatal.

Mit seiner gut 2000 jährigen Geschichte und dem im 11. Jahrhundert von Bernhard von Aosta gegründeten Hospiz auf der Passhöhe zählt dieser Übergang zu den bedeutendsten und ältesten des gesamten Alpenraums. Auch die nach dem Hospizgründer benannten Suchhunde, die vor allem bei Lawinenabgängen zum Einsatz kommen, stammen von hier.

Geschichte und Kultur, eingebettet in eine grandiose Landschaft, und dank des Tunnels geringes Verkehrsaufkommen machen diesen Pass zur ersten Wahl. Aktuelle Infos zum Zustand gibt es auch im Hospiz: +41/27/7871236.

INFOS ZUM PASS

Scheitelhöhe: 2469 m **Länge:** 74 km

max. Steigung: 11 % **Wintersperre:** 11-4

Basisorte: Martigny - Aosta (I)

Kombinationsmöglichkeiten: Le Lein, Petit St. Bernard, Col de la Forclaz, Col de Champex, Croix de Coeur

201 Col de La Givrine Waadt / Frankreich

Die 34 Kilometer lange Straße über den Pass verband bereits im Mittelalter Ostfrankreich mit dem Becken des Genfersees. Heute verläuft sie gut ausgebaut von Nyon im Schweizer Kanton Waadt bis nach Morez im französischen Département Jura in der Region Bourgogne-Franche-Comté. Die 1332 Meter hohe Passhöhe befindet sich noch auf Schweizer Gebiet. Das Gebiet ist bei Touristen vor allem in den Wintermonaten beliebt. Es gibt dort ein kleines Skigebiet, außerdem werden Schneeschuhwanderungen geboten.

Dies, und die Tatsache, dass der Pass seine überregionale Bedeutung schon zu Beginn des 19. Jahrhunderts durch den Bau der Straße über den Col de la Faucille verlor, führt dazu, dass die Straße in den warmen Monaten nur wenig frequentiert wird.

INFOS ZUM PASS

Scheitelhöhe: 1232 m **Länge:** 36 km
max. Steigung: 7 % **Wintersperre:** keine
Basisorte: Nyon (CH) - Morez (F)
Kombinationsmöglichkeiten: Col du Marchairuz, Col du Mont d'Orzeires, Col du Mollendruz, La Barillette

202 La Barillette Waadt

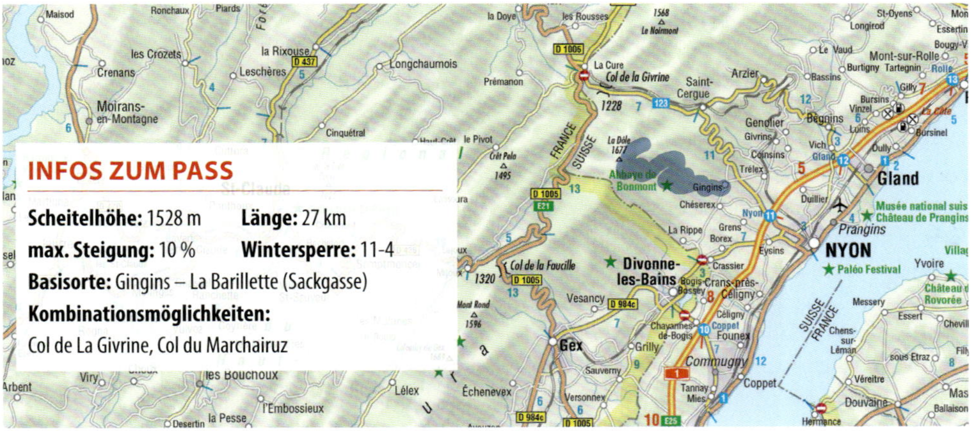

INFOS ZUM PASS

Scheitelhöhe: 1528 m **Länge:** 27 km
max. Steigung: 10 % **Wintersperre:** 11-4
Basisorte: Gingins – La Barillette (Sackgasse)
Kombinationsmöglichkeiten:
Col de La Givrine, Col du Marchairuz

Kurven und Kehren satt gibt es auf der 14 Kilometer langen Passstraße hinauf auf den Berggipfel la Barillette. Dieser befindet sich im Juragebiet des Schweizer Kantons Waadt und thront auf einer Höhe von 1528 Metern nordwestlich des Genfer Sees. Unweit der schweizerisch-französischen Grenze gehört der la Barillette zum Bergmassiv des la Dôle, der sich südwestlich anschließt und mit einer äußerst markanten Felswand versehen ist. Den prächtigen Ausblick – sowohl auf den See als auch auf die umliegenden Gipfel und bei guter Sicht sogar bis in die Savoyer Alpen und zum Mont Blanc – kann man bestens vom Gipfelrestaurant La Barillette aus genießen. Dort werden mittwochs bis sonntags regionale Spezialitäten angeboten. Besonders das Käsefondue sollte man zwecks Stärkung unbedingt kosten.

Die Waldgrenze befindet sich in diesem Teil des Jura auf einer Höhe von 1500 Metern, sodass fast der ganze Berg mit Bäumen gesegnet ist. Optisch dominiert wird der la Barillette zudem von einer in 2017 in Betrieb genommenen Sendeanlage. Das Vorläufermodell wurde allerdings schon 1958 erbaut. In den Sommermonaten ist das Gebiet sowohl bei Radfahrern als auch Wanderern beliebt. Die Straße, die in einer Sackgasse endet, ist üblicherweise nur von Mai bis Oktober befahrbar. Sie ist breit ausgebaut und mit gutem Asphalt versehen. Dennoch sind sowohl die Auf- als auch Abfahrten zum Teil als Einbahnstraßen angelegt.

203 Col du Marchairuz Waadt

Nördlich des Genfersees verbindet der 18 Kilometer lange Jurapass Col du Marchairuz im Schweizer Kanton Waadt die beiden Orte Le Brassus und Bière miteinander. Vom Namen des Letzteren sollte man sich nicht irritieren lassen, denn die Gegend ist keinesfalls für sein Bier berühmt. Bekannt ist die Weinregion La Côte. Die Passhöhe befindet sich auf 1447 Metern inmitten des rund 100 Quadratkilometer großen Regionalparks Parc Jurassien Vaudois.

Nordöstlich des Col du Marchairuz befindet sich der Mont Tendre, mit 1679 die höchste Erhebung des Schweizer Jura. Der Gipfel ist allerdings nur zu Fuß zu erreichen. Der Aufstieg erfolgt durch eine parkähnliche Landschaft. Von den Savoyer bis zu den Berner Alpen, von den Vogesen bis zum La Dôle reicht der phantastische Rundblick. Aus südlicher Richtung kann man alternativ von Saint-George aus auch über die Route du Marchairuz zur Passstraße hinauffahren.

INFOS ZUM PASS

Scheitelhöhe: 1447 m **Länge:** 18 km
max. Steigung: 14 % **Wintersperre:** keine
Basisorte: Le Brassus - Bière
Kombinationsmöglichkeiten: Col de La Grivine, Col du Mont d'Orzeires, Col du Mollendruz, La Barillette

204 Col du Mont d'Orzeires Waadt

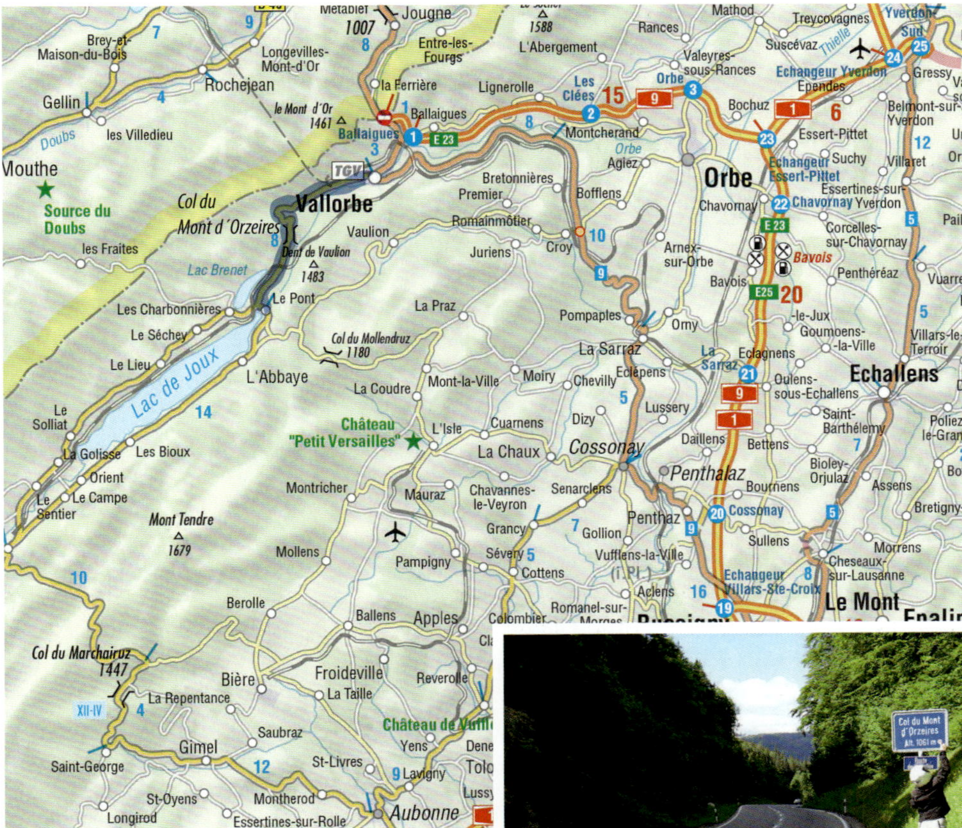

Die nur neun Kilometer lange und sehr breit ausgebaute Passstraße Col du Mont d'Orzeires verleitet dazu, am Gashahn zu drehen. Dies sollte man aber tunlichst vermeiden, denn obgleich die Straße nicht außergewöhnlich häufig von Ordnungshütern kontrolliert wird, sollte man sein Schicksal nicht herausfordern. Die Strafen sind horrend.

Wer sich daher auf diese Straße schwingen möchte, sollte sich stattdessen lieber auf die schönen Ausblicke konzentrieren. Schon der Start Le Pont ist sehenswert, schließlich schmiegt sich der Ort malerisch zwischen die Seen Lac de Joux und Lac Brenet. Dann folgen auch schon bald einige Kehren entlang der Bergkette des Risoux und dem Dent de Vaulion im Schweizer Jura. Schließlich geht es hinab nach Vallorbe und damit mitten hinein in den engen Talkessel des Flusses Orbe.

INFOS ZUM PASS

Scheitelhöhe: 1061 m **Länge:** 9 km
max. Steigung: 12 % **Wintersperre:** keine
Basisorte: Le Pont – Vallorbe
Kombinationsmöglichkeiten:
Col du Mollendruz, Col du Marchairuz

205 Col du Mollendruz Waadt

Schon im 12. Jahrhundert existierte ein kleiner Pfad, der es den Menschen im Waadtländer Jura ermöglichte, vom Lac de Joux zum südlich gelegenen Genfer See zu gelangen. Das Vorhaben war seinerzeit allerdings noch sehr mühsam, schließlich musste man über den 1180 Meter hohen Col du Mollendruz. Zunächst waren es Mönche, die den Weg nutzten. Später wurde er ausgebaut, um Holz- und Viehwirtschaft betreiben zu können. Die erste richtige Straße wurde Ende des 19. Jahrhunderts ausgebaut.

Heute präsentiert sich der Pass in einem gepflegten Zustand, der angenehm zu fahren ist. Er besteht aus schönen, aufeinanderfolgenden Kurven. Auf dem Gipfel gibt es einen großen Parkplatz, der vor allem an den Wochenenden und Feiertagen stark frequentiert wird.

INFOS ZUM PASS

Scheitelhöhe: 1180 m **Länge:** 15 km
max. Steigung: 14 % **Wintersperre:** keine
Basisorte: Le Pont – L'Isle
Kombinationsmöglichkeiten: Col du Marchairuz, Col du Mont d'Orzeires, Col de La Grivine

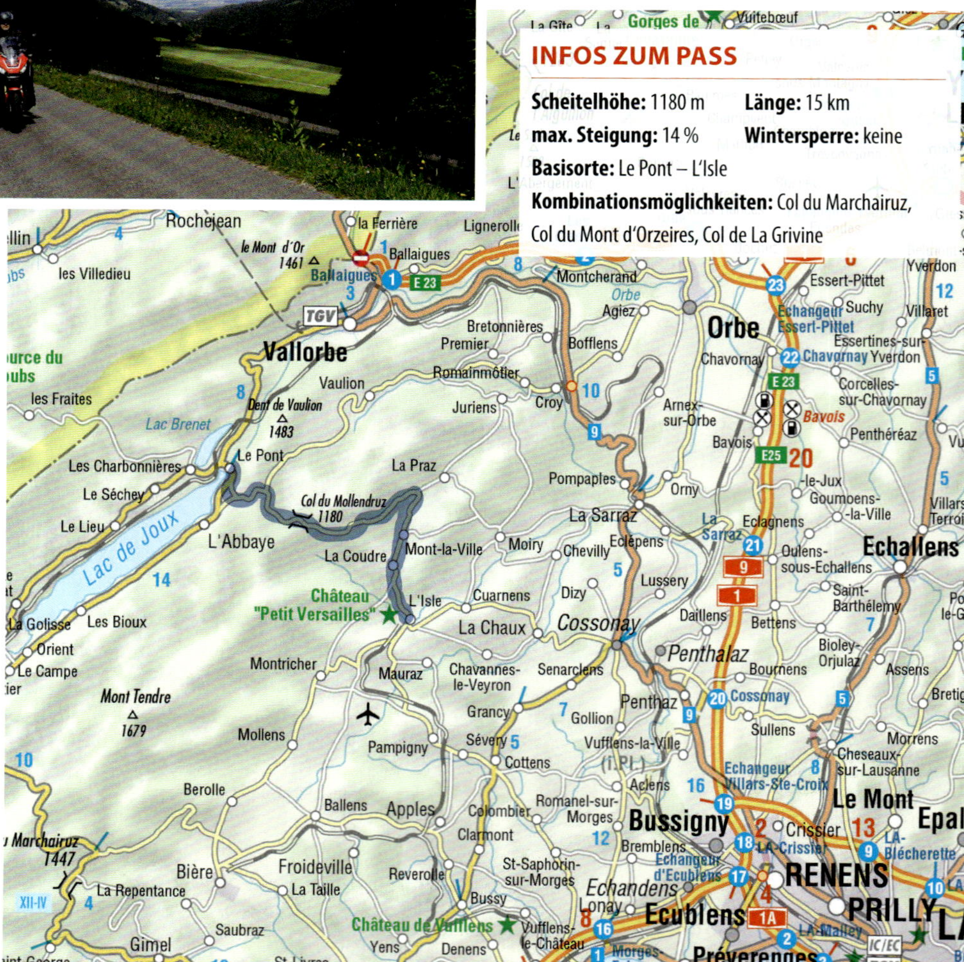

206 Col du Chasseral Bern

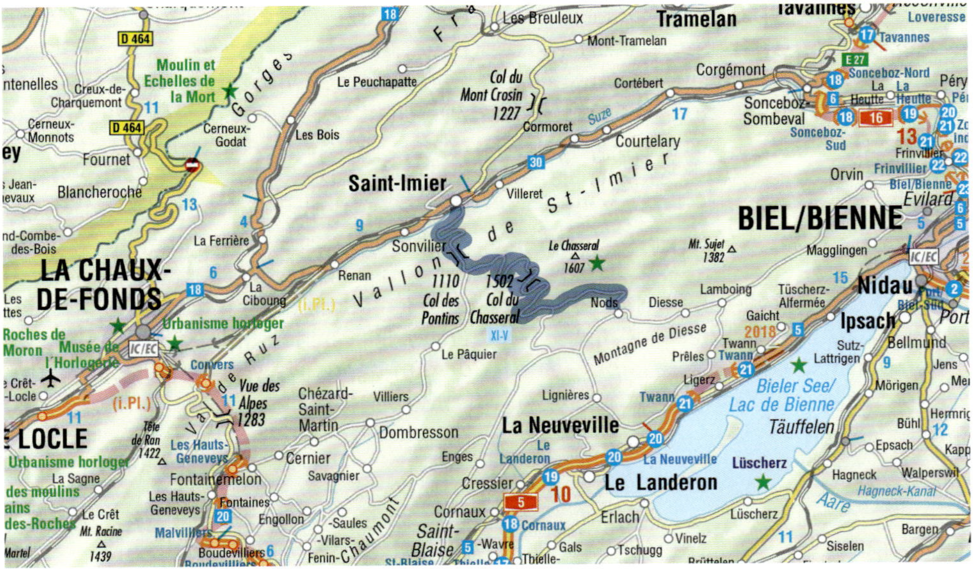

Im Schweizer Jura verbindet der Col du Chasseral die beiden Orte Saint Imier und Nods. Bis Ende 2006 gehörte die Passstraße noch einer Alpweggenossenschaft, die zur Befahrung eine Maut kassierte. Im Jahr 2007 wurde sie aber ins Netz der Kantonsstraßen aufgenommen und ist seither kostenlos befahrbar.

Die Passhöhe befindet sich auf 1502 Metern. Dies ist allerdings nicht der höchste Punkt des Chasserals, der höchsten Erhebung im Berner Jura. Der Gipfel liegt auf 1609 Höhenmeter.

Das Gebiet gilt als Schlaraffenland des Berner Jura. Insgesamt 57 Gourmetstationen sind rund um den Gipfel zu entdecken. Regionale Bauern produzieren unter anderem Käse, Schokolade und sogar Wein. Sie sind auf der „Route der Kenner und Genießer" zusammengestellt. Infos dazu: www.myswitzerland.com

INFOS ZUM PASS

Scheitelhöhe: 1502 m   **Länge:** 12 km

max. Steigung: 11 %   **Wintersperre:** 11-05

Basisorte: Saint Imier - Nods

Kombinationsmöglichkeiten:

Vue des Alpes

207 Dent de Vaulion Jura

Der Dent de Vaulion gehört zu den eher unbekannteren Gipfel des Schweizer Jura. Die Auffahrt zu ihm hinauf ist aber ein mehr als lohnenswertes Erlebnis. Er liegt zwischen dem Lac Lèman (Genfersee) und dem Lac de Joux. Nach dem Start in der Gemeinde Vaulion können schon die ersten Kilometer auf der Ostrampe fahrerisch überzeugen. In schöner Kurvenfolge windet sich die Straße hinauf. Nach knapp sechs Kilometern biegt man dann linkerhand in die Stichstraße ein, die einen schnurstracks zum Gipfel des 1483 Meter hohen Dent de Vaulion mit seinen Traumpanoramen bringt.

Den Stich muss man zwar auch zurückfahren, doch um wieder hinunterzukommen gibt es folgende Alternative: Nordwärts fährt man nach Vallorbe, hält sich entlang des Flusses L'Orbe gen Westen und biegt dann südlich am Lac Brenet ab, wo die Tour in Le Pont, am Ufer des Lac de Joux gelegen, endet. Dort erkennt man bei einem Blick in den Himmel übrigens auch, warum der Berg Dent, auf Deutsch: Zahn, heißt. Er hat genau diese Form.

INFOS ZUM PASS

Scheitelhöhe: 1483 m **Länge:** 27 km
max. Steigung: 10 % **Wintersperre:** keine
Basisorte: Vaulion – Dent de Vaulion (Stichstraße) – Vallorbe
Kombinationsmöglichkeiten: Col du Mollendruz

208 Col des Etroits Waadt

INFOS ZUM PASS

Scheitelhöhe: 1152 m **Länge:** 34 km
max. Steigung: 8 % **Wintersperre:** keine
Basisorte: Yverdon les Bains – Fleurier – Pontarlier
Kombinationsmöglichkeiten: Vue-des-Alpes

Gleich drei Straße führen in diesem Fall nicht nach Rom, sondern auf den Col des Etroits im Schweizer Kanton Waadt. Variante Eins beginnt in Yverdon-les-Bains, am Nordufer des Lac de Neuchâtel. Die ersten der knapp 21 Kilometer in nordöstlicher Richtung beginnen noch vergleichsweise ruhig, um sich dann etwa auf halber Strecke ab Vuiteboeuf in einen wahren Kurven- und Kehrentraum zu verwandeln. Von Nordosten aus erklimmt man den Pass von Fleurier aus. Diese Strecke ist mit knapp 13 Kilometern zwar kürzer, leider aber auch bedeutend langweiliger. Lediglich im Mittelteil gibt es ein paar Kurven, ansonsten geht es im Prinzip schnurgerade auf den Gipfel hinauf.

Daher sei alternativ die Anfahrt aus Pontarlier – und damit nordwestlicher Richtung empfohlen. Diese Passage bietet auf 20 Kilometern wieder Spaß und Kurvenvergnügen satt. Zudem passiert man hier auf dem Weg zum Col des Etroits militärische Befestigungsanlage aus dem Zweiten Weltkrieg. Diese wurden 1938 angelegt, als die Schweiz fürchtete, vom nazibesetzten Frankreich aus angegriffen zu werden. Das Gebiet ist bei Wintersportlern, vor allem für Schneeschuhwanderungen beliebt, sodass die Straßen zum Pass hinauf üblicherweise ganzjährig befahren werden können.

209 Vue-des-Alpes Neuenburg

Der Vue des Alpes ist ein schön zu fahrender, weil gut und breit ausgebauter Pass, der die Orte La Chaux-de-Fonds und Les Hauts-Geneveys im Schweizer Jura miteinander verbindet. Eine Fahrt hinauf bietet nicht nur tolle Blicke auf den Neuenburgersee, sondern auch die umliegenden Alpen. Der Name ist hier schließlich Programm: Vue des Alpes heißt auf Deutsch Blick auf die Alpen.

Im Normalfall ist die Fahrt herrlich entspannt. Dies liegt daran, dass die einst stark befahrene Straße durch den Bau des 3250 Meter langen Vue des Alpes-Tunnel, der westlich der Strecke verläuft, enorm entlastet wird. Er wurde 1995 eingeweiht. Der Berggipfel Tête de Ran auf 1422 Metern befindet sich etwa 2,5 km südwestlich der Passhöhe, ist allerdings nur zur Fuß erreichbar.

INFOS ZUM PASS

Scheitelhöhe: 1283 m **Länge:** 13 km

max. Steigung: 10 % **Wintersperre:** keine

Basisorte: La Chaux-de-Fonds - Les-Hauts-Geneveys

Kombinationsmöglichkeiten:

Col du Chasseral, Ferme du Soliat

210 Ferme du Soliat Neuenburg

Der Ferme du Soliat ist ein 1260 Meter hohe Pass, der sich im Schweizerischen Juragebiet befindet. Die letzten Kilometer zu ihm hinauf sind ein Stich, doch die beiden Auffahrten sowohl fahrerisch als auch landschaftlich unterschiedlich. Von südöstlicher Richtung beginnt die insgesamt 55 Kilometer lange Strecke idyllisch in La Tène, am Ufer des Lac de Neuchâtel (deutsch: Neuenburgersee) gelegen. Zunächst bleibt man dem feuchten Nass an seinem Nordufer treu. Erst ab der Gemeinde Neuchâtel schraubt sich die Straße behutsam in die Bergwelt hinein. Kurz hinter Noiragigue geht es dann scharf links in die Stichstraße hinein, die einen kurvenreich zum Gipfel hinauf bringt. Oben angekommen kann man sich im Ferme Restaurant du Soliat kulinarisch stärken und dabei den Weitblick von der Aussichtsterrasse aus genießen. Wer möchte, kann hier auch übernachten, Zimmer und Schlafsäle werden angeboten. Geöffnet hat die Herberge üblicherweise von April bis Oktober.

Oben am Pass angekommen, sollte man sich den eigentlichen landschaftlichen Höhepunkt keineswegs entgehen lassen, auch wenn dieser nur zu Fuß zu erreichen ist. Über eine kleine Wiese gelangt man an die Felskante des Creux du Van, der sich über einem einen Kilometer durchmessenden Felsenkessel einige hundert Meter unter ihm befindet. Auf dem Rückweg hält man sich in westlicher Richtung. Diese Rampe hat einige schöne Kehren zu bieten und läuft in La Brévine, gleich in der Nähe des kleinen Lac des Taillères aus.

INFOS ZUM PASS

Scheitelhöhe: 1260 m

Länge: 55 km

max. Steigung: 10 %

Wintersperre: keine

Basisorte: La Tène – La Brévine

Kombinationsmöglichkeiten:

Vue-des-Alpes, Col des Etroits

Pässe und Panoramastraßen in FRANKREICH

211 Col du Grand Colombier Ain

Der Col du Grand Colombier sollte bei der Planung keinesfalls mit dem Col de la Colombière verwechselt werden. Gehört letzterer zum Einstieg in die berühmte Route des Grandes Alpes in Südfrankreich, handelt es sich bei dem Pendant mit ähnlichem Namen um einen eher unbekannten Gebirgspass unweit der schweizerischen Grenze.

Der Col du Grand Colombier ist mit 1531 Metern der höchste Gebirgsgipfel im französischen Jura. Die eigentliche Passstraße ist als D 120 ausgewiesen und führt Reisende, die sich zu Fuß nicht ganz an den Gipfel quälen möchten, auf immer noch stattliche 1501 Meter hinauf. Dort oben ist schon vor einigen Jahren ein meterhohes Stahlkreuz installiert worden, von dem aus man nicht nur prächtige Ausblicke hinunter ins Rhônetal, sondern bei gutem Wetter sogar bis zum Montblanc genießen kann. Doch nicht nur die Aussicht, auch die Fahrt ist spektakulär: Unzählige Kurven und Kehren bei Steigungen bis zu 20 Prozent bringen selbst geübte Fahrer ordentlich ins Schwitzen.

INFOS ZUM PASS

Scheitelhöhe: 1531 m **Länge:** 35 km
max. Steigung: 20 % **Wintersperre:** keine
Basisorte: Champagne en Valromey - Culoz
Kombinationsmöglichkeiten: Col de la Biche, Col de la Lèbe, Col de Richemond, Col de la Rochette, Col de Belle Roche

212 Col de la Colombière Haute Savoie

Bei Le Reposoir mündet die Route dann wieder in die D4 und folgt ihr bis zur Passhöhe, wo an den Restaurants meist eine gewisse Parkplatznot herrscht. Die zugeparkten Grünstreifen lassen dann kaum mehr als eine Fahrspur übrig. Die Abfahrt nach Le Grand-Bornand geht recht entspannt vonstatten. Ein paar langgezogene, flache Kehren hat es hier aber auch. Und Schafe! Die können schon mal ganz unvermittelt auf der Fahrbahn auftauchen.

Der 1613 Meter hohe Col de la Colombière gehört zum Einstieg in die Route des Grandes Alpes. Von Cluses aus bieten sich zwei Auffahrten an. Die zur eigentlichen D 4 gehörende sollten Motorradfahrer aber meiden. Warum auch immer nimmt kaum jemand die Auffahrt über die D 119 und das Dörfchen Romme. Es ist die eindeutig schönere, spannendere und noch dazu ziemlich einsame Alternative. Allerdings ist dieses Teilstück recht eng. Dafür entschädigen umso mehr Kehren mit echtem Fahrvergnügen.

INFOS ZUM PASS

Scheitelhöhe: 1613 m **Länge:** 32 km
max. Steigung: 7 % **Wintersperre:** 12-4
Basisorte: Cluses - La Clusaz
Kombinationsmöglichkeiten:
Col des Saises, Col de l´Arpettaz

213 Col de l'Arpettaz Haute-Savoie

Dieser Pass zählt zu den kleinen, noch weitgehend unbekannten Übergängen der französischen Alpen. Dabei kann er 37 grandiose Kehren zur Überwindung der gut 1000 Meter Höhenunterschied zwischen Ugine im Val d'Arly und dem Scheitelpunkt aufweisen.

Außer mit Wanderern und Radfahrern ist hier mit wenig Verkehr zu rechnen.

Am Pass führt eine asphaltierte Strecke wieder hinab ins Flusstal.

Sehr viel mehr Spannung aber verspricht die Schotteretappe durch die Aravis-Berge. Dieser Abschnitt zieht sich an der Bergkette entlang bis hinüber zum Scheitelpunkt des Col des Aravis, ist aber nur erfahrenen Schotterfahrern zu empfehlen.

INFOS ZUM PASS

Scheitelhöhe: 1581 m **Länge:** 38 km

max. Steigung: 11 % **Wintersperre:** keine

Basisorte: Ugine - Hauteville

Kombinationsmöglichkeiten: Col des Saises, Cormet de Roselend, Col de la Colombière

214 Col des Saisies Savoie

Auch der Col des Saisies gehört zum großen Spielplatz für Motorradfahrer: Route des Grandes Alpes. Die gut 30 Kilometer lange Straße D 218b verbindet die Gemeinden Flumet mit Villard-sur-Doron. Der Scheitel liegt nur wenige Kilometer nördlich von Les Saisies, das in der Region ein beliebter Wintersportort ist. Dementsprechend ist die Straße auch perfekt ausgebaut und natürlich ganzjährig befahrbar.

INFOS ZUM PASS

Scheitelhöhe: 1650 m **Länge:** 33 km

max. Steigung: 12 % **Wintersperre:** keine

Basisorte: Flumet - Beaufort

Kombinationsmöglichkeiten: Cormet de Roselend, Col de l´Arpettaz, Col de la Colombière

Cormet de Roselend Blick auf die Südrampe

215 Cormet de Roselend Savoie

Nicht wenige meinen, dass der Cormet de Roselend einer der schönsten Alpenpässe ist, den Frankreich aufzuweisen hat. Die Wintersperre auf dem 1967 Meter hohen Pass gilt zumeist nur von Dezember bis April, also relativ kurz für die sonstigen Verhältnisse in den französischen Hochalpen. Zu verdanken haben wir die meisterliche Streckenführung einer ehemaligen Großbaustelle: Der so wunderbar türkis schimmernde Lac de Roselend ist ein erst in den 1950er Jahren errichteter Stausee. Die jetzige Straße an ihm vorbei und über den Pass wurde zunächst als Zufahrt zur Baustelle angelegt. Zwar bestand von Osten eher eine Auffahrt auf die Passhöhe, die war aber bis 1960 nicht mit dem Beaufortain verbunden.

INFOS ZUM PASS

Scheitelhöhe: 1967m **Länge:** 59 km
max. Steigung: 12% **Wintersperre:** 12-4
Basisorte: Albertville - Bourg St. Maurice
Kombinationsmöglichkeiten:
Col des Saises, Col de l´Arpettaz

216 Col du Granier Savoie

Aus Savoyens Metropole Chambéry führt eine klassische Bergstrecke hinauf. Von unter 300 geht es in kurzer Zeit auf die 1134 Meter Höhe, die der Col du Granier überwindet.

Über ihm thront in fast 2000 Meter Höhe der Gipfel des Mont Granier, zu dessen Füßen sich direkt am Pass ein beliebtes Restaurant etabliert hat, das allerhand deftige regionale Köstlichkeiten serviert. Vor allem an kühleren Tagen ist das Haus ein unter Motorradfahrern beliebter Stopp auf dem Weg in die Region Chartreuse.

INFOS ZUM PASS

Scheitelhöhe: 1134m
Länge: 27 km
max. Steigung: 8%
Wintersperre: keine
Basisorte: Chambery - St. Pierre d'Entremont
Kombinationsmöglichkeiten: Col de la Croix de Fer, Col du Glandon, Col de la Madeleine

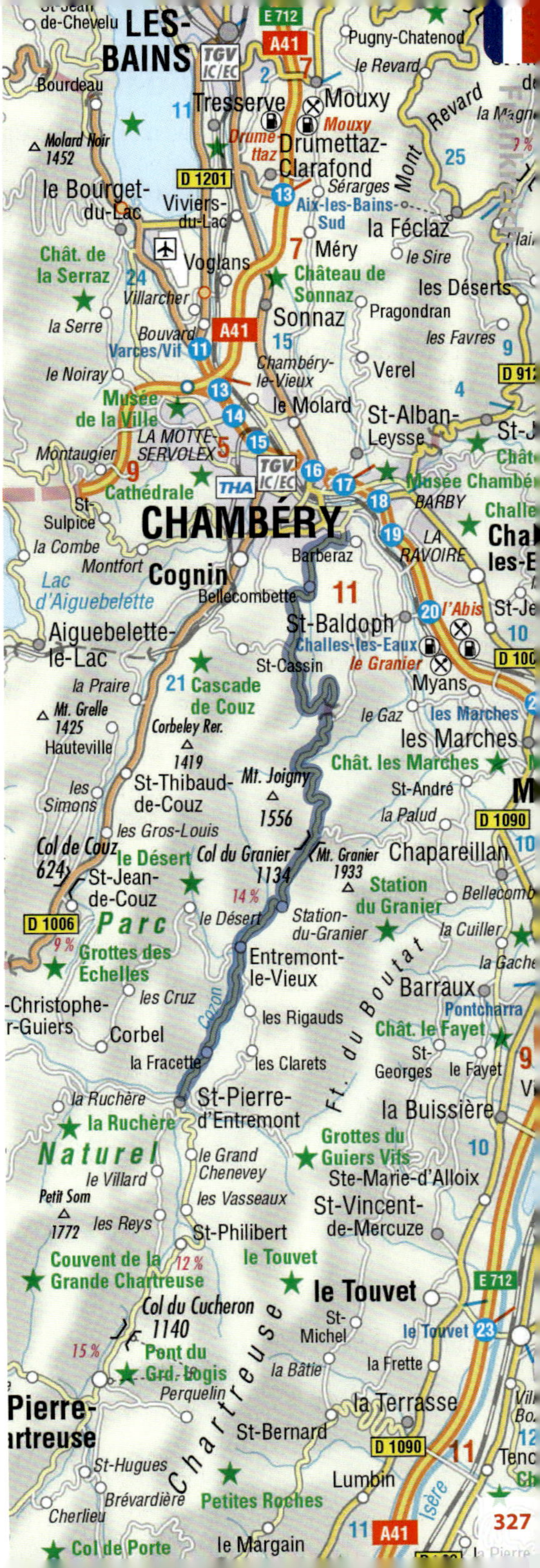

217 Col de la Madeleine Savoie

Mit seinen 1993 Metern verfehlt der Col de la Madeleine knapp die „magische“ 2000-er-Grenze. Aber die fast 50 Kilometer lange Strecke, die man am besten von La Chambre nach Feissons im Isère-Tal befährt, hat ganz andere Qualitäten zu bieten. Zunächst einmal können sich Motorradfans bei der Tour de France, die den Pass

häufig nutzt, für einen weitgehend perfekten Belag bedanken. Dann sind da noch die rund 1500 Höhenmeter, die es auf beiden Seiten des Scheitels zu überwinden gilt. Das erfolgt zwar nicht in spektakulären Serpentinen, aber über teilweise kurvenreiche, teilweise auch recht steile Abschnitte jenseits von zehn Prozent, so dass Aufmerksamkeit stets gefordert ist. Absolutes Highlight ist die prächtige Alpenkulisse, auf die man gerade in Süd-Nord-Richtung immer wieder Blicke erhascht. Allein dafür lohnt die Befahrung.

INFOS ZUM PASS

Scheitelhöhe: 1993 m **Länge:** 50 km

max. Steigung: 12 % **Wintersperre:** 11-5

Basisorte: La Chambre – Feissons-sur-Isère

Kombinationsmöglichkeiten: Col du Telegraphe, Col de la Croix de Fer, Col du Glandon, Col de l´Iseran

218 Col de la Croix de Fer Savoie

Der 2068 Meter hohe Übergang Col de la Croix de Fer befindet sich in der Region Auvergne-Rhône-Alpes und verbindet das Maurienne-Tal rund um St. Jean de Maurienne (im Nordosten) mit dem Oisans beim Städtchen Allemond in den französischen Hochalpen.

Während der Fahrt passiert man mit dem Lac du Grand Maison und dem Lac du Verney gleich zwei sich idyllisch präsentierende Stauseen. In den Sommermonaten ist hier besondere Vorsicht geboten, denn dieser Pass ist bei Radfahrern äußerst beliebt.

INFOS ZUM PASS

Scheitelhöhe: 2068 m **Länge:** 62 km

max. Steigung: 12 % **Wintersperre:** 11-5

Basisorte: St. Jean de Maurienne - Allemond

Kombinationsmöglichkeiten: Col du Galibier, Col du Telegraphe, Col de Sarenne, Col du Glandon

219 Col du Glandon Savoie

Der Col du Glandon ist auch so eine Radler-Legende. Bei den letzten Neuasphaltierungen wurde gleich auch ein kleines Kunstwerk in Form eines überdimensionalen Drahtesels auf seiner Passhöhe errichtet. Doch gehört die teilweise anspruchsvolle Strecke nicht allein den Pedalisten, auch Motorradfahrer haben hier ihren Spaß. Als Alternative zur klassischen Anfahrt über die D 526 empfiehlt es sich, einen Großteil der Auffahrt nach Alpe d'Huez zu nehmen. Im alten Teil des Dorfes zweigt eine kleine Straße links ab, die kurvenreich bis hinab nach Allemont führt, dem Ausgangsort der Passstraße.

Schon auf der auf 1924 Metern gelegenen Passhöhe lässt sich bei einem Blick nach Nordosten erahnen, welch spektakuläre Ausblicke einen auf den folgenden Kilometern stets begleiten werden, bevor die Route dann hinab ins Maurienne führt.

INFOS ZUM PASS

Scheitelhöhe: 1924 m **Länge:** 45 km
max. Steigung: 15 % **Wintersperre:** 10-5
Basisorte: La Chambre - Allemond
Kombinationsmöglichkeiten: Col du Galibier, Col du Telegraphe, Col de la Croix de Fer, Col de Sarenne

220 Col du Télégraphe Savoie

Der Col du Télégraphe bildet zusammen mit dem Col du Galibier ein Teilstück der Straße D902. Sie verbindet die Gemeinde St. Michel de Maurienne mit dem Scheitel des Col du Lautaret.
Auf der Fahrt dorthin sollte man sich nicht wundern: Aus einer Höhe von 1570 Metern fährt man erst einmal in eine Talsenke, wo der Ort Valloire zu finden ist, und erst im Anschluss wieder hinauf in luftige Höhen.

Auf dem Scheitel sollte man einen kleinen Fußmarsch zum sehenswerten Fort du Télégraphe einplanen.

INFOS ZUM PASS

Scheitelhöhe: 1570 m **Länge:** 19 km

max. Steigung: 7 % **Wintersperre:** 10-6

Basisorte: St. Michel de Maurienne – Valloire

Kombinationsmöglichkeiten: Col du Galibier, Col de la Croix de Fer, Col du Glandon, Col de la Madeleine

221 Col de Sarenne Savoie

Ein Pass, der sich versteckt, ist immer einen Abstecher wert. Diese wunderbar einsame Strecke ist zwar in weiten Teilen mit einem Tempolimit versehen (30 km/h), hat aber ganz andere Reize, die den Anstieg auf knapp 2000 Meter lohnen.

Unser Tipp: Bei Mizoën in die Route einsteigen, die weitgehend einspurig verläuft und neben scharfen Kehren tolle Ausblicke aufzuweisen hat. Der Weg besteht aus Betonplatten, zahlreiche Wasserrinnen queren und mancherorts ist Schotter verlegt. Dennoch ist der Sarenne mit jedem Motorrad zu meistern.

In Alpe d'Huez angekommen, stürzt man sich dann über 21 Serpentinen hinab nach Bourg d'Oisans.

INFOS ZUM PASS

Scheitelhöhe: 1999 m **Länge:** 35 km

max. Steigung: 14 % **Wintersperre:** bei Bedarf

Basisorte: Bourg d'Oisans - Mizoën

Kombinationsmöglichkeiten: Col du Galibier, Col du Telegraphe, Col de la Croix de Fer, Col du Glandon

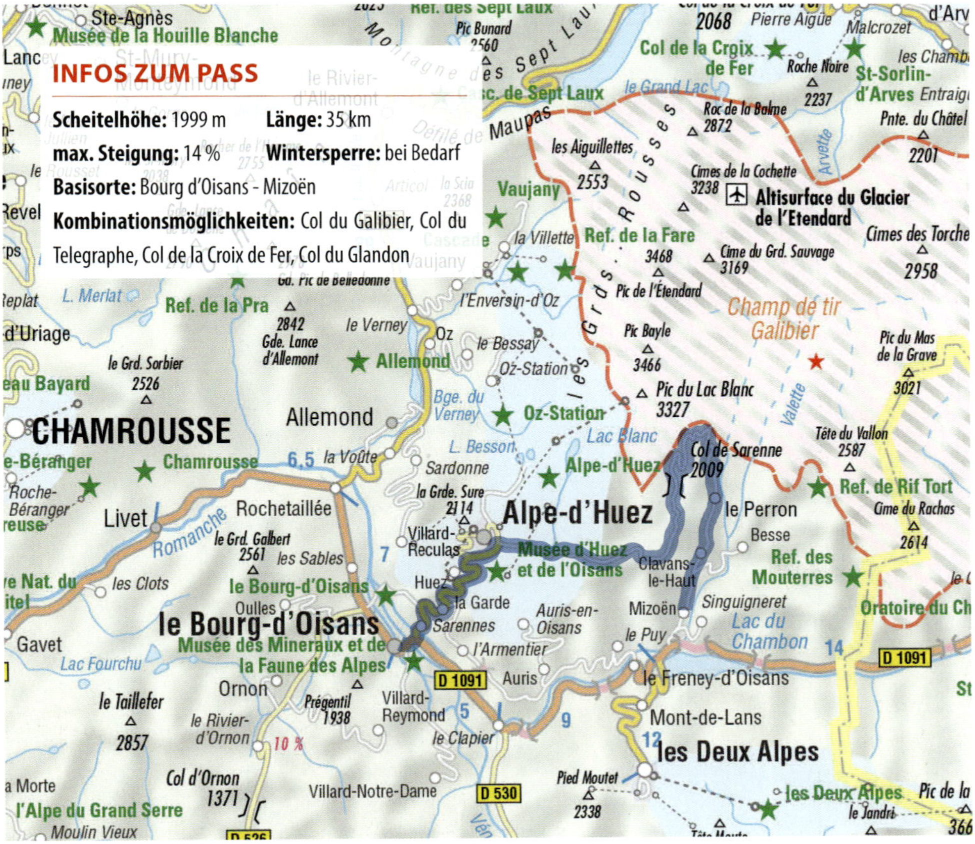

222 Col du Galibier Savoie

Auch der Galibier, die Nummer 5 unter den Alpenpässen, gehört zur Route des Grandes Alpes.

Seine unvergleichliche Lage am Übergang von Rhône-Alpes nach Provence-Alpes-Côte d'Azur bietet vom Scheitelpunkt ein 360-Grad Panorama auf die schönsten Bergmassive der französischen Alpen. Bei gutem Wetter ist sogar noch der Mont Blanc auszumachen. Da die Tour de France auch diesen Pass gerne im Programm führt, ist der Zustand der erst spät asphaltierten Strecke weitgehend ausgezeichnet. Lediglich die Nord-anfahrt vom Tunnel zum Scheitel weist einige Winterschäden auf. Tipp: Bei Sonnenaufgang in Valloire starten.

INFOS ZUM PASS

Scheitelhöhe: 2646 m **Länge:** 29 km
max. Steigung: 14 % **Wintersperre:** 10-6
Basisorte: Valloire – Col du Lautaret
Kombinationsmöglichkeiten: Col de Montgèneve, Col du Mont Cenis, Col de Sarenne, Col du Telegraphe

223 Col de l'Isèran Savoie

Er ist die zu Unrecht oft verkannte „Majestät der Alpen". Nicht die Höchstschwierigkeit, aber der höchste asphaltierte Straßenpass des gesamten Gebirgszugs. Auch höher als der Col de la Bonette, dessen Scheitel es „nur" auf 2715 Meter bringt. Der Isèran ist damit auch „das Meisterstück" der Route des Grandes Alpes und weist Steigungen bis zwölf Prozent auf. Die Verbindung zwischen Tarentaise und Maurienne ist 61 Kilometer lang.

Der Aussichtspunkt „Belvédère de la Tarantaise" auf 2530 Metern an der Nordrampe belohnt einen Stopp mit grandioser Fernsicht. Und am Scheitel lockt die sehenswerte Natursteinkapelle zu einem Besuch.

INFOS ZUM PASS

Scheitelhöhe: 2770 m
Länge: 61 km
max. Steigung: 12 %
Wintersperre: 10-6
Basisorte: Val d'Isère - Lanslebourg
Kombinationsmöglichkeiten: Col de la Madeleine, Cormet de Roselend, Col du Mont Cenis

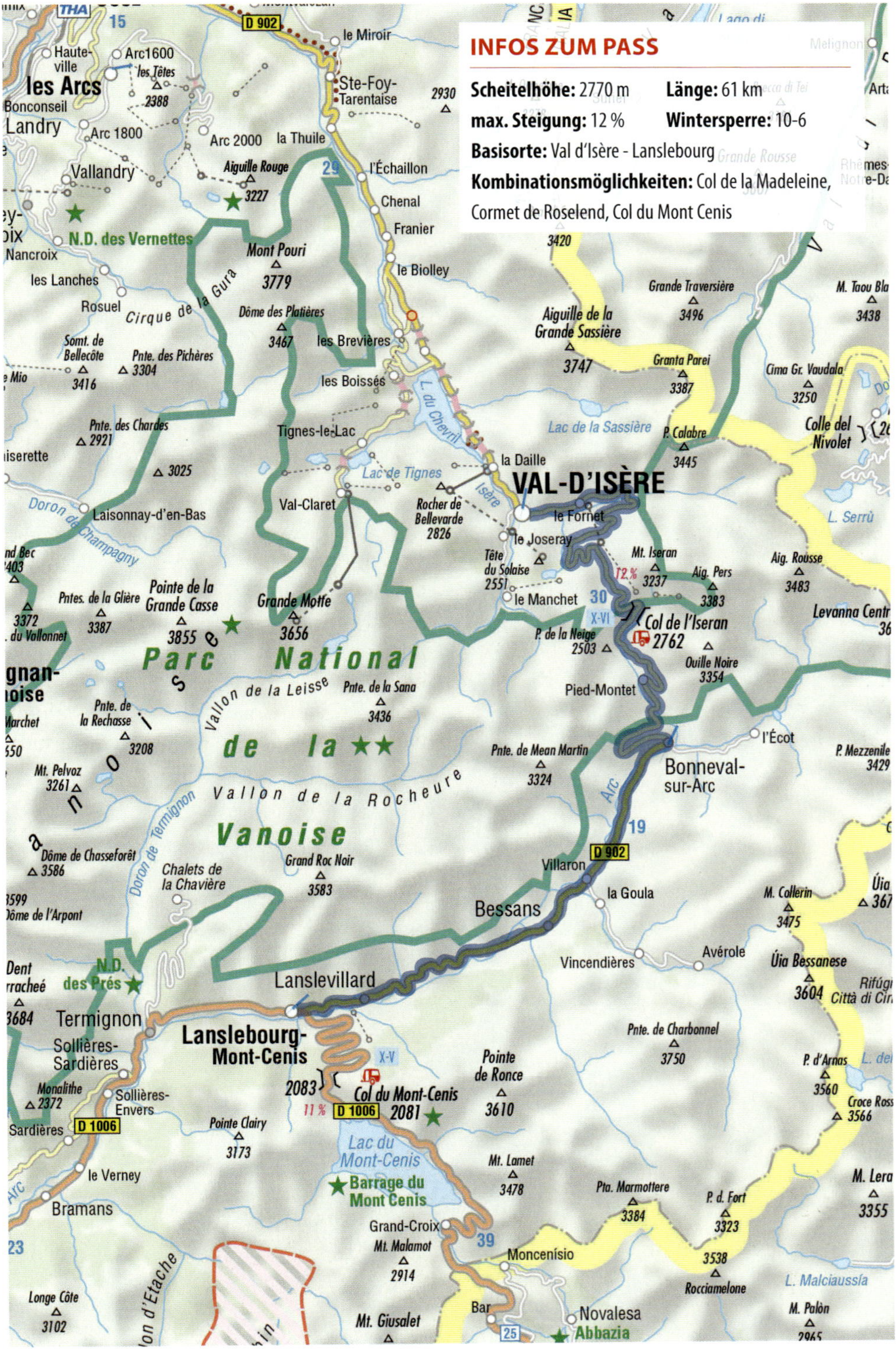

Col de l´Iseran Blick auf Val d´Isère von der Nordrampe

224 Col du Mont Cenis Savoie / Piemont

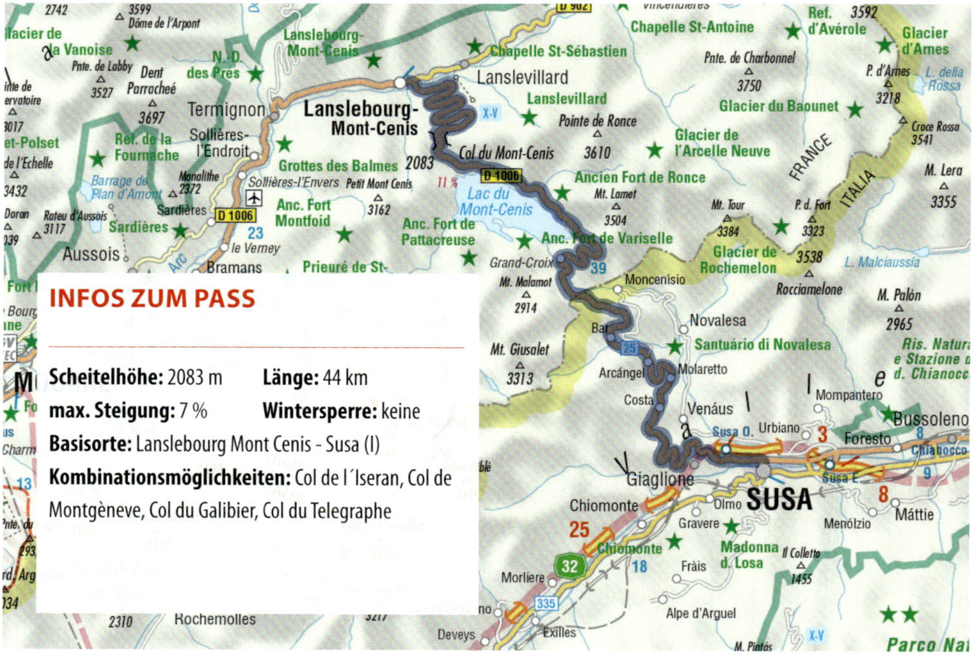

INFOS ZUM PASS

Scheitelhöhe: 2083 m **Länge:** 44 km

max. Steigung: 7 % **Wintersperre:** keine

Basisorte: Lanslebourg Mont Cenis - Susa (I)

Kombinationsmöglichkeiten: Col de l´Iseran, Col de Montgèneve, Col du Galibier, Col du Telegraphe

Wer von der Route des Grandes Alpes einmal einen Abstecher ins nahegelegene Italien machen möchte, dem sei die sehr abwechslungsreiche Fahrt über den 2083 Meter hohen Col du Mont Cenis wärmstens empfohlen. Auf der französichen Seite erklimmt die Straße mit Hilfe einiger Serpentinen einen bewaldeten Hang. Der Scheitel liegt kurz vor dem malerischen Lac du Mont Cenis, einem sehenswerten Gebirgsgewässer. Bei einem kurzen Stopp am Infopoint mit benachbartem Alpengarten kann man die idyllische Hochgebirgsatmosphäre am See genießen. Die Abfahrt auf italienischer Seite wartet mit vielen engen und steil übereinanderliegenden Serpentinen auf.

Die Straße ist schon seit dem Mittelalter wichtig für den Handel und gehört – trotz des bestens ausgebauten Fréjus-Tunnels – noch heute zu den wichtigsten Verkehrsverbindungen zwischen Lyon und Turin. Daher ist die Straße auch ganzjährig befahrbar.

225 Col de Montgènevre Haute-Alpes / Piemont

Noch bis ins Jahr 1947 bildete dieser Pass mit dem Namen Col de Montgenèvre oder Colle del Monginevro in diesem Gebiet die offizielle Grenze zwischen Frankreich und Italien – erst dann wurde sie wenige Kilometer in Richtung Osten verlegt.
Dieser Grenzpass verbindet die Stadt Briançon in der Region Provence-Alpes-Côte d'Azur mit dem oberen Susatal im Piemont. Historischen Aufzeichnungen zufolge wurde die Strecke schon in der Antike als wichtiger Handelsweg zwischen dem Rhônetal und der Po-Ebene genutzt. Mit nur gut 21 Kilometern Länge gehört er zu den kürzeren Alpenpässen.

Dass die Straße auch heutzutage enorm wichtig ist, sieht man an ihrem Straßenzustand. Sie ist bestens gepflegt. Die französische Westrampe verläuft mit etlichen Kehren gespickt durch lichte Wälder.

INFOS ZUM PASS

Scheitelhöhe: 1850 m **Länge:** 21 km
max. Steigung: 12 % **Wintersperre:** keine
Basisorte: Cesana Torinese (I) - Briancon
Kombinationsmöglichkeiten: Col du Galibier, Col du Telegraphe, Col d´Izoard, Col Agnel

226 Col d'Izoard Haute-Alpes

Einer der schönsten Pässe der Alpen überhaupt. Vom Verkehr weitgehend verschont, weil es eine schnellere Alternative durch das Tal der Durance gibt. Dennoch ist die Strecke durchgehend asphaltiert und in gutem Zustand.

Die Nordrampe ist ein Traumritt durch eine weitgehend intakte, hochalpine Landschaft. Mit dem markanten Scheitelpunkt wandelt sich dieses Bild dramatisch. Das Casse Deserte genannte Gebiet sieht aus wie eine Mondlandschaft – und ist eine echte „Schutt-Wüste", aus der auch noch an jeder Ecke faszinierende Felsnadeln sprießen. Für so viel Qualität und Abwechslung gibt es die Höchstwertung!

INFOS ZUM PASS

Scheitelhöhe: 2356 m **Länge:** 26 km
max. Steigung: 12 % **Wintersperre:** 10-6
Basisorte: Cervières - Les Moulins
Kombinationsmöglichkeiten: Col de Montgèneve, Col Agnel, Col du Galibier

Montgenèvre
X-VI
la Draye
Val-des-Prés
Montgenèvre
Champlas-Seguin
Sauze di Cesana
23
25 %
le Serre-Barbin
1091
Villeneuve
la Salle-les-Alpes
Crête de Peyrolle
2644
le Rosier
Clavière
Clavière
11
Rollières
Bousson
M. Sises
2658
Punta Rogn
3280
St-Chaffrey
14 %
N 94
12 %
Col de Montgenèvre
1850
Thures
Lauze
Chantemerle
les Alberts
la Vachette
15
Rhuilles
Roc del Boucher
3285
Ripa
Briançon
Forville
Croix de Toulouse
Fort de Gondran
le Chenaillet
2634
Argentera
BRIANÇON
Fort du Randouillet
les Fraches
Thuras
Thuras
la Chau
le Bourget
ITALIA
FRANCE
Bric
les Combes
Chap. St-Pancrace
Puy-St-André
Cervières
Terre-Rouge
Prafauchier
les Chalps
Pic du Grand Glaiza
3286
Ratière
Sachas
Villard-St-Pancrace
Anc. Fort de la Lausette
Cervières
le Laus
Cerveyrette
les Fonds
Chapelle St-Hippolyte
le Villaret
Cime de la Charvie
2881
Pic de Clausis
2927
17
Clot la Rama
Chalets des Ayes
D 902
Refuge-Napoléon
Tête d'Amont
2815
Grand Peygu
2801
Grd. Pic de Rochebrune
3325
Pic de Petit Rochebrune
3083
St-Martin-de-Queyrières
Bouchier
Vigneaux
Queyrières
Pic de Payre Eyraute
2903
Musée du Tour de France
12 %
Col d'Izoard
2361
le Lombard
2496
Serre de l'Aigle
Abriès
N 94
Chalets de l'Orceyrette
X-VI
Pic de l'Agrenier
2793
Belvre. du Pelvoux
Ste-Marguerite
Pic de Haut-Mouriare
2810
Brunissard
Station de la Chalp
Aiguilles
Maison Ei
Station de Ai
l'Argentière-la-Bessée
Station de Arvieux
la Chalp
Peynin
Tête du Peyron
2591
les Meyriès
Chapelle St-Jean
les Lauzes
Pic du Béal Traversier
2910
Arvieux
Ville-Vieille
Prats
Crête du Mourre Froid
2779
Bouchouse
Château-Queyras
Durance
les Moulins
Fort-Queyras
Molines-en-Queyras
Église Ste-Margerite
la Roche-de-Rame
Dent du Ratier
2660
Villargaudin
2257
Sommet Bucher
Pierre-Grosse
10
Biaysse
Pallon
Ref. de Furfande
Montbardon
Fontgillarde
16
Molines-en-Queyras
Montagne de Beauregard
Gourfouran
Pra Reboul
la Veyer
la Chalp
Champcella
le Villard
Prachaval
2454
Bramousse
St-Véran
Bois d'Eygliers
Combe du Queyras
Chap. Ste-Marie-Madeleine
Vieux Village
St-Crépin
Tramouillon
Chanteloube
Sommet d'Assan
2609
Pointe Jacquette
2817
le Villard
N.-D. de Claus
Base de Loisirs
D 902
Cristillan
la Clapière
les Lazards
Eygliers
Station de Ceillac
le Bois-Noir
Ceillac
Tête de Fouran
Réotier
Mt-Dauphin
Forêt de la Réortie
Pied-du-Mélezet

227 Col d'Agnel (Colle dell'Agnello) Haute-Alpes / Piemont

Der dritthöchste asphaltierte Pass der Alpen ist gleichzeitig der höchste Grenzpass. Auf 2744 Meter führt er aus Frankreich nach Italien. Doch seiner Höhe und seiner Schönheit zum Trotz ist dieser Übergang zwischen der nördlich verlaufenden Verbindung ins Aostatal und der südlich sich von Italien nach Frankreich fortführenden Autobahn in Vergessenheit geraten.

Dabei finden echte Alpentourer auf dieser Strecke alles, was ihr Herz begehrt.

Beide Länder teilen sich die 46 Kilometer Strecke ziemlich gerecht auf.

Auch das Profil, Steigung wie auch Gefälle und die Fahrbahnbeschaffenheit sind auf West- und Ostrampe ähnlich.

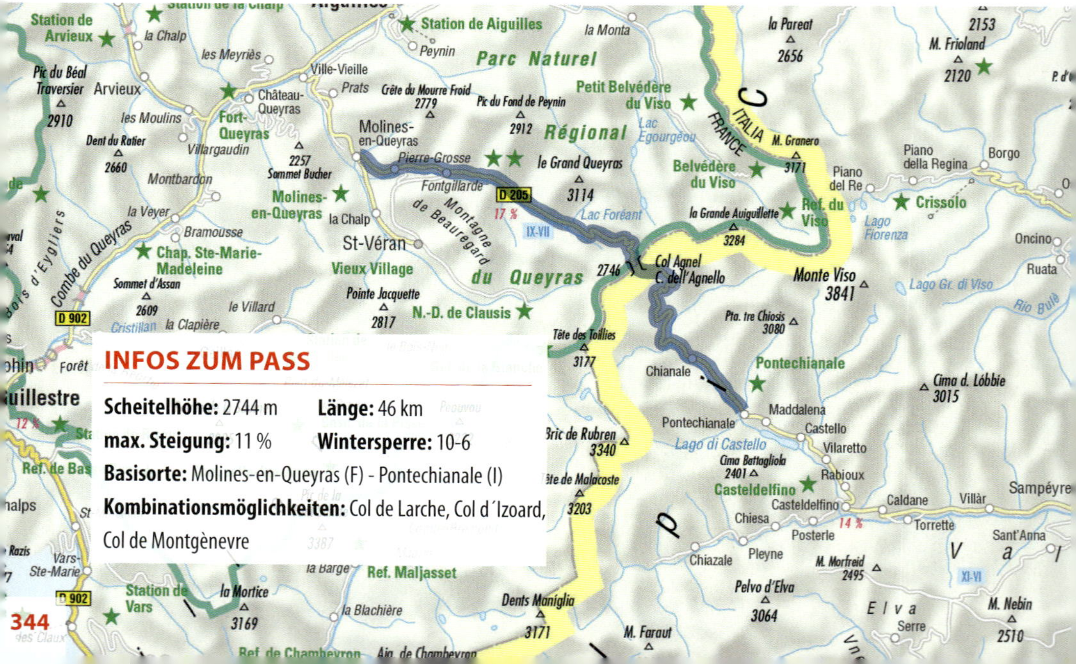

INFOS ZUM PASS

Scheitelhöhe: 2744 m **Länge:** 46 km

max. Steigung: 11 % **Wintersperre:** 10-6

Basisorte: Molines-en-Queyras (F) - Pontechianale (I)

Kombinationsmöglichkeiten: Col de Larche, Col d´Izoard, Col de Montgènevre

228 Col Bayard Haute-Alpes

Direkt auf der Touristenstraße Route de Napolèon gelegen, präsentiert sich der Col Bayard alles andere als spektakulär. Die Straße ist aufgrund des starken Verkehrs sehr breit ausgebaut und befindet sich in einem guten Zustand. Trotz der Maximalsteigung von zwölf Prozent bietet er keinerlei Schwierigkeiten.

INFOS ZUM PASS

Scheitelhöhe: 1246 m **Länge:** 14 km

max. Steigung: 12 % **Wintersperre:** keine

Basisorte: Gap – Brutinel

Kombinationsmöglichkeiten:

Col du Noyer

229 Col de Vars Hautes-Alpes / Alpes-de-Haute-Provence

Der 2109 Meter hohe Scheitel des Col de Vars ist zwar optisch kaum ausgeprägt, ist aber dennoch aus gleich mehreren Gründen erwähnenswert. So markiert er die Grenze zwischen den Départements Hautes-Alpes und Alpes-de-Haute-Provence, ist häufig einer der Anfahrtspunkte der Tour de France und außerdem auch Bestandteil der Route des Grandes Alpes. Besonderen Fahrspaß erlebt man, wenn man die Passstraße von Guillestre aus anfährt, da die Nordrampe sehr kurvenreich angelegt wurde. Etwas weniger spektakulär präsentiert sich die Südrampe, die bis St. Paul sur Ubaye aber immerhin auch noch sechs schöne Kehren zu bieten hat. Die Straße ist durchgehend zweispurig angelegt und recht breit ausgebaut.

INFOS ZUM PASS

Scheitelhöhe: 2109 m **Länge:** 29 km

max. Steigung: 12 % **Wintersperre:** keine

Basisorte: Guillestre – St. Paul sur Ubaye

Kombinationsmöglichkeiten: Col de Valbelle, Col de la Bonette, Col de Larche, Col de la Cayolle

230 La Bonette / Col de Restefond Alpes Maritimes

INFOS ZUM PASS

Scheitelhöhe: 2715 m **Länge:** 50 km

max. Steigung: 12 % **Wintersperre:** 10-6

Basisorte: Jausiers - St. Etienne de Tinée

Kombinationsmöglichkeiten: Col de Larche, Col de la Couillole, Col des Champs, Col de la Cayolle, Col d´Allos

Die gut 80 Kilometer lange Alternativstrecke zur Route des Grandes Alpes zwischen Jausiers und Saint-Etienne-de-Tinée führt gleich über mehrere Pässe: den Col de Restefond (2678 Meter), den Col de Raspaillon (2513 Meter) sowie den Col de la Bonette.

Letzterer ist mit 2715 Metern der Höchste von ihnen und liegt genau zwischen den beiden anderen Pässen. Aber nicht, wie oft fälschlicherweise behauptet, der höchste Straßenpass der Alpen. Erst auf der Schleife Cime de la Bonette erreicht man die 2802 Meter, die nötig sind, um den Col de l'Iseran oder das Stilfser Joch „unter sich" zu lassen. Zusätzlich bietet der „Umweg" über die Schleife ein spektakuläres Panorama, das sich von der kurzen Ringstraße aus eröffnet. Man sollte ihn also unbedingt mitnehmen.

231 Col du Parpaillon Hautes-Alpes / Alpes-de-Haute-Provence

Der Col du Parpaillon ist eine der bekanntesten Schotterpisten in den französischen Alpen – und einer der beliebtesten. Dies hat seinen Grund. Jeder, der bisher von den 2632 Metern, auf der sich der rund 500 Meter lange Scheiteltunnel befindet, zurück in die Zivilisation fand, berichtet in höchsten Tönen vom „Erlebnis Parpaillon" – wenn auch aus unterschiedlichen Gründen.

Enduro-Treiber bekommen das Grinsen kaum noch aus dem Gesicht. Tourern hingegen stehen noch längere Zeit die Schweißperlen auf der Stirn.

Zugegeben, für Straßenmotorräder ist der Parpaillon nur bedingt geeignet. Dennoch verirren sich immer wieder Abenteuerlustige auf den Berg und die Gebirgsstraße, die das Ubaye-Tal mit dem Val Durance verbindet. Dabei sind beide Rampen nicht ohne und bestenfalls nur bei länger anhaltender Trockenheit zu befahren. Der Tunnel sollte auf jeden Fall vor der Einfahrt zu Fuß begangen werden. Je nach vorheriger Witterung kann reichlich Schlamm oder auch Eis vorhanden sein.

INFOS ZUM PASS

Scheitelhöhe: 2632 m **Länge:** 46 km
max. Steigung: 12 % **Wintersperre:** bei Bedarf
Basisorte: Embrun – La Condamine-Châtelard
Kombinationsmöglichkeiten:
Col de Vars, Col de Larche, Col de Valbelle

Guillestre
Fontaine Pétrifiante
les Clots
Langueiu
Risoul
Station de Risoul
Pointe de la Saume
3035
la Riaille
Casc. de la Pisse
St-Clément-sur-Durance
N 94
Ref. de Basse Rua
Chappelle-Ste-Anne
Mélezet
le Mourre Froid
2994
Rabious
St-Étienne
les Traverses
les Chalps
St-Marcellin
Pic de la Font Sancte
3387
Combe-Brémond
Maison du Parc
St-Marcellin
16,5
Station de Risoul 1850
Tête de l'Hivernet
2824
Châteauroux-les-Alpes
Siguret
Crête de Razis
2577
Vars-Ste-Marie
la Barge
Maurin
Ref. Maljasset
la Reste
St-André-d'Embrun
Station de Ste-Marie
D 902
Station de Vars
la Mortice
3169
la Blachière
Mt. Guillaume
2552
Pra-Mouton
Pic St-André
2857
des Claux
Ref. de Chambeyron
Aig. de Chambeyron
3411
Caléyère
St-Antoine
Puy-St-Eusèbe
Embrun
Cathédrale N.-D.-du-Réal
les Vabres
38,5
Col de Vars
2111
Praveyral
la Chalp
Pont du Châtelet
le Villard
Puy-Sanières
le Coin-Bas
Ancien Tour Brune
Crévoux
Fouillouse
Cherines
Château de Picomtal
Baratier
St-Sauveur
les Pras
Serenne
FRANCE
ITALIA
Serre-Ponçon
N 94
Crots
Station de Crots
Station de Crévoux
Melezen
St-Paul-sur-Ubaye
les Orres
le Château
14%
Tête de la Courbe
3088
Tête de Sautron
3159
Savines-le-Lac
Montmirail
les Salettes
St-Jean-des-Crots
Grd. Parpaillon
2988
la Redoute de Berwick
Fort de St-Ours
Forêt de Boscodon
Abbaye de Boscodon
le Melezet
Tornoux
Meyronnes
St-Ours
Fort de Malle
Musée de la Vallée
Pramouton
Vachères
X-VI
Ubayette
Certamussat
Pic de Morgon
2327
2451
Station de St-Anne-la-Condamine
la Condamine-Châtelard
Forts de Roche la Croix
Larche
l'Adroit de Pontis
Cirque de Morgon
Font. de l'Ours
Tête de la Mazaliere
Station des Orres
le Grach
Châtelard
Grand Bérard
3048
Tête de Siguret
3032
le Pouzenc
2898
l'Aupillon
2917
2929
Tête de Croués
D 900
Cascade de Costeplane
Tête de la Gipière
2443
Batterie de Cuguret
Colle della Maddalena
le Villaret
Pont Romain
Riou Bourdoux
Jausiers
l'Ubac
Tête de Fer
2885
St-Vincent-les-Forts
le Lauzet-Ubaye
le Romeyère
l'Aubrée
Forêt du Riou-Bourdoux
les Davids
Guégnier
Abriès
10 %
le Seuil
Rioclar
les Prats
Église de St-Pons
Faucon-de-Barcelonnette
6,5
la Chalannette
le Villard
la Chanenche
Miraval
St-Pons
le Villard-de-Faucon
le Rochas
St-Jean
Champanastais
D 900
les Thuiles
Cascade le Rochas
Station St-Jean-Montclar
le Martinet
Méolans-Revel
les Guérins
Musée de la Vallée
Barcelonnette
Tête de l'Empeloutier
Pra-Soubeiran
Enchastrayes
le Pis

126

Col du Galibier Blick zur Südrampe

232 Col D´Allos Alpes de Haute Provence

Der Col d'Allos verbindet im französischen Département Alpes-de-Haute-Provence – also mitten in den französischen Seealpen – die Stadt Barcelonnette im Tal der Ubaye mit Colmars.

Die Passhöhe befindet sich auf 2240 Metern. Auf der Passhöhe lohnt ein kleiner Spaziergang, denn gleich in der Nähe entspringt der Fluss Verdon, der vielen durch den berühmten Grand Canyon du Verdon, durch den er fließt, ein Begriff sein sollte.

Der Pass ist bestens ausgebaut, was vor allem daran liegt, dass er häufig zur Tour de France gehört. Er gehört zu den am häufigsten befahrenen Pässe dieser legendären Fahrradrunde.

In Colmars angekommen, kann man gleich auch noch den Col des Champs, der dort seinen Anfang nimmt, in Angriff nehmen.

INFOS ZUM PASS

Scheitelhöhe: 2240 m
Länge: 46 km
max. Steigung: 9 %
Wintersperre: 11-6
Basisorte: Barcelonette - Colmars
Kombinationsmöglichkeiten: Col de Larche, Col de la Couillole, Col de Restefond, Col des Champs

St-Vincent-les-Forts
le Lauzet-Ubaye
l'Aubrée
Rioclar
les Prats
Église de St-Pons
Faucon-de-Barcelonnette
les Davids
Guégnier
le Seuil
le Villard
la Chanenche
Miraval
St-Pons
le Villard-de-Faucon
le Rochas
la Chalannette
Champanastais
D 900
les Thuiles
Musée de la Vallée
Barcelonnette
Cascade
St-Jean
Station St-Jean-Montclar
le Martinet
Méolans-Revel
Forêt de Gimette
les Guérins
Pra-Soubeiran
Enchastrayes
le Pis
12 %
Montclar
Pic de Severnes
2343
2430
Pra-Loup
le Sauze
Mgne. de l'Alpe
2653
Pompiéry
Pic de Bernardez
St-Barthélémy
Petite Séolane
2854
Station de Pra-Loup
Uvernet-Fours
Super-Sauze
Station le Sauze
Tête Dure
2694
14 %
Citadelle
le Chapeau de Gendarme
2685
le Chevalier
2886
Ancien Couvent
St-Pons
Seyne
le Fau
l'Aiguillette
2610
Grande Séolane
2909
les Agneliers
le Villard-d'Abas
les Longs
St-Laurent
Tête de Glaudon
2630
D 900
11 %
Gorges du Bachelard
Bayasse
Ref. de Bayasse
Col du Fanget
1459
10%
Station du Grand Puy
Col de Maure
1346
Roche Close
2739
la Foux-d'Allos
le Grd. Cheval de Bois
2839
le Cimet
3020
Parc
17 %
l'Infernet
Couloubrous
Col d'Allos
2240
XI-VI
la Foux-d'Allos
Ref. de la Cayolle
Auzet
Roussimal
Tête de l'Estrop
2961
les Trois Évêchés
2819
XI-VI
Mont Pelat
3051
Col de la Cayolle
2327
le Vernet
Cab. de l'Esptrop
la Tête Noire
2560
9 %
la Baumelle
Saume-Longe
Allos
le Haut Vernet
Station le Seignus
Verdon
Lac d'Allos
10 %
Col du Labouret
1240
Somt. du Caduc
2654
le Seignus
N.-D. de Valvert
Somt. des Graux
2552
Lac d'Allos
le Labouret
la Favière
l'Autapie
2426
Chaumie
Prads-Haute-Bléone
St-Jean
D 900
Clignon
le Pont Haut
Fort de Savoie
Entraunes
St-Pierre
Col des Champs
2191
Colmars
14 %
Beaujeu
Église St-Martin
le Clucheret
Mgne. du Carton
2123
Somt. de Denjuan
2403
Chastelonette
Chaudol
la Javie
Blégiers
Villars-Colmars
Cascade de la Lance
Somt. de la Fréma
2747
St-Barnabé
Laupon
2434
Bléone
le Brusquet
Chanolles
Montagne de Côte Longue
Mgne. de Chamatte
2085
Beauvezer
Somt. de Mourre Frey
2287
la Valette
Villars-Reyssier
Sussis
Draix
Mgne. du Cheval Blanc
2323
D 908
Ondres
le Grd. Coyer
2693
Archail
Thorame-Haute
Pont du Moulin
le Courradour
Pic du Couard
Chapelle St.-Jean
Mt. St-Hon

233 Col de la Cayolle Alpes de Haute Provence

Der Pass bietet 70 Kilometer traumhafter Landschaft im Nationalpark Mercantour und ist die zur Route des Grandes Alpes gehörende Alternative zum parallel verlaufenden Col d'Allos.

Einer der Höhepunkte ist sicher die Durchfahrt durch die rund fünf Kilometer lange Schlucht Gorges du Bachelard.

Leider ist diese abwechslungsreiche Wegstrecke teilweise in schlechtem Zustand. Einige recht enge Stellen erfordern zusätzlich hohe Aufmerksamkeit.

In der Region sind zudem einige Schafherden unterwegs. Die sympathischen Wollknäuel neigen dazu, stets vor dem Vorderrad aufzutauchen, wenn man gerade meint, eine Lücke ausgemacht zu haben.

INFOS ZUM PASS

Scheitelhöhe: 2327 m **Länge:** 69 km

max. Steigung: 11 % **Wintersperre:** 11-6

Basisorte: Barcelonnette - Guillaumes

Kombinationsmöglichkeiten: Col de la Lombarde, Col de la Couillole, Col de Restefond, Col des Champs

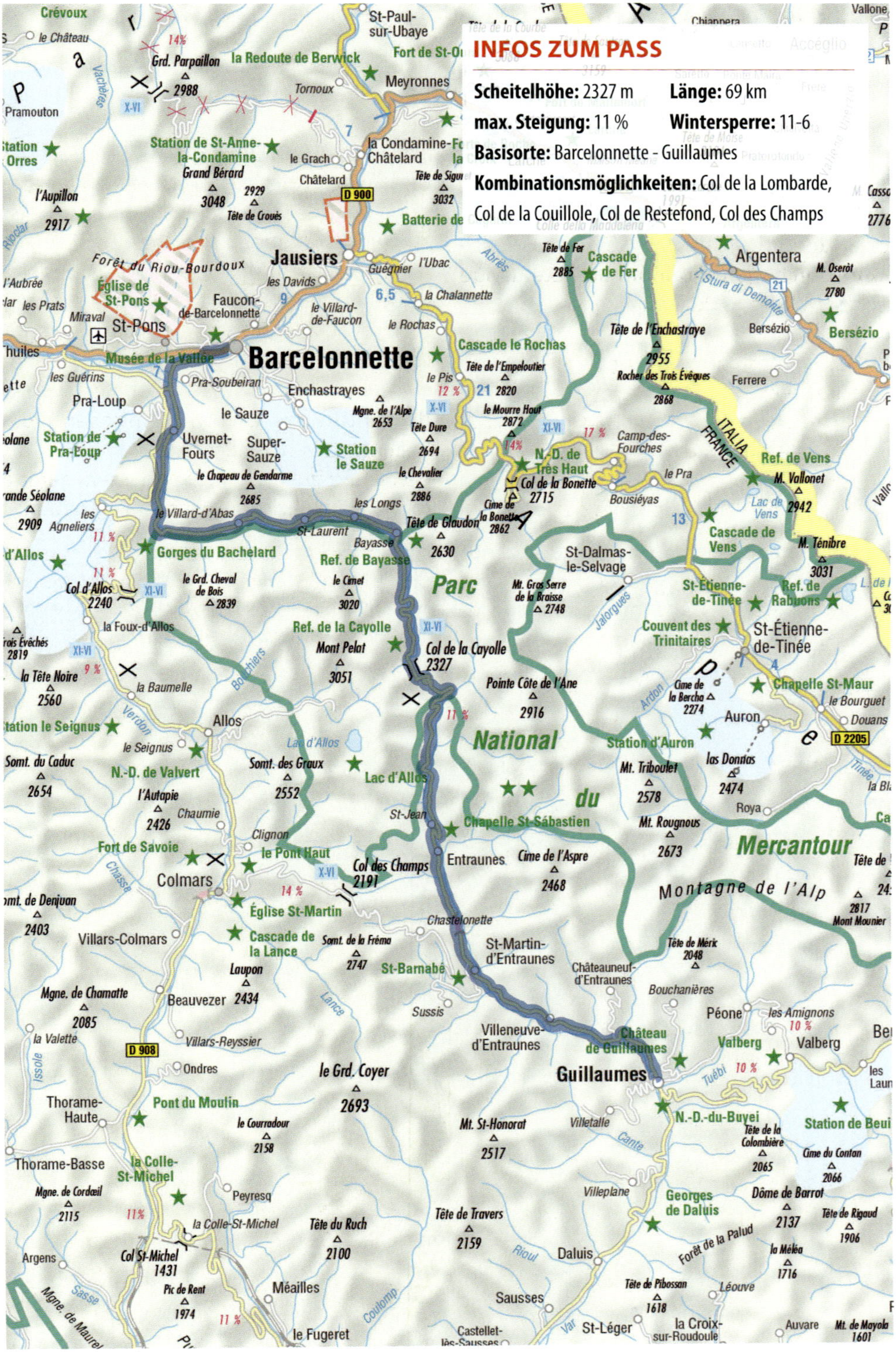

234 Col des Champs Alpes de Haute Provence

Den Col des Champs kann man ganz hervorragend mit dem Col d'Allos kombinieren, da beide in Colmars, mitten in den Seealpen gelegen, starten. Von Colmars aus geht es über 28 wundervoll kurvenreiche Kilometer nach St-Martin-d'Entraunes. Vorsicht ist auf der Westrampe geboten, da diese auf fast der gesamten Strecke nur einspurig befahrbar ist. Wenn einem ein Auto entgegenkommt, hilft hier nur stehen bleiben und ganz rechts an den Rand fahren. Hinzu kommen tiefe Wasserrinnen, Bodenwellen und sogar das eine oder andere Schlagloch.

Dafür ist die Ostrampe perfekt in Schuss und bietet Fahrvergnügen pur. Die Passhöhe befindet sich auf 2095 Metern. Sie ist zugleich die Grenze zwischen den Départements Alpes Maritimes und Alpes-de-Haute-Provence. Lange verweilen muss man dort allerdings nicht, da die Infrastruktur quasi nicht vorhanden ist. Nicht einmal ein kleines Wirtshaus hat sich dorthin verirrt.

INFOS ZUM PASS

Scheitelhöhe: 2095 m **Länge:** 29 km
max. Steigung: 7 % **Wintersperre:** 11-5
Basisorte: Colmars - St-Martin-d'Entraunes
Kombinationsmöglichkeiten: Col de la Lombarde, Col de la Couillole, Col de Restefond, Col de la Cayole

235 Col de Valberg Alpes-Maritimes

INFOS ZUM PASS

Scheitelhöhe: 1672 m **Länge:** 22 km
max. Steigung: 8 % **Wintersperre:** bei Bedarf
Basisorte: Guillaumes – Beuil
Kombinationsmöglichkeiten:
Col de Champs, Col de la Couillole

Der Col de Valberg gehört zur Route des Grandes Alpes. Mit seinen 1672 Höhenmetern gehört er zu den niedrigeren Pässen der beliebten Touristenstraße.

Fünf andere erreichen Höhen von über 2000 Metern. Aufgrund der niedrigen Passhöhe kann der Col de Valberg allerdings meist schon im Frühling und bis in den Spätherbst hinein befahren werden. Er befindet sich im Nationalpark Mercantour. Ein besonders eindrucksvolles Panorama erlebt man auf der Westrampe von Guillaumes aus kommend. Die Straße klebt hier förmlich an einer Felswand und zieht sich recht steil in die Höhe. Dann geht das Kurvenspektakel auch schon los. Östlich des unspektakulären Scheitels geht es in das namensgebende Städtchen Valberg, das im Sommer recht überlaufen ist.

236 Col de la Couillole Alpes Maritimes

Der Col de la Couillole hat seinen westlichen Ausgangspunkt in Beuil, am oberen Ende der Gorges de Cians gelegen, und seinen östlichen im Tinée-Tal bei St. Saveur. Zusammen mit dem Col de Valberg, der weiter im Westen Guillaumes mit Beuil verbindet, bildet der Couillole eine überaus flüssig zu fahrende Strecke, die viel Fahrspaß bietet.

An der Passhöhe lädt das „La Fripouniere“ zur Rast ein. Unbedingt die hausgemachten Köstlichkeiten probieren: www.lafripouniere.com

INFOS ZUM PASS

Scheitelhöhe: 1678 m **Länge:** 16 km
max. Steigung: 10 % **Wintersperre:** keine
Basisorte: Beuil - St. Sauveur sur Tinee
Kombinationsmöglichkeiten: Col de Turini, Col de Braus, Col de la Lombarde, Col des Champs

237 Col de la Lombarde (Colle della Lombarda) Alpes Maritimes

Der Col de la Lombarde quert die Alpen von Ost nach West auf einer über 40 Kilometer langen Strecke, die derzeit an etlichen Stellen noch recht eng und wenig ausgebaut erscheint.

Die sehr ruhige Straße befindet sich allerdings teilweise in schlechtem Zustand, für die Behebung der Winterschäden wird sich zudem meist recht viel Zeit gelassen.

Auch wenn keine geregelte Wintersperre gilt, so darf davon ausgegangen werden, dass der Lombarde oft bis in den Juni hinein geschlossen bleibt. Die alte, tiefer verlaufende Schottertraße, eigentlich ein netter Endurospaß, ist für jeglichen Verkehr gesperrt.

INFOS ZUM PASS

Scheitelhöhe: 2350 m **Länge:** 44 km
max. Steigung: 14 % **Wintersperre:** 10-6
Basisorte: Isola (F) - Vinadio (I)
Kombinationsmöglichkeiten: Col de la Couillole, Col de Restefond, Col de la Cayolle

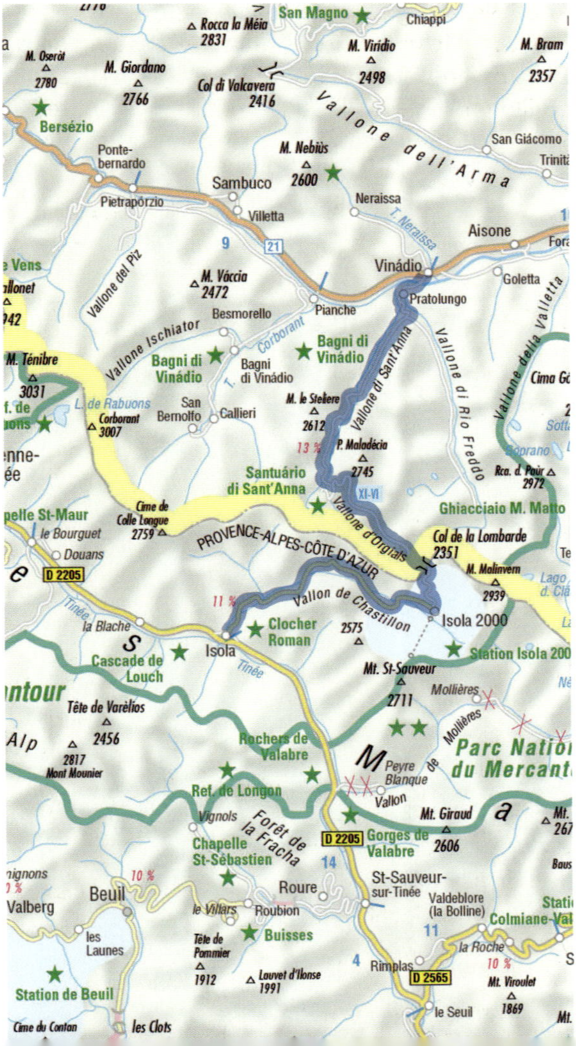

238 Col de Tende Alpes-Maritimes / Piemont

Es ist der letzte große Alpenpass vor den Gestaden des Mittelmeers – und was für einer! Trotz seiner eher beschaulichen Höhe von 1870 Metern genießt der Col de Tende Kultstatus. Das mag zum einen daran liegen, dass der Übergang gleichzeitig den Einstieg in die Ligurische Grenzkammstraße markiert und sich von ihm aus auch die Zufahrt zur Baisse de Peyrefique eröffnet. Zum anderen mag das majestätische Fort Central als monumentales Relikt vergangener Zeiten dazu beitragen. Letztendlich ist es aber wohl vor allem der atemberaubende Anblick von 48 eng übereinander liegenden Kehren, von denen leider nur noch das obere Drittel geschottert ist, der dem Col de Tende seinen geradezu mystischen Ruf beschert. Beeindruckend ist auch die Tatsache, dass die Kehren auf nur knapp acht Kilometern gut 600 Höhenmeter erklimmen.

Redaktions-Hinweis: Schon seit geraumer Zeit ist der Pass auf französischer Seite durch einen Felssturz blockiert und daher nicht befahrbar. Ob und wann dieser Zustand sich ändert, stand zu Redaktionsschluss noch nicht fest. Von italienischer Seite aus ist er aber nach wie vor anfahrbar. Auch der Tunnel ist in beiden Richtungen frei.

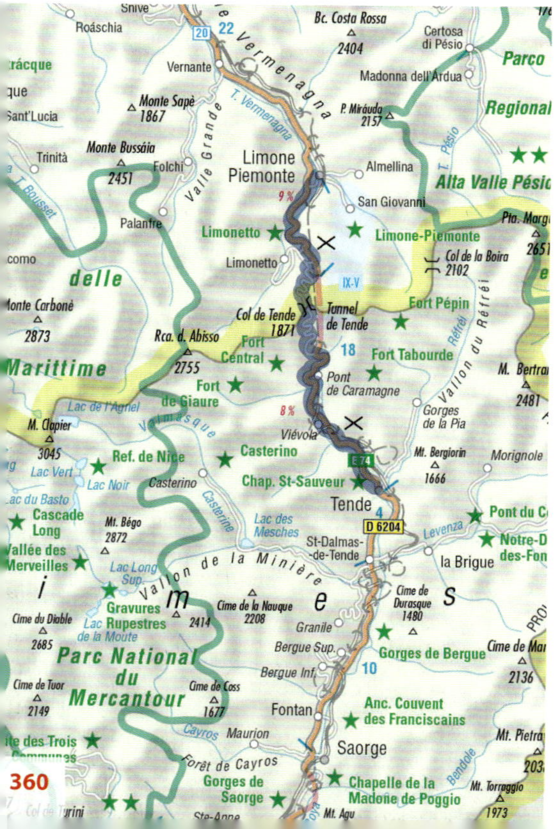

INFOS ZUM PASS

Scheitelhöhe: 1870 m **Länge:** 14 km
max. Steigung: 14 % **Wintersperre:** bei Bedarf
Basisorte: Tende (F) – Limone Piemonte (I)
Kombinationsmöglichkeiten: Col de Boselia, Colla Megiana, Colle Arpiola

239 Circuit de la découverte de l'Authion Alpes-Maritimes

Wer ohnehin gerade auf dem Col de Turini unterwegs ist, sollte diesen kleinen, aber sehr empfehlenswerten Abstecher auch unbedingt noch unter die Räder nehmen: Von der Passhöhe des Turini führt ein Abzweig in nordöstlicher Richtung auf den Circuit de la découverte de l'Authion. Die Straße ist nur 18 Kilometer lang und führt auf den höchsten anfahrbaren Punkt des Massif de l'Authion auf immerhin stattliche 2026 Kilometer hinauf.
Nach gut vier Kilometern teilt sich die Route und die Gipfelschleife beginnt. Befahren wird sie mittels Einbahnstraßenregelung. Die Straße trägt auch den Beinamen „Bunkerrunde", was daran liegt, dass man unterwegs zahlreiche alte Forts und verfallene Militäreinrichtungen passiert. Der Berg war Kriegsschauplatz im Zweiten Weltkrieg. Die Straße ist zwar durchgängig asphaltiert, befindet sich mittlerweile aber nicht mehr im besten Zustand. Zwischen 30. November und 30. April ist das Befahren offiziell verboten.

INFOS ZUM PASS

Scheitelhöhe: 2026 m **Länge:** 18 km
max. Steigung: 11 % **Wintersperre:** 11-5
Basisorte: Col de Turini – Col de Turini
Kombinationsmöglichkeiten: Col de Turini, Col de l'Ablé & Col de l'Orme, Col de Braus

240 Col de Turini Alpes Maritimes

Einer der legendärsten Pässe der französischen Alpen bildet für jeden Motorradfahrer eine verzückende Herausforderung.

Wo sich einst die Piloten der Rallye Monte Carlo die „Nacht der langen Messer" um die Ohren schlugen, messen sich noch heute Hobbypiloten – zumeist mit sich selbst.

Bei dem Gedanken, diese Kurven und Kehren im Dunkeln mit völlig unglaublichen Geschwindigkeiten zu fahren, wird das eigene „Mütchen" rasch gekühlt.

Was bleibt, ist ein 51 Kilometer andauernder, fahrerischer Leckerbissen, bevor es hinab an die Strände der Côte d'Azur geht. Tipp: Muss man unbedingt einmal in beide Richtungen gefahren sein.

INFOS ZUM PASS

Scheitelhöhe: 1607 m
Länge: 51 km
max. Steigung: 12 %
Wintersperre: keine
Basisorte: La Bollène-Vésubie - Sospel
Kombinationsmöglichkeiten: Col de Braus, Col de Couillole, Col de la Lombarde

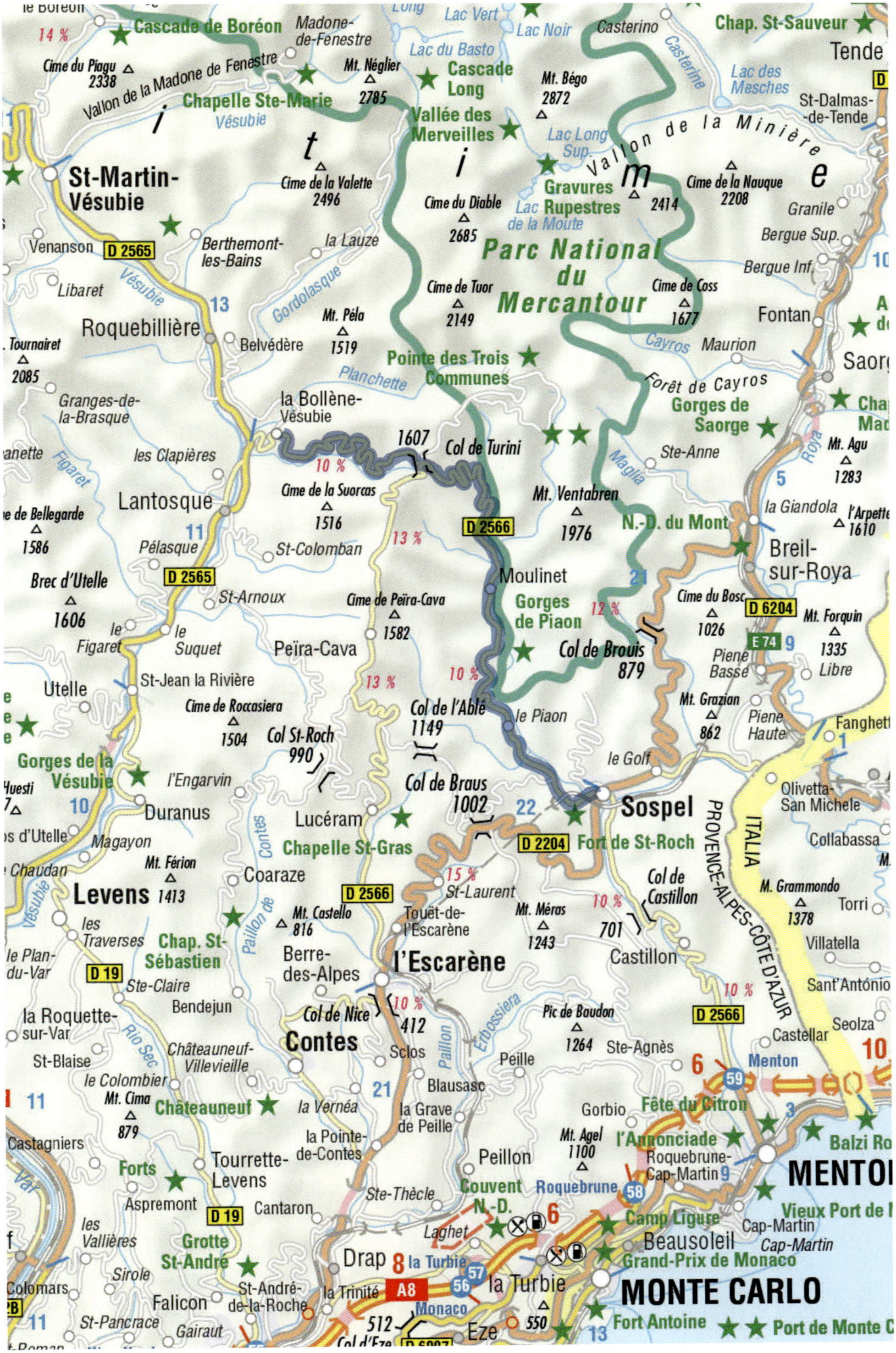
Cascade de Boréon
14 %
Madone-de-Fenestre
Lac Vert
Lac Noir
Casterino
Chap. St-Sauveur
Tende
Cime du Piagu
2338
Vallon de la Madone de Fenestre
Mt. Néglier
2785
Lac du Basto
Cascade Long
Mt. Bégo
2872
Casterine
Lac des Mesches
St-Dalmas-de-Tende
Chapelle Ste-Marie
Vésubie
Vallée des Merveilles
Lac Long Sup.
Vallon de la Minière
St-Martin-Vésubie
Cime de la Valette
2496
Cime du Diable
2685
Gravures Rupestres
Lac de la Mouté
2414
Cime de la Nauque
2208
Granile
Bergue Sup.
Bergue Inf.
Venanson
D 2565
Berthemont-les-Bains
la Lauze
Parc National du Mercantour
Libaret
Gordolasque
Cime de Tuor
2149
Cime de Coss
1677
Fontan
13
Roquebillière
Mt. Péla
1519
Cayros
Maurion
Tournairet
2085
Belvédère
Pointe des Trois Communes
Saorge
Planchette
Forêt de Cayros
Gorges de Saorge
Granges-de-la-Brasque
la Bollène-Vésubie
1607
Col de Turini
Mt. Agu
1283
10 %
Ste-Anne
les Clapières
Figaret
Roya
Cime de la Suorcas
1516
Maglia
5
Lantosque
Mt. Ventabren
1976
la Giandola
l'Arpette
1610
Cime de Bellegarde
1586
11
D 2566
13 %
N.-D. du Mont
Breil-sur-Roya
Pélasque
St-Colomban
Moulinet
21
Brec d'Utelle
1606
D 2565
St-Arnoux
Cime de Peïra-Cava
1582
Gorges de Piaon
12 %
Cime du Bosc
1026
D 6204
Mt. Forquin
1335
le Figaret
le Suquet
Peïra-Cava
Col de Brouis
879
E 74
9
Piene Basse
Libre
Utelle
St-Jean la Rivière
13 %
10 %
Cime de Roccasiera
1504
Col de l'Ablé
1149
le Piaon
Mt. Grazian
862
Piene Haute
Fanghetto
Col St-Roch
990
le Golf
Gorges de la Vésubie
l'Engarvin
Col de Braus
1002
Olivetta-San Michele
10
Duranus
Lucéram
22
Sospel
ITALIA
PROVENCE-ALPES-CÔTE D'AZUR
Magayon
Chapelle St-Gras
D 2204
Fort de St-Roch
Collabassa
Chaudan
Mt. Férion
1413
Contes
Coaraze
15 %
St-Laurent
Col de Castillon
M. Grammondo
1378
Torri
Levens
D 2566
Touët-de-l'Escarène
Mt. Méras
1243
10 %
les Traverses
Mt. Castello
816
701
Chap. St-Sébastien
Paillon de
Berre-des-Alpes
l'Escarène
Castillon
Villatella
le Plan-du-Var
D 19
Sant'Antònio
Ste-Claire
10 %
Bendejun
Erbossiera
Pic de Baudon
1264
D 2566
la Roquette-sur-Var
10 %
Col de Nice
412
Contes
Seolza
Castellar
Rio Sec
Châteauneuf-Villevieille
Paillon
Peille
Ste-Agnès
St-Blaise
Sclos
6
Menton
le Colombier
Blausasc
59
11
Mt. Cima
879
21
Châteauneuf
la Vernéa
la Grave de Peille
Gorbio
Fête du Citron
3
Castagniers
la Pointe-de-Contes
Mt. Agel
1100
l'Annonciade
Balzi Rossi
Forts
Tourrette-Levens
Peillon
Roquebrune-Cap-Martin
9
MENTON
Var
Aspremont
Ste-Thècle
Couvent N.-D.
Roquebrune
58
Vieux Port de Menton
les Vallières
D 19
Cantaron
Laghet
6
Camp Ligure
Cap-Martin
Grotte St-André
Drap
8
la Turbie
Beausoleil
Grand-Prix de Monaco
Sirole
57
56
la Turbie
Colomars
la Trinité
A8
MONTE CARLO
St-André-de-la-Roche
Falicon
Monaco
11
St-Pancrace
Gairaut
512
Col d'Eze
Eze
550
13
Fort Antoine
Port de Monte Carlo

241 Col de Braus Alpes-Maritimes

INFOS ZUM PASS

Scheitelhöhe: 1002 m **Länge:** 26 km

max. Steigung: 15 % **Wintersperre:** keine

Basisorte: L'Escarène - Sospel

Kombinationsmöglichkeiten: Col de Turini, Col de Couillole, Col de la Lombarde

Den gerade die 1000-Meter-Marke knackende Col de Braus, erreicht man sehr gut nach der Abfahrt vom Turini von Sospel aus. Man muss dazu nur der D2204 folgen und nimmt noch den Col Saint-Jean mit, der schon mal einen Vorgeschmack auf das zu erwartende Kehren-karussell gibt. Von hier geht es in 13 teilweise sehr eng übereinanderliegenden Kehren, aber dennoch zügig, zur Passhöhe hinauf. Von der Westrampe aus geht es hinab nach L'Escaréne.

Gleich 20 Wendungen von um die 180 Grad nimmt die Strecke auf diesem Abschnitt. Acht davon liegen sehr dicht beieinander und bremsen den Spieltrieb der Gashand ein wenig aus. Der Rest lässt sich aber, auch dank eines stets guten Belags, recht flüssig unter die Räder nehmen. Ein besonderes Merkmal des Col de Braus ist die Vielfalt der Kombinationsmöglichkeiten, die sich in dessen Umgebung bietet. Sich schwindelig zu fahren ist hier kein kurzfristiges Vergnügen, sondern eher ein Dauerzustand. Hinzu kommt, dass der Spaß auch noch sozusagen „über den Dächern von Nizza" stattfindet.

242 Col de l'Ablé & Col de l'Orme Alpes-Maritimes

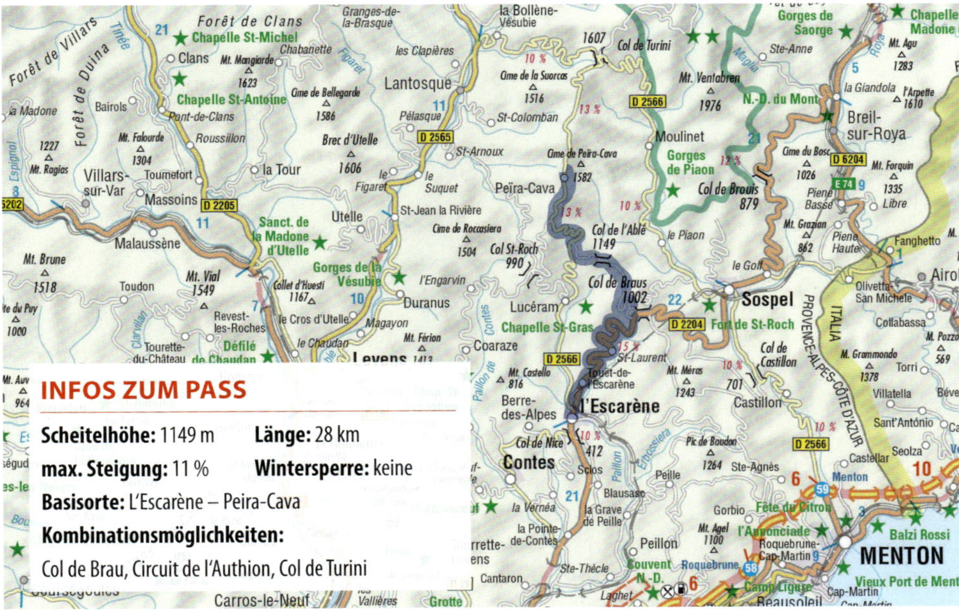

INFOS ZUM PASS

Scheitelhöhe: 1149 m **Länge:** 28 km
max. Steigung: 11 % **Wintersperre:** keine
Basisorte: L'Escarène – Peira-Cava
Kombinationsmöglichkeiten:
Col de Brau, Circuit de l'Authion, Col de Turini

In den Seealpen können auf dieser 28 Kilometer langen Tour in einem Schwung gleich zwei Pässe mitgenommen werden: Col de l'Ablé & Col de l'Orme. Sie sind die schönste Verbindung der beiden Orte L'Escarène und Peira-Cava (die schnellste ist die Fahrt auf der D 2566).

Vom südlichen Ausgangsort L'Escarène geht es in nördlicher Richtung zunächst auf die D 2204, die sich schon nach wenigen Kilometern erstaunlich kurvenreich gibt. Gen Norden werden die Kurven dann noch zahlreicher, allerdings sind die Aussichten weniger spektakulär, da man sich fast ausschließlich in waldreichem Gebiet befindet. Zum Col de l'Ablé wechselt man auf die D 54, die einen in einem Nordwestschwung dann ganz automatisch auf den herrlichen Kehrenspaß des Col de l'Orme bringt.

Wer ausreichend Zeit und Muße hat, kehrt in Peira-Cava um, fährt die Strecke in umgekehrter Richtung noch einmal, um unterhalb des Col de l'Ablé den westlich gelegenen Col de Braus auch noch mitzunehmen. Lohnenswert ist das Dreierpack auf jeden Fall.

243 Col Saint-Raphaël Alpes-Maritimes

Im Hinterland der Côte d'Azur verläuft der Col Saint-Raphaël von der Gemeinde Roquestéron-Grasse auf 26 Kilometern in nordwestlicher Richtung gen Puget-Théniers. Die Südrampe präsentiert sich zunächst noch recht unspektakulär. Gleiches gilt für den unscheinbaren Pass, für den sich ein Halt kaum lohnt. Ganz anders sieht es denn aber auf der Westrampe aus. Schon in der ersten Kehre sollte man nach Möglichkeit einen Stopp einlegen, um das traumhafte Panorama auf das Var-Tal in der Hochprovence zu genießen. In schönen Kurven geht es entlang von Wäldern und Wiesen weiter. Allerdings trübt der Straßenbelag, der sich leider nicht mehr im besten Zustand befindet, den Fahrspaß insgesamt ein wenig.

Redaktions-Tipp: Wer eine Schotterpassage einlegen möchte, biegt am Scheitel in Richtung Westen nach Hameau de Besseuges ab.

INFOS ZUM PASS

Scheitelhöhe: 875 m **Länge:** 27 km
max. Steigung: 9 % **Wintersperre:** keine
Basisorte: Roquestéron-Grasse – Puget-Théniers
Kombinationsmöglichkeiten: Col du Trébuchet, Col de Valberg, Col de la Couillole

244 Col de Trébuchet Alpes de Haute Provence

In den zentralen französischen Hochalpen verbirgt sich der Col de Trébuchet. Ausgangs- und Endpunkt ist das mittelalterliche Schmuckkästchen Entrevaux, das einige Highlights zu bieten hat. Etwa die Architektur des Festungsbauers Auban oder auch ein skurriles Motorradmuseum. Viele entdecken das Städtchen, wenn sie sich zu einem Abstecher von der Route des Grandes Alpes aufmachen, um die Schluchten Gorges de Daluis und Gorges du Cian zu durchstreifen. Doch statt die beiden nur auf direktem Weg durch das fahrerisch wenig erquickliche Var-Tal zu verbinden, ist diese Rundtour ein zusätzlicher Fahrschmaus, der einfach mitgenommen werden muss, wenn man schon mal hier ist.

INFOS ZUM PASS

Scheitelhöhe: 1143 m **Länge:** 15 km
max. Steigung: 8 % **Wintersperre:** keine
Basisorte: Entrevaux – La Rochette
Kombinationsmöglichkeiten:
Col Saint-Raphaël, Col de Valberg, Col de Toutes Aures

Als Aufwärmprogramm dient das feine Kurvengeplänkel südwärts auf der D 911. Dann zweigt die Route nach Osten auf die D 10 ab und führt über elf wunderbare Kehren hinauf auf den 1143 Meter hoch gelegenen Scheitel. Die ebenfalls mit Kurven reich gesegnete Ostrampe lässt sich zudem viel mehr Zeit auf ihrem Weg talwärts.

Ein scharfer Schwenk nach links führt über den Col de Saint-Raphaël bis Puget-Théniers. Hier kann in die Cians-Schlucht eingebogen werden. Oder der Weg führt an der Var entlang zurück zum Ausgangspunkt Entrevaux.

245 Col de Toutes Aures Alpes de Haute Provence

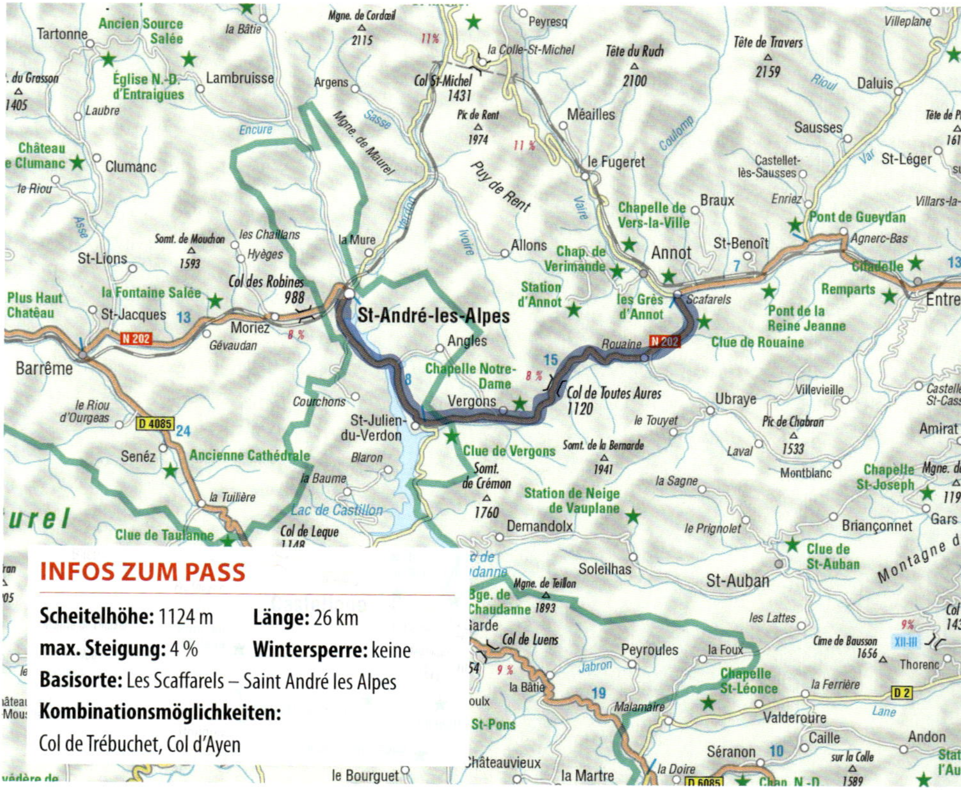

INFOS ZUM PASS

Scheitelhöhe: 1124 m **Länge:** 26 km
max. Steigung: 4 % **Wintersperre:** keine
Basisorte: Les Scaffarels – Saint André les Alpes
Kombinationsmöglichkeiten:
Col de Trébuchet, Col d'Ayen

Den Col de Toutes Aures besteigt man aus Richtung Osten vom Dorf Les Scaffarels aus. Dieses ist durchaus sehenswert, denn es ist inmitten eines Kalksteingebirges erbaut worden. Einige mittelalterliche Bauten sind im Ortskern noch zu entdecken. Der Pass windet sich von dort aus in einigen Kurven zunächst gen Südwesten, bevor es auf den Scheitel hinauf geht. Die Westrampe führt über den Lac de Castillon, einem sehenswerten Stausee am Oberlauf des Flusses Verdon und weiter bis nach Saint André les Alpes.

Cirque de Combe Laval

246 Col de Tourniol Drôme

Ganz im Westen des Vercors verbirgt sich der eher unbekannte Col de Tourniol. Ausgeschildert ist er als Straße D 101.

Von Barbières schwingt man sich auf ihm gen Südosten, um nach knapp 16 Kilometern das Tal von Léoncel zu erreichen. Das erste Teilstück zeigt sich zunächst noch recht unspektakulär.

Doch schon nach drei Kilometern ändert sich der Straßenverlauf und man genießt eine schöne und gut ausgebaute Serpentinenstrecke.

Besonders spektakulär bei diesem Pass ist allerdings der abrupte Landschaftswechsel. Kaum hat man den Scheitel auf 1254 Metern passiert, findet man sich statt im Gebirge in dem beschaulich anmutenden Rhônetal.

INFOS ZUM PASS

Scheitelhöhe: 1254 m
Länge: 17 km
max. Steigung: 12 %
Wintersperre: keine
Basisorte: Barbières - Léoncel
Kombinationsmöglichkeiten: Col de la Machine, Col de la Batialle, Col de Roussett, Col de Menée

247 Col de la Bataille Drôme

Das Vercors gehört für viele Motorradfahrer zu den spannendsten Ecken Europas. Zurecht! Eine Vielzahl von exorbitant spannenden Passstraßen tummelt sich im Gebiet des französischen Départements Drôme. Eine von ihnen ist der Col de la Bataille, der idealerweise von West nach Ost befahren wird. Es sind zwar nur gut zwölf Kilometer, die das Örtchen Léoncel und das Plateau d'Ambel miteinander verbinden – doch die haben es in sich. Man darf sich auf einen wahren Kurventaumel freuen, wenn man die Straße denn für sich hat. Dies kommt erfreulicherweise recht häufig vor, obwohl hier offiziell auch Reisebusse und Wohnwagen zugelassen sind. Als Anschluss lohnen die Pässe l'Aubasse und de Logue, die einen dann automatisch nach La-Chapelle-en-Vercors bringen. Achtung: Hier sollten Mensch und Maschine vollgetankt sein, da es auf der ganzen Strecke weder Tankstelle noch Bistro gibt.

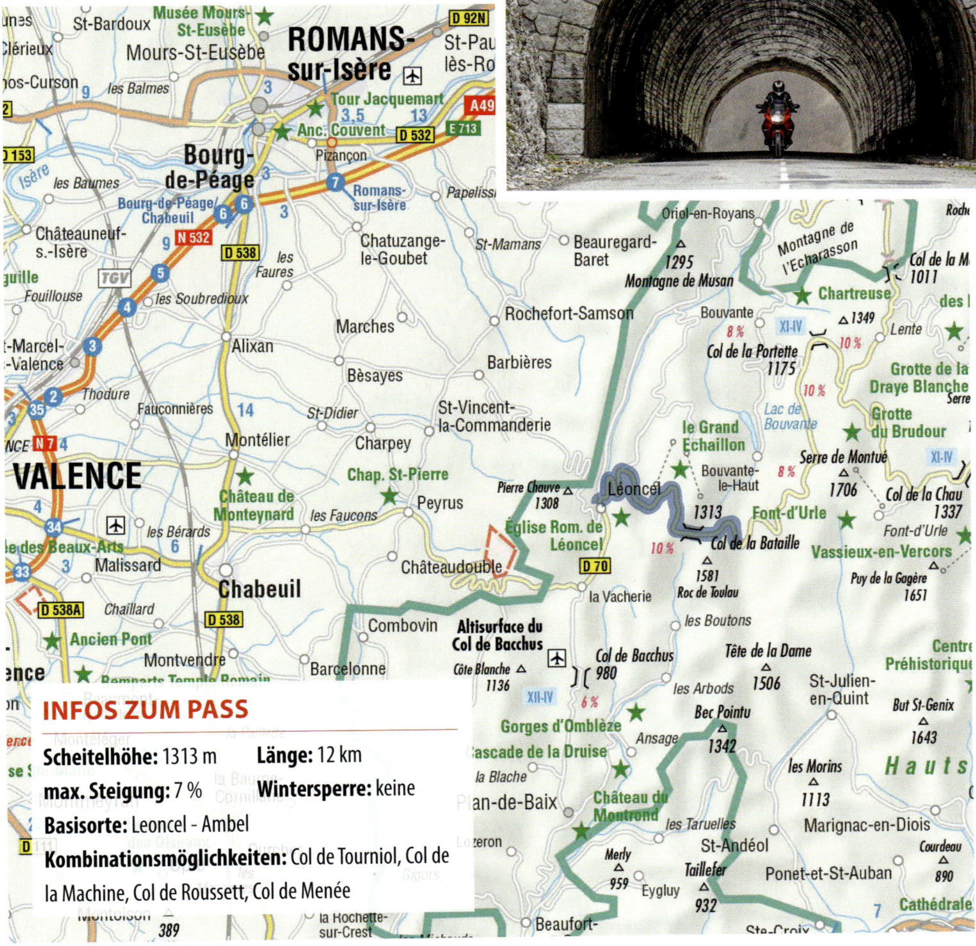

INFOS ZUM PASS

Scheitelhöhe: 1313 m **Länge:** 12 km
max. Steigung: 7 % **Wintersperre:** keine
Basisorte: Leoncel - Ambel
Kombinationsmöglichkeiten: Col de Tourniol, Col de la Machine, Col de Roussett, Col de Menée

248 Col de la Machine / Combe Laval Vercors

Der Name Col de la Machine lässt schon das Wasser im Mund zusammenlaufen, bildet er doch den kurvenreichen Einstieg in eine der schönsten Panoramastraßen Europas: Combe Laval.

Bis zu 600 Meter tief hat sich die Laval-Schlucht hier eingegraben. Die Straße wurde dem nackten Fels abgetrotzt. Hier ein Felsbogen, ein schmaler, unbeleuchteter Tunnel, dort immer wieder der Blick – nur für Schwindelfreie – in die Tiefe der Schlucht.

Randbefestigungen gibt es zwar, aber die kleinen Mäuerchen sehen nicht wirklich vertrauenserweckend aus. Vorsicht ist nach Regen angebracht, denn dann können mitunter bis zu fußballgroße Felsstücke auf dem Asphalt zu finden sein.

INFOS ZUM PASS

Scheitelhöhe: 1011 m
Länge: 20 km
max. Steigung: 8 %
Wintersperre: keine
Basisorte: Saint-Jean-en-Royans – Lente
Kombinationsmöglichkeiten: Col de Tourniol, Col de la Bataille, Col de Roussett, Col de Menée

St-Jean
Triors
Eymeux
Porte de la Drôme
Royans-Vercors
St-Just-de-Claix
Choranche
D 531
Pont-en-Royans
OMANS-
ır-Isère
D 92N
la Baume d'Hostun
8
1
3,5
Grotte de Thaïs
St-Paul-lès-Romans
St-Nazaire-en-Royans
la Motte-Fanjas
St-Thomas-en-Royans
Ste-Eulalie-en-Royans
Grotte de Bournillon
la Cure
St-Martin-en-Vercors
Tour Jacquemart
3,5
13
A49
St-Maurice
St-Martin
St-Laurent-en-Royans
8 %
Grds.
nc. Couvent
D 532
E 713
Pizançon
Jaillans
St-Jean-en-Royans
Col Gaudissart
840
11 %
Combe Laval
7
Romans-sur-Isère
Papelissier
Oriol-en-Royans
Roche des Arnauds
1408
la Ch
en-Ve
Chatuzange-le-Goubet
St-Mamans
Beauregard-Baret
1295
Montagne de Musan
Montagne de l'Echarasson
Col de la Machine
1011
Mur des Fusillés
Chartreuse
Marches
Rochefort-Samson
Bouvante
8 %
XI-IV
1349
Lente
Lente
la Cime-du-Mas
Col de la Portette
1175
10 %
D 178
Bèsayes
Barbières
Grotte de la Draye Blanche
St-Agnan-en-Vercors
10 %
Serre Plume
1573
St-Didier
St-Vincent-la-Commanderie
Lac de Bouvante
Grotte du Brudour
Charpey
le Grand Echaillon
Serre de Montué
XI-IV
10 %
Vernaison
Chap. St-Pierre
Bouvante-le-Haut
8 %
1706
Pierre Chauve
1308
Léoncel
Col de la Chau
1337
Vassieux-en-Vercors
Peyrus
1313
Font-d'Urle
les Faucons
Eglise Rom. de Léoncel
Font-d'Urle
10 %
Col de la Bataille
Vassieux-en-Vercors
6 %
Châteaudouble
D 70
1581
Roc de Toulau
Puy de la Gagère
1651
XI-IV
la Vacherie
Col de St-Alexis

249 Col de Menee Drôme

Der Col de Meneé ist ein Teilstück der Straße D120/D7, die in Süd-Nord-Richtung von Châtillon en Diois bis nach Clelles führt. Gelegentlich ist im Internet oder auch anderer Lektüre die Rede davon, dass dieser Pass sehr schwierig zu fahren sei.

Dem ist allerdings nicht so. Wer ein wenig Passerfahrung hat, meistert die kapp 36 Kilometer ganz problemlos. Natürlich ist die Straße kurvenreich und stellenweise schmal - aber genau das macht ja den Reiz aus. Auf der Passhöhe befindet sich ein Scheiteltunnel, der gleichzeitig die Départementgrenze zwischen Drôme und Isère markiert.

INFOS ZUM PASS

Scheitelhöhe: 1402 m **Länge:** 35 km
max. Steigung: 6 % **Wintersperre:** keine
Basisorte: Clelles - Chatillon en Diois
Kombinationsmöglichkeiten: Col de Tourniol, Col de la Bataille, Col de Roussett, Col de la Machine

250 Col de Rousset Drôme

Das Vercors wird gerne mit dem US-amerikanischen Grand Canyon verglichen. Eigentlich ist das falsch, denn das französische Pendant erlebt man auf dem Motorrad noch sehr viel intensiver.

Voraussetzung dafür ist aber vorausschauendes Fahren. Das gilt vor allem für den Pass Col de Rousset, der sich sehr kurvenreich gibt. Auf 1254 Metern gelegen, gehört er zum gleichnamigen Skigebiet.

Außerdem bildet der Pass, dessen ehemaliger Scheitel nicht mehr befahrbar ist und durch einen Tunnel ersetzt wurde, so etwas wie eine Wetterscheide. Es kommt häufig genug vor, dass schlechtes Wetter im Vercors ansatzlos übergeht in die Sonne des Südens, die einem bei Ausfahrt aus dem Tunnel ins Gesicht lacht. Hier befindet sich auch der zu einem Parkplatz umfunktionierte Abzweig auf die alte Trasse. Die eigentliche Passhöhe befindet sich auf 1367 Metern und ist von hier aus zu Fuß zu erreichen.

INFOS ZUM PASS

Scheitelhöhe: 1254 m **Länge:** 40 km
max. Steigung: 6 % **Wintersperre:** keine
Basisorte: Die - La Chapelle en Vercors
Kombinationsmöglichkeiten: Col de Tourniol, Col de la Machine, Col de la Batialle, Col de Menée

Château Delphinal
Station de le Faz
St-Romans
Rencurel
Gorges du Méaudret
les Françons
les Allières
la Sône
Base de Loisirs de Marandan
Serre Cocu 1007
St. de Presles
Presles
Gros Martel 1556
la Côte
Pic St-Michel 1966
St-Paul-de-Varces
les Sablières
St-André-en-Royans
Grottes de Choranche
Gorges de la Bourne
les Jarrands
Villard-de-Lans
Roc Cornafion 2049
St-Hilaire-du-Rosier
St-Just-de-Claix
Choranche
Grotte de la Goule Blanche
les Clots
Royans-Vercors
Grotte de Thaïs
Pont-en-Royans
D 531
St-Julien-en-Vercors
la Grange
Ste-Eulalie-en-Royans
Grotte de Bournillon
Parc Naturel
les Pouteils
Rocher de l'Eperrimont 1441
St-Nazaire-en-Royans
St-Thomas-en-Royans
la Motte-Fanjas
D 103
Corrençon-en-Vercors
les Saillants
St-Martin
St-Laurent-en-Royans
la Cure
St-Martin-en-Vercors
Herbouilly
Pas de l'Œille 1960
le Gua
Grds. Goulets
la Sambue 1575
la Côte 2080
la Grande Moucherolle 2284
St-Barthélémy
A51
E 712
St-Jean-en-Royans
Col Gaudissart 840
Combe Laval
les Baraques-en-Vercors
Auberge de Roybon
Col de l'Arzelier 1154
Cognelle
Miribel-Lanchâtre
Oriol-en-Royans
Roche des Arnauds 1408
Puy de Bois en Vercors 1524
Rocher du Playnet 1994
Château Bernard
le Vernay
Montagne de l'Echarasson
la Chapelle-en-Vercors
D 1075
Beauregard-Baret
1295
Montagne de Musan
Col de la Machine 1011
Mur des Fusillés
Chabotte
St-Andéol
Chartreuse
Bouvante
1349
Lente
les Trucs
St-Andéol
St-Guillaume
Col de la Portette 1175
D 178
la Cime-du-Mas
Sommet de Malaval 2097
la Pale 1734
Grisail
Grotte de la Draye Blanche
St-Agnan-en-Vercors
1489
Mgne. du Grand-Larve
Forêt du Vercors
les Fraisses
St-Paul-lès-Monestiers
Lac de Bouvante
Serre Plume 1573
Col du Fau 899
Trefford
le Grand Echaillon
Grotte du Brudour
Vernaison
les Deux
Bouvante-le-Haut
Serre de Montué 1706
Col de la Chau 1337
la Britière
Roche Rousse 2105
la Ville
Gresse-en-Vercors
le Fau
Léoncel
Vassieux-en-Vercors
Régional des
Station de Gresse-en-Vercors
Roissard
1313
Font-d'Urle
Font-d'Urle
Col de la Bataille
1581
Roc de Toulau
Vassieux-en-Vercors
Grotte de la Luire
le Grand Veymont 2341
St-Michel-les-Portes
St-Michel
la Vacherie
Puy de la Gagère 1651
Col de St-Alexis 1222
Rousset
Champ de tir du Vercors
Trésanne
St-Martin-de-Clelles
les Boutons
Mt. Aiguille 2086
Col de Bacchus 980
Tête de la Dame 1506
Centre Préhistorique
But de Nève 1656
Tête de la Graille 1885
Bois de la Fayolle
Clelles
les Arbods
St-Julien-en-Quint
But St-Genix 1643
Col de Rousset 1254
Tête du Faisan 1734
Richardière
Forêt de Clelles
Bec Pointu 1342
Ansage
Col de Rousset
Chichilianne
D 1075
Hauts-Plateaux du Vercors
1951
Sommet du Platary 1586
Château du Montrond
les Morins 1113
Chamaloc
Rochers de Plautret 1822
Sommet de la Montagnette 1972
Chichilianne
les Taruelles
Marignac-en-Diois
les Planeaux
Tête des Chanaux 1888
Col du Prayet 1202
Ermitage d'Esparron
D 518
St-Andéol
Merly 959
Taillefer 932
Courdeau 890
les Vignons
Montagne de Glandasse
Eygluy
Ponet-et-St-Auban
les Liotards
Menil 1292
Cirque de Archiane
Col de Menée 1457
Cathédrale Romane
Die
Ste-Croix
St-Auban
Remparts de la Ville
Abbaye de Valcroissant
Archiane
Rocher de Combau
1952
Mgne. de la Belle Motte
Pontaix
But de l'Aiglette 1006
Drôme
Château de Die
Bénevise
les Nonnières
Temple de Pontaix
Pié Ferré 2041
le Jardin des Découvertes
Molières-Glandaz
Menée
Serre Chomille 1653
Borne
1556
les Blaches
Gaudichart 1112
Barsac
Laval-d'Aix
Châtillon-en-Diois
Chât. de Menée
Grimone
les 3 Bornes 708
les Boissiers
Mgne. de Beaufayn 1251
Pont-de-Quart
Aix-en-Diois
la Serrie 1490
Glandage
le Temple
la Plaine
Aurel
St-Roman
Hôtel de Ville
la Vière
Saillans
D 93
Serre Chauviere 1262
les Boidans
Serre Peyère 1550
Roanne
Grotte de Salaure
les Gallands
Moulin de Jansac
les Bâties
Ravel-et-Ferriers
Espenel
St-Benoît-en-Diois
Rimon
Barnave
Menglon
Boulc
les Avondons
Luzerand
Souvestrière
Bonneval
les Auberts
la Pâle 1340
Recoubeau-Jansac
Mgne. de Cerne 1022
Somt. des Brettes 1118
Miscon
Bonneval-en-Diois
Mgne. de Faraud 1202
Gorges de l'Escharis
Montlaur-en-Diois
le Veyou
Pennes-le-Sec

BILDNACHWEISS

Titelbild Peter Schmitz
Umschlag Rückseite: Eberhard Nowatzki - alpenpass.com

Eberhard Nowatzki - alpenpass.com: S: 2, 48, 54, 59, 62, 63, 68u., 77, 78, 87, 88, 90, 91, 92 u., 93, 96, 97, 100, 101, 106, 111, 113, 118, 121, 122, 123, 124, 125, 128, 132, 133, 134, 138 u., 140, 141, 143 u., 144, 147, 148, 149, 150, 151, 152 o., 159, 165, 172 o., 174 u., 177, 178, 181, 184, 186, 188/189, 190 o., 194 o., 195, 196, 198, 202 o., 204, 207 o., 212 o., 214 o., 218, 221, 222, 224, 226, 228, 231, 242, 245, 248, 251, 252 u., 258, 259, 260, 261, 262, 266, 268, 270, 272, 274, 275, 278 o., 280, 284, 287, 295, 298, 301, 304 o., 314, 315, 316, 317, 323, 329, 330, 332, 334/335, 340 o., 342, 343, 344, 346, 347, 354 o., 356, 358, 359, 360, 361, 362, 364, 365, 366, 368, 369, 372, 373, 376 o.
Peter Schmitz - BikerBetten: S. 52, 53, 95, 98, 99, 103, 146, 170, 207 u., 230, 232. 240, 244, 246, 256, 257, 273, 276, 277, 283, 292, 294, 304 u., 336 u., 338, 341, 374,
Hans Michael Engelke: S. 74, 80, 129, 156, 160, 162 o., 172 u., 174 o., 188 o., 192 o., 197, 200, 208, 212 u., 216, 220, 306, 307, 308, 309, 310, 311, 312, 320, 321, 322, 324, 326, 334 o., 336 o., 340 u., 350/351, 354 u., 357,
Peter Wahl: S. 30, 33, 34, 35, 36, 37, 39, 40, 56, 58, 60, 61, 64, 65, 66, 67, 68 o., 176, 190 u., 194 u., 202 u., 210 o., 229, 238 u.
Alpentourer.eu: S. 92 o., 137, 138 o., 234 u., 252 o., 264, 333, 371,
Highlights-Verlag: S. 83, 205
Schwarzwald-Biker-Tours: S. 238 o.
Fotolia.com: S. 41 mexx, 45 ARochau, 73 benicoma, 76 HerrKaiser, 86 JRJfin, 130 rudiernst, 143 o. nielskliim, 162 u. Mike Mareen, 180 Roberto Romanin, 182 shaiith, 183 dreamypixel, 187 diegob_108, 192/193 gulrich, 210 u. andrzej2012, 214/215 Antonio Scarpi, 234 o. rudiernst, 235 Fredy Thürig, 254 Fotolia_9207711, 255 Hans und Christa Ede, 278/279 tmag, 327 minicel73,328 Chlorin
iStock: S. 152/153 Africanway
Shutterstock: S. 46/47 FooTToo, 51 Nuria Kreuser, 70 RudiErnst, 84 o. anitasstudio, 105 K3S, 154/155 lbrix, 288 AsiaTravel, 290 Mor65_Mauro Piccardi, 291 Frank Cornelissen, 302 voyageur8, 303 D'July, blutack- shutterstock S. 348/349, RudiErnst -shutterstock S. 376
Hotel Hassler: S. 145
Wikimedia Commons: S. 73, 84 u. WikiCommons, 43 Taxiarchos228, J Abele CC BY-SA 4.0 S. 82; Thomas Laiminger CC BY-SA 3.0. S. 89; Ulflulfl CC BY-SA 3.0 S. 102 + 112, SchiDD CC BY-SA 4.0 S. 104, Clemens Stockner CC BY-SA 3.0 S. 109, Duke of W4 CC BY-SA 3.0 S. 115, Josef Moser CC BY-SA 3.0 S. 127, Kaerntenferien CC BY 3.0 S. 136, Grejo. S 166, Andres Passwirth CC BY-SA 3.0 S 236, Caumasee CC BY-SA 4.0 S. 237, Zairon CC BY-SA 4.0 S. 250, Mussklprozz CC BY-SA 3.0 S. 281, Der Messer CC BY-SA 4.0 S. 285, Uwelino CC BY-SA 4.0 S. 286, Damien Stricker CC BY 3.0 S. 300, Bayard - By Aups CC BY-SA 3.0 S. 345, Schwenn CC BY-SA 4.0 S. 348 o., Sébastien Thébault-CC BY-SA 3.0 S 352 o., panorama_north-Martin D-CC BY-SA 3.0 352/353, joopwik or CC BY-SA 4.0 S. 367, Anthospace CC BY-SA 3.0 S. 370,

REGISTER